教育部人文社会科学研究青年基金项目"基于美好生活视角下的《神圣家族》研究"（项目结项号：2023JXZ0801）的最终理论成果
本书由上海大学马克思主义学院资助出版

任帅军 著

# 《神圣家族》
## 与
## 历史唯物主义的形成

*THE HOLY FAMILY*

AND

THE FORMATION OF

HISTORICAL MATERIALISM

社会科学文献出版社

SOCIAL SCIENCES ACADEMIC PRESS (CHINA)

# 序 一

我是帅军老师的博士后合作导师。八年前，他进入复旦大学马克思主义理论博士后流动站从事人权价值的学术研究工作，而人权问题是我长期关注的一个领域。帅军从价值论角度对人权问题展开了颇有心得的研究，我也很高兴有个同道。

早些年，我在博士生思政课教学和改革经历中，形成了一些想法，写了《努力展现中国马克思主义的时代情怀与世界意义》一文，认为"中国马克思主义要有更开阔的视野"，要努力以中国马克思主义的世界眼光和时代情怀提纲挈领，通过全球化与当代世界格局、当代发展问题、当代社会建设、当代生态环境、当代社会思潮、当代科学技术、当代资本主义新变化、当代社会主义新发展等专题研究，提高用马克思主义立场、观点、方法分析解决问题的能力，才能比较深入地了解当代中国马克思主义与当今世界的关系；而且"中国马克思主义必须顺应时代的要求"，不能故步自封，更不能以发展方式转变的艰巨性、复杂性为借口维持现状，为了适应浩浩荡荡时代潮流的发展要求，必须以更大的决心和勇气全面推进各领域改革。改革必然涉及方方面面的利益，改革不合时宜的旧体制，既要有勇气又要有策略。因此，必须进一步解放思想，敢为天下先，要善于把握时机，把握推进各项改革的策略，坚决推进各项比较成熟的改革举措，妥善处理由此引起的利益关系调整，合理补偿相关方面的利益损失。我认为中国发展的经验既属于中国又具有世界意义。马克思主义一"出场"就提出历史正在转变为"世界历史"的人类历史发展趋势，并在此基础上描绘了以生产力普遍发展和人类交往普遍加深为前提的未来社会图景。只有确立把社会主义中国的前途命运同人类文明、时代潮流和世界未来联系起来的新主张和新愿景，才能为我们实行更加开放的政策、积极应对全球化带来的各种风险提供最为有力的依据。

帅军的《〈神圣家族〉与历史唯物主义的形成》这部书稿，从以现实生活推动中国马克思主义发展的视角，聚焦《神圣家族》与历史唯物主义的形成进行理论研究，最后基于《神圣家族》的生活思想阐发其对新时代建设美好生活的意义，展现了用中国马克思主义理论关注、分析和解决中国现实问题的学术意识。在《神圣家族》中，马克思、恩格斯通过探索"非人性生活条件"与历史唯物主义的思想联系，实现从现实到理论的质变；通过揭示无产阶级改变生活条件与社会主义的现实联系，他们从超越私有制的历史局限性上阐发了"群众的共产主义"思想，找到了建设美好生活的发展路径。我们都知道，社会主义的目的是实现共同富裕，使人民大众能够实现共享发展成果的普遍幸福。只有不断促进社会公平正义，使发展成果由人民共享，让人民在现实生活中实现更好的生存和发展，才能体现以马克思主义为理论指导的中国特色社会主义的先进性和优越性。从这个意义上说，帅军的书稿正是马克思主义创始人关于社会主义构想联系当代中国实际的认真思考。

另外，帅军 2023 年还在人民出版社出版了另一部关于这个主题的著作：《在生活中成为人——"生活"语境中的〈神圣家族〉研究》。而眼下这部书稿可视为他在该领域的又一个研究成果。我个人对他的这些工作十分佩服，并衷心希望他在今后的学术道路上"更上一层楼"。

肖　巍

复旦大学马克思主义学院

# 序　二

帅军于 2012 年秋季成为我的博士研究生，开始了我们之间的师生缘分。在跟随我读博期间，他主动制定自己的学术研究计划，有步骤地完成预定目标，总能呈现阶段性学术成果。这十年来，他虽然早已通过两年半的时间完成博士生学业并参加了工作，却一直和我保持密切的学术交流和交往。我也一直关注着他的学术成长，对他又能公开出版自己的学术专著由衷地感到高兴。

我长期从事认识论、价值论、评价论、批判论方面的教学研究工作。我在 2010 年的一篇学术论文《论人生价值》中提出："人的价值与人生价值是两个不同的概念。人的价值是指人类在自然界中的地位和作用。人能够创造价值，因而具有最高价值。价值的一般规定尽管不适用于规定人本身的价值，但适用于规定人生价值，即人生价值是指一个人的人生或人生的所作所为对于主体需要满足的现实效应。人生价值包括人生的自我价值和人生的社会价值，二者统一的基础是实践，由此就使人生价值的本质在于使人得到全面而自由的发展。个体对自我人生价值的肯定具有必然性，然而有盲目和自觉之区分。自觉的人生价值肯定使个体能自觉地对待人生中的痛苦和逆境。人总是由自己来选择自己的行为，决定了人总处在自我塑造之中。人生自我塑造既发生于社会又影响于社会。人生的审美境界来自人生艺术化的自我塑造。"学术人生就是对自我人生的自我塑造，也是自我人生价值的展开和呈现方式。帅军就是有目的、有意识地努力按照自我人生塑造方式来规划自己的人生。他曾连续三次报考我的博士研究生，中途并没有因为落选而放弃，反而更加坚定了他的决心，执着地想要拜入我的门下。我被他的这种精神打动，就把他收入门下。他进来后，很用心，能自觉地对待攻读博士学位过程中的痛苦和逆境。他虽然在评奖评优等方面遭受过许多挫折，但能正确看待自己人生中的得与失，自觉把握自己人生价值的实现过程，从而在学术道路上硕果累累。

其实，马克思何尝不是如此？在马克思形成和论证历史唯物主义这一"全新世界观"的人生黄金时间，他在欧洲大陆上颠沛流离数十年。他对资产阶级残酷镇压和剥削无产阶级的统治的无情揭露，使得一切邪恶的反动力量驱逐他、迫害他。他不得不与家人四处转移。1845 年，马克思参与编写《前进周刊》，对德国的专制主义进行尖锐批评。普鲁士政府非常不满，要求法国政府驱逐马克思。同年秋，马克思被该反动政府派流氓殴打，并驱逐出境，移居布鲁塞尔，在这里住了三年。1848 年 3 月，他遭到比利时当局的驱逐，到达巴黎。1849 年 5 月，他又接到普鲁士当局的驱逐令。同年 9 月，马克思被法国政府驱逐，前往英国伦敦。马克思的人生之路虽艰难坎坷，但他却为无产阶级的觉醒和成长矢志不渝地奋斗。马克思自己的生活虽无比艰辛，但他却心怀理想，一直为全人类能彻底实现真正的解放而不懈努力。这就是人生的自我塑造。很显然，帅军在通过《神圣家族》文本探究马克思思想历程转变的动因时，受到了革命导师的感染，因此能够不畏生活中的"风雨"，执着地一路前行。

他的这本专著《〈神圣家族〉与历史唯物主义的形成》，正聚焦了 19 世纪 50 年代马克思在欧洲思想界掀起的哲学革命。马克思、恩格斯在《神圣家族》中批判青年黑格尔派不过是玩弄一些故作高深词句的学术团体，而对真正的社会现实和人们普遍贫困的状况一无所知。他们既通过《神圣家族》批判德国知识界的宗教主义倾向，使这些反动的资产阶级理论家大受震动；又通过《神圣家族》阐释他们全新世界观的许多重要思想。可以说，《神圣家族》作为他们首次合作并公开发行的前期思想成果，是历史唯物主义"新世界观"系统阐释之前的具有决定性意义的一个步骤。这部著作的重要性，并不在于他们在批判思辨唯心主义或自我意识哲学的过程中提出了什么样的结论，而在于形成历史唯物主义的各种必要的思想材料开始在此汇集、综合，日益形成与之前盛行的世界观完全不同的全新世界观——历史唯物主义。虽然他们对历史唯物主义的阐发还不太完备，却较为系统地进行了创造性的发挥。比如群众史观就是在《神圣家族》中被马克思、恩格斯系统阐发出来的历史唯物主义的重要思想。这也是《〈神圣家族〉与历史唯物主义的形成》这本专著所要探讨的主题之一。

虽然帅军聚焦《神圣家族》在历史唯物主义形成中的地位和意义，进行了非常系统的研究，在研究视角和研究内容上有不少创新之处，然而本书的研究仍需要通过掌握全新的文献资料还原《神圣家族》的写作背景，呈现《神圣家族》在马克思、恩格斯早期思想史乃至整个思想史发展中的理论地位和时代价值。例如，法国19世纪中叶著名小说家欧仁·苏的小说《巴黎的秘密》对马克思、恩格斯创作《神圣家族》的影响，等等。这正是今后对《神圣家族》展开研究还可以继续深入拓展和加强的方面。

年轻学者进行学术研究都具有阶段性，都是在某一个领域围绕某一个主题展开系统研究和理论建构，这既是一种学习的综合训练，也是一种能力的综合显示。对于做学术研究，我有一种理念，即需要有三个维度：第一，学习的专业维度，这个专业维度在我看来，应该是广义的；第二，学生的学术兴趣，这个兴趣中的重要一点就是与该学生的本、硕、博、博后等阶段的学习方向相契合；第三，学界前辈尤其是导师的研究方向，这样包括导师在内的学界前辈就可以进行有力的指导，后辈也可以站在他们的"肩膀"上。帅军的学术成长正是他所师从的各位导师研究的一种继续。得知本书是教育部人文社会科学研究青年基金项目"基于美好生活视角下的《神圣家族》研究"（项目结项号：2023JXZ0801）的最终理论成果，现在予以公开出版，我由衷地感到高兴。

做学术研究是一个艰难的过程，但自身最终会在学术研究中建立自己的意义世界。德国思想巨匠黑格尔就曾用"庙堂里的神"来表达意义的重要作用，这对于理解意义世界对实现人生价值的作用也很有启发。他说："一个有文化的民族，如果没有哲学，就像一座庙，其他各方面都装饰得富丽堂皇，却没有至圣的神那样。哲学如同普照大地的阳光，也照亮了人类的生活世界，使得人类生活显现出意义的灵光。"任何学者都要通过学术研究成果来实现对真理意义的承诺。这对帅军而言同样如此。难能可贵的是，帅军能够坦然面对人生中的种种困难，迎难而上，有目的、有计划地通过一个个课题的完成、一本本专著的面世、一代代学生的培养实现自己的人生价值，完成自己对意义世界的建构，可以说他已经在从审美的意境来审视自己的人生了。

值得一提的是，帅军这次又回到母校上海大学开始自己全新的人生发展历程。作为他攻读博士学位阶段的导师，我感到非常高兴，也希望他能在实现人生价值的同时，在对马克思、恩格斯经典文本的研究上面继续有新的突破。

是为序。

陈新汉

上海大学哲学系

# 序 三

"原原本本学习和研读经典著作，努力把马克思主义哲学作为自己的看家本领"[①] 是党中央对从事思想政治理论课教学研究工作的老师们的基本要求。《神圣家族》就是这样的经典著作。它在马克思、恩格斯早期创作的理论作品中具有鲜明特色，在马克思主义发展史上具有特殊地位。作为马克思、恩格斯首次合作、生前定稿和公开发表的著作，它不仅关注群众的现实利益，使当时的德国思想界大受震动，通过对青年黑格尔派思想的变革使其成为锻造历史唯物主义"新世界观"不可或缺的重要环节，而且通过首次合作开启了马克思、恩格斯长达40年的共同事业和伟大友谊。然而，《神圣家族》的影响力和传播度远不如《〈黑格尔法哲学批判〉导言》《论犹太人问题》《国民经济学批判大纲》《1844年经济学哲学手稿》《英国工人阶级状况》《关于费尔巴哈的提纲》《德意志意识形态》等马克思、恩格斯其他早期著作，国内外对其研究仍比较薄弱。唯有从马克思、恩格斯早期文本中重新认识作为整体、全面和真实的青年马克思和恩格斯经历的思想变革，才能更好地认识《神圣家族》在历史唯物主义形成中的地位和意义，科学把握《神圣家族》的历史唯物主义思想及其当代价值。

任帅军老师对《神圣家族》的研究经历了两个阶段。

在第一个阶段，他从生活视角对《神圣家族》进行文本解读。马克思、恩格斯在与布鲁诺·鲍威尔等人的论战中，形成了超越思辨唯心主义的"新世界观"。这里的"新"的内涵之一就是使仍处于贫困状态中的人

---

① 习近平：《论党的宣传思想工作》，人民出版社，2020，第40页。

"在生活中真正成其为人"。马克思、恩格斯在《神圣家族》中阐释的"生活世界观"具有鲜明的"人学"旨归。

第一,马克思、恩格斯对看待世界方式的新超越。思辨唯心主义和历史唯物主义分别是两种看待世界的哲学方式。前者又分为客观唯心主义和主观唯心主义,分别是黑格尔主张的"绝对精神"至上的客观原则和鲍威尔等人主张的"自我意识"至上的主观原则。后者又分为机械唯物主义和自然唯物主义,分别是坚持客体至上原则的"敌视人"的机械唯物主义和坚持自然至上原则的抽象的唯物主义。马克思、恩格斯既没有掉入思辨唯心主义的"泥淖"中无法自拔,也没有视上述两种唯物主义为绝对的真理,而是从精神与物质之间的关系出发,把"现实的人"和"现实的生活"作为"整个现存的感性世界的基础",从而完成了由精神世界或自然世界向人的生活世界的转变历程。

第二,马克思、恩格斯对人类现实生活的新把握。在"自我意识"的世界里,人被视为意识的附属物,这样的"世界"不仅抹杀了人的主观能动性,而且无视了人的实践主体性,所以布鲁诺·鲍威尔等人就完全忽视了人的现实生活世界而沉浸在"自我意识"的世界里。马克思、恩格斯批判思辨哲学家们看不到工人阶级过着普遍贫困的"非人性"生活。他们把改变"非人性"的生活条件与无产阶级的历史使命结合在一起,指出:"如果无产阶级不消灭它本身的生活条件,它就不能解放自己。如果它不消灭集中表现在它本身处境中的现代社会的一切非人性的生活条件,它就不能消灭它本身的生活条件。"[1] 这是马克思、恩格斯在当时对人类现实生活的全新认识和把握,表明人类史既不是纯粹的观念史,也不是纯粹的自然史,而是人类在不断消除生活中的异化现象的过程中向前发展的历史。

第三,马克思、恩格斯对未来社会发展的新探究。马克思、恩格斯在指明"群众"迫切想改变自身的"生活条件"之后指出,"历史活动是群众的活动,随着历史活动的深入,必将是群众队伍的扩大"[2]。这就道出了群众才是推动社会发展和历史前进的根本动力。资产阶级虽然开辟了"世

---

[1] 《马克思恩格斯文集》第1卷,人民出版社,2009,第262页。
[2] 《马克思恩格斯文集》第1卷,人民出版社,2009,第287页。

界历史"，却从未承认群众对历史的创造作用。随着无产阶级登上历史舞台的必将是全世界的无产者在阶级斗争中完成全人类共同解放的"世界历史性"使命。

在第二个阶段，他立足文本比较视域探究《神圣家族》在历史唯物主义形成中的地位和意义。目前学术界对《神圣家族》的研究是存在基本共识的，但在文本比较研究方面仍有很大上升空间。学术界的研究已形成在系统批判思辨唯心主义、阐释历史唯物主义的一些重要原理等方面的学术共识，但仍需从文本比较入手探究《神圣家族》与马克思、恩格斯早期其他文本，与同时代思想家的理论著作之间的关系，打开研究历史唯物主义新的上升空间。

第一，马克思、恩格斯阐释了无产阶级的历史作用。通过《神圣家族》与《英国工人阶级状况》的互文，马克思、恩格斯把无产阶级作为推动社会历史发展的一条重要线索进行考察，从而促使无产阶级理论更加科学化。古斯塔夫·勒庞同样通过《乌合之众》表达了对无产阶级的关注，并把它从社会历史推进到社会心理层面。马克思、恩格斯与勒庞都意识到了群众时代的到来。勒庞看到群众极易被英雄所影响，被激进主义束缚的无产阶级运动呈现专横、偏执、野蛮和破坏性特征。马克思、恩格斯认为只有成立无产阶级政党，把群众组织起来，才能防止革命机会主义，使无产阶级运动自为地推进历史发展，进而取得成功。在一定程度上，勒庞对现实的观照与马克思、恩格斯的革命理论互为补充，形成了对无产阶级运动的多角度呈现。

第二，历史唯物主义从一些重要观点的提出到成为科学理论体系，并不是马克思早期的某一部论著就能完全涵盖的，而是在与同时代思想家的论战当中逐渐形成的，其理论成果就反映在《神圣家族》《关于费尔巴哈的提纲》《德意志意识形态》等文本中。从《1844 年经济学哲学手稿》对国民经济学局限性的研究，到《神圣家族》对思辨唯心主义展开彻底的批判，再到《关于费尔巴哈的提纲》对旧唯物主义的扬弃，紧接着历史唯物主义就在《德意志意识形态》中正式"登场"。《神圣家族》在其中发挥了告别思辨唯心主义、踏上历史唯物主义"桥梁"的作用，这个"桥梁"也是历史唯物主义"大陆"的一部分。

第三,自莫尔主张建立乌托邦社会主义以后,乌托邦精神就在为社会主义辩护时饱受争议,直到马克思、恩格斯在《神圣家族》中以"群众的共产主义"驳斥"批判的社会主义"的抽象性和绝对性,乌托邦精神才从一种对未来的向往转向对历史的建构。乌托邦精神在马克思、恩格斯这里就体现在对共产主义理论的阐释中。在《1844年经济学哲学手稿》中,马克思就指出共产主义是扬弃私有财产的人道主义;在《神圣家族》中,马克思通过分析无产阶级的历史作用,甄鉴了"批判的批判所主张的社会主义同群众的社会主义和共产主义的区别"①,奠定了革命唯物主义的社会主义的基础;形成历史唯物主义的《德意志意识形态》指出"实践的唯物主义者即共产主义者"②;《共产党宣言》系统阐发了共产主义理想;《资本论》揭示了资本主义私有制的自我否定规律,对共产主义进行了系统的科学论证。

第四,贫困问题是理解蒲鲁东《什么是所有权》和马克思、恩格斯在《神圣家族》中批判私有财产的关键。他们在《神圣家族》中肯定了蒲鲁东《什么是所有权》对贫困问题的关注。然而,蒲鲁东没有揭示滋生贫困的经济基础及其社会历史的规定性,马克思、恩格斯却看到消灭贫困是无产阶级革命的必然要求。无产阶级的贫困问题不仅是他们一起合作的现实起点,而且揭示出他们探索实现无产阶级彻底解放的现实关切。他们通过探索贫困问题与历史唯物主义的思想联系,实现了从现实到理论的质变;通过揭示贫困问题与社会主义的现实联系,他们从消灭私有制的对立意义上找到了实现共同富裕的发展道路。

这部专著正是任帅军老师第二个阶段的研究成果,我对他能够执着地在马克思主义发展史领域从事研究工作感到高兴。我相信,他一定能在这一研究领域开辟一片新的天地。

是为序。

叶海涛<br>上海大学马克思主义学院

---

① 《马克思恩格斯文集》第1卷,人民出版社,2009,第274页。
② 《马克思恩格斯文集》第1卷,人民出版社,2009,第527页。

# 前　言

《神圣家族》是恩格斯与马克思第二次见面时合写的一个重要文本，也是他们第一次合作完成、批判思辨唯心主义、论述历史唯物主义的重要理论著作。它的全称是《神圣家族（或对批判的批判所做的批判）——驳布鲁诺·鲍威尔及其伙伴》，写于1844年9~11月，1845年2月在法兰克福出版单行本，中译文收入人民出版社在1957年出版的《马克思恩格斯全集》第二卷。这个文献首次系统地阐发了历史唯物主义的重要原理群众史观、无产阶级的历史作用、历史唯物主义的一些重要思想、对社会主义和共产主义的一些重要论述，以及对无产阶级贫困问题的关注，等等，对新时代建设美好生活具有重要的理论指导和实践意义。

在论述群众史观时，马克思、恩格斯认为"群众"既是历史概念，也是阶级概念。作为历史概念的"群众"是一个具有不确定性的概念，在不同历史时期根据历史任务的不同可以有不同所指；作为阶级概念的"群众"却是一个具有确定性的概念，在任何历史时期都是指不掌握社会财富的阶级，也就是《神圣家族》中所指的无产阶级。这一历史概念要上升到阶级概念，需要群众具有自觉的阶级意识和阶级立场。站在割裂辩证法与唯物主义的立场上理解"群众"概念，就会无视群众的历史作用，尤其是群众的物质生产活动的作用，从而把人等同于马基雅维利的政治人。"批判"用自我意识取代群众，否定群众是生活主体，不承认群众的物质利益，看不到群众的社会实践。马克思、恩格斯通过"在生活中真正成其为人"[1]"'思想'一旦离开'利益'，就一定会使自己出丑"[2]"要有使用实

---

[1] 《马克思恩格斯文集》第1卷，人民出版社，2009，第273页。
[2] 《马克思恩格斯文集》第1卷，人民出版社，2009，第286页。

践力量的人"①等论断,揭示出对"群众"从精神世界到物质世界,再到人本身,最后聚焦作为"现实的个体的人"的认识过程。由于群众史观是马克思、恩格斯在与思辨唯心主义的论战中提出来的,往往被后人视为他们阐发了一种"新世界观",而较少有人关注到它的方法论意义。马克思、恩格斯对英雄史观的批判,就是对作为方法论的群众史观的一次重要运用。群众史观作为世界观与方法论的统一,是"由一整块钢铸成"②的科学理论体系,是作为"伟大的认识工具"③与"活的行动指南"④的统一来指导无产阶级革命实践的,因而是马克思、恩格斯早期思想中"有决定意义的东西"⑤。虽然它是马克思、恩格斯在批判思辨唯心主义时一并阐发出来的理论,却在创立唯物史观的过程中起到了思想先声和理论支撑的作用。

《神圣家族》在集中阐释群众史观的同时,指出了无产阶级的历史作用。马克思、恩格斯通过分析私有财产与无产阶级之间的矛盾,指出无产阶级必须消灭集中体现在自己身上的一切非人性的生活条件,才能够自己解放自己。但是,工人阶级是工业资本主义兴起的历史产物,而无产阶级并不是资本逻辑的直接产物,工人阶级只有上升为无产阶级才具有世界历史意义。他们通过考察工人阶级上升为无产阶级的历史条件,在概念的高度把握住了无产阶级具有的时代超越性。对英国工人贫困状况的实证分析也成为恩格斯思想发展早期阶段的重要内容。在《神圣家族》中,他立足哲学批判,通过论述人与历史的关系,形成了无产阶级历史观的一个经典表述。在《英国工人阶级状况》中,他立足经济批判,指出产业革命、大城市、竞争和爱尔兰移民是工人成为无产阶级的原因,强调工人运动是无产阶级消灭贫困、解放自己的必经之路。恩格斯通过对工人状况的亲身观察,不仅说明了资产阶级上升的历史必然性,而且指出了它灭亡的不可避免性;不仅指出工人成为无产阶级的历史原因,而且说明了它解放自己的

---

① 《马克思恩格斯文集》第1卷,人民出版社,2009,第320页。
② 《列宁全集》第18卷,人民出版社,2017,第341页。
③ 《列宁全集》第23卷,人民出版社,2017,第45页。
④ 《列宁全集》第20卷,人民出版社,2017,第87页。
⑤ 《列宁全集》第43卷,人民出版社,2017,第373页。

世界历史意义。正是他和马克思把无产阶级作为推动社会历史发展的一条重要线索进行考察，才进一步在之后的思考中促使无产阶级理论更加科学化。古斯塔夫·勒庞同样通过《乌合之众》表达了对无产阶级的关注，并把它从社会历史推进到社会心理层面。勒庞看到群众极易被英雄影响，被激进主义束缚的无产阶级运动呈现专横、偏执、野蛮和破坏性特征。马克思、恩格斯认为只有成立无产阶级政党，把群众组织起来，才能防止革命机会主义，使无产阶级运动自为地推进历史发展，进而取得成功。在一定程度上，勒庞对现实的观照与马克思、恩格斯的革命理论互为补充，形成了对无产阶级运动的多角度呈现。

回顾马克思、恩格斯在1844年前后的批判思想，可以发现《神圣家族》在历史唯物主义形成过程中发挥承前启后的"桥梁"作用。从《1844年经济学哲学手稿》对国民经济学局限性的研究，到《神圣家族》对思辨唯心主义展开的彻底批判，再到《关于费尔巴哈的提纲》对旧唯物主义的扬弃，紧接着历史唯物主义就在《德意志意识形态》中正式"登场"，《神圣家族》在其中扮演了告别思辨唯心主义、踏上历史唯物主义"桥梁"的角色，这个"桥梁"也是历史唯物主义"大陆"的一部分。通过比较《神圣家族》和《关于费尔巴哈的提纲》可以发现：第一，历史唯物主义是在与同时代思想家的论战中逐渐形成的；第二，两者在历史唯物主义形成中的不同作用对于理解和把握历史唯物主义均有重要理论价值；第三，历史唯物主义作为"历史科学"，通过融合辩证法和实践实现了在世界观上的"哥白尼式革命"。《神圣家族》与《德意志意识形态》在历史唯物主义形成初期也具有内在的关联性。马克思、恩格斯在《神圣家族》中通过对思辨唯心主义展开批判，扫清了建立历史唯物主义的理论障碍。他们不仅考察了资本主义社会人与人之间被异化的关系，而且在《德意志意识形态》中形成了生产关系的思想。从对思辨唯心主义的批判到历史唯物主义的建立，从揭露异化的社会关系到生产关系思想的形成，表明历史唯物主义已经成为科学的理论形态。

历史唯物主义揭示了共产主义取代资本主义的客观历史趋势。社会主义作为共产主义的初级阶段，必然要把乌托邦精神作为自己特有的精神品格。自莫尔主张建立乌托邦社会主义以后，乌托邦精神就在为社会主义辩护时饱受争议，直到马克思、恩格斯在《神圣家族》中提出"群众的社会主义"，用以驳斥"批判的社会主义"的抽象性和绝对性，乌托邦精神才从一种对未来的向往转向对历史的建构。废除私有制的社会主义运动，既体现了对西方现代性的批判，又在无产阶级解放人的实践中彰显了乌托邦精神。《神圣家族》之所以奠定了"革命唯物主义的社会主义的基础"[①]，是因为它甄鉴了"批判的批判所主张的社会主义同群众的社会主义和共产主义的区别"[②]。马克思还矢志不渝地投身革命实践，使共产主义理论成为经得起实践检验的科学信仰。马克思逝世后不久，他阐发的共产主义历史必然性就在人类历史发展进程中得到体现，不仅影响了整个资本主义世界，而且使社会主义在国家领域实现了从无到有，还在中国特色社会主义中从理论转化为实践、从真理转变为科学，显示出共产主义理论深刻的现实影响力。

1844年前后正是马克思、恩格斯的思想裂变期，可以把他们在这一时期的批判主题归纳为对思辨哲学—宗教异化的批判、异化劳动理论与对私有财产的批判、对唯心主义—旧唯物主义的批判。《神圣家族》中的批判思想展现了他们对历史进程的理论自觉。虽然他们的批判思想仍然残留抽象人本主义的痕迹，存在对私有财产批判的局限性，没有完全看到异化本身的历史意义，没有彻底论证无产阶级的历史使命，但是他们是站在整体性的高度把握人的。他们站在人的整体性高度创立"关于现实的人及其历史发展的科学"，即人的整体性是历史地生成的，要在实践中呈现人的整体性。人不仅通过实践否定自己从而实现对自己的扬弃，而且把"人类社会"之前的历史都看作实现人的整体性的否定性环节。只有将人的整体性作为"原则"，使人的全面自由发展与新时代的"美好生活需要"相契合，破除片面发展的惯性思维，才能真正使历史成为实现人的整体性的实践过程。

在马克思、恩格斯生活于其中的时代，贫困是人实现整体性发展的最

---

① 《列宁全集》第2卷，人民出版社，2013，第7页。
② 《马克思恩格斯文集》第1卷，人民出版社，2009，第274页。

大障碍。贫困问题是理解蒲鲁东《什么是所有权》和马克思在《神圣家族》中所批判的私有财产的关键。不管是蒲鲁东还是马克思、恩格斯都认为,解决贫困问题是无产阶级社会运动的现实任务。然而,蒲鲁东没有揭示滋生贫困的经济基础及其社会历史的规定性,马克思却看到消灭贫困是无产阶级革命的必然要求。他以哲学批判的方式观照政治经济学、观照社会现实生活,从而使他的政治经济学批判上升到哲学批判的高度,哲学批判就以强烈的历史使命感获得更高意义。虽然马克思、恩格斯在《神圣家族》中肯定了蒲鲁东的《什么是所有权》对贫困问题的关注,但是他们的首次合作是基于他们对无产阶级贫困问题理解的高度一致,而不完全是在批判思辨唯心主义和政治经济学批判上面的一致。这种对无产阶级贫困现状的共识得以真正确立起来的深层根据是他们共同具有的立足群众实践活动的历史唯物主义主张。无产阶级的贫困问题不仅是他们一起合作的现实起点,而且揭示出他们探索实现无产阶级彻底解放的现实关切。他们通过探索贫困问题与历史唯物主义的思想联系,实现了从现实到理论的质变;通过揭示贫困问题与社会主义的现实联系,他们从消灭私有制的对立意义上揭示了实现共同富裕的发展道路。而实现共同富裕是新时代中国特色社会主义发展的必然要求。

马克思、恩格斯一生致力于改善无产阶级的生活条件。他们从西欧社会底层无产阶级的贫困事实出发,提出无产阶级解放自己的前提是消灭一切非人性的生活条件。他们基于历史的、物质的视角,而非道德的视角考察生活条件是否合乎人性,得出"无产阶级消灭生活条件"的结论。他们将研究视角转向生活,从现实生活出发,认为历史的诞生地是地上的粗糙的物质生产,揭示了无产阶级解放自身的具体历史情境,对新时代建设美好生活具有重要启示。只有消灭一切非人性的生活条件,让人民过上合乎人性的生活,才是真正的美好生活。习近平总书记提出新时代经济社会发展要"以满足人民日益增长的美好生活需要为根本目的"[①]。准确理解这一指导思想需要全面考察中国共产党建设美好生活的理论渊源、历史演进与

---

[①] 《十九大以来重要文献选编》中卷,中央文献出版社,2021,第790页。

实践方略。在理论层面，建设美好生活不仅是马克思、恩格斯关注的理论重心，也是中华优秀传统文化的重要内容，还是对国外建设美好生活理论主张的借鉴与超越。在历史层面，中国共产党建设美好生活经历了消灭"非人性的生活条件"的新探索阶段（1921~1949年）、创建实现美好生活的新纪元阶段（1949~1978年）、展开"贫穷不是社会主义"的新实践阶段（1979~2011年）和提出"美好生活需要"的新发展阶段（2012年至今）。在实践层面，要想继续在理论上做出新贡献、在历史上取得新发展、在实践上做出新总结、在前进中把握新方向，就要让人民过上美好生活。这既是在人民层面建设美好生活的现实要求，也是在国家和民族层面为人民谋幸福、为民族谋复兴的时代要求。党的十八大以来，习近平总书记关于建设美好生活的重要论述创新和发展了马克思主义群众史观，表现在：建设美好生活坚持以人民为中心的发展思想，发展全过程人民民主为建设美好生活提供制度保障，建设美好生活坚定了全体人民共同富裕道路，立足人类文明新形态建设美好生活。习近平总书记从理论、制度、道路、文化四个方面，对通过建设美好生活发展马克思主义群众史观作出了原创性贡献，这既是习近平新时代中国特色社会主义思想的群众观基础，也是开启全面建设美好生活的重要理论依据。

# 目 录

**第一章 提出历史唯物主义的重要原理群众史观** ……………… 001
  第一节 科学界定"群众"概念 …………………………… 002
  第二节 群众史观的思想脉络 …………………………… 014
  第三节 作为世界观与方法论相统一的群众史观 ……… 030

**第二章 阐述无产阶级历史作用的重要里程碑** ………………… 044
  第一节 马克思、恩格斯论工人阶级上升为无产阶级 … 045
  第二节 恩格斯《英国工人阶级状况》的具体实证研究 … 067
  第三节 无产阶级运动：从社会历史到社会心理的反思
        ——基于《神圣家族》与《乌合之众》的比较 … 084

**第三章 历史唯物主义形成中的承前启后阶段** ………………… 099
  第一节 1844年前后马克思、恩格斯的批判思想 ……… 100
  第二节 《神圣家族》和《关于费尔巴哈的提纲》中的
        历史唯物主义 ………………………………… 114
  第三节 《神圣家族》和《德意志意识形态》中的历史唯物主义 … 130

**第四章 从实现乌托邦精神到形成共产主义理论** ……………… 146
  第一节 《神圣家族》中的乌托邦精神 ………………… 147
  第二节 马克思共产主义思想的延展 …………………… 165

## 第五章　从批判唯心史观到对人的整体性建构 …… 180
### 第一节　反思《神圣家族》的批判思想 …… 181
### 第二节　基于历史和实践的人的整体性 …… 194

## 第六章　以生活击败思辨的创造性扬弃 …… 210
### 第一节　马克思在《神圣家族》中对《什么是所有权》贫困问题的关注 …… 211
### 第二节　从反贫困到共同富裕：马克思、恩格斯首次合作的动因及其当代意义 …… 227

## 第七章　从关注人的生活条件到建设美好生活 …… 244
### 第一节　《神圣家族》关注人的生活条件 …… 245
### 第二节　建设美好生活的理论渊源、历史演进与实践方略 …… 255
### 第三节　从群众史观到建设美好生活 …… 263

参考文献 …… 277
后　记 …… 287

# 第一章 提出历史唯物主义的重要原理群众史观

科学使用群众概念，要研究群众是历史概念还是阶级概念。作为历史概念的"群众"是一个具有不确定性的概念，在不同历史时期根据历史任务的不同可以有不同所指；作为阶级概念的群众却是一个具有确定性的概念，在任何历史时期都是指不掌握社会财富的阶级。这一历史概念要上升到阶级概念，需要群众具有自觉的阶级意识和阶级立场。站在割裂辩证法与唯物主义的立场上理解"群众"概念，就会无视群众的历史作用，尤其是基于物质生产活动的作用，导致把人等同于马基雅维利的政治人。在《神圣家族》中，马克思、恩格斯通过批判自我意识哲学，首次系统地阐发了群众史观。"批判"用"自我意识"取代群众，否定群众是生活主体，不承认群众的物质利益，看不到群众的社会实践。马克思、恩格斯通过"在生活中真正成其为人"[1]"'思想'一旦离开'利益'，就一定会使自己出丑"[2]"要有使用实践力量的人"[3]等论断，揭示出对"群众"从精神世界到物质世界，再到人本身，最后聚焦作为"现实的个体的人"的认识过程。马克思、恩格斯在《神圣家族》中与思辨唯心主义论战时提出群众史观。它作为世界观，通过指出群众与意识、群众与物质、群众与实现人的解放的关系，揭示无产阶级的社会历史规定性和资产阶级社会历史发展的

---

[1] 《马克思恩格斯文集》第1卷，人民出版社，2009，第273页。
[2] 《马克思恩格斯文集》第1卷，人民出版社，2009，第286页。
[3] 《马克思恩格斯文集》第1卷，人民出版社，2009，第320页。

客观规律；作为方法论，通过指导无产阶级解放人的具体路径、斗争方法和相应手段，揭示了理论掌握群众的重要性，以及群众需要被无产阶级政党组织起来的必要性。群众史观作为世界观与方法论的统一，能对英雄史观展开系统批判，是因为它是"由一整块钢铸成"的科学理论体系，是作为"伟大的认识工具"与"活的行动指南"的统一来指导无产阶级运动的，因而是马克思、恩格斯早期思想中"有决定意义的东西"，在创立唯物史观的过程中起到了思想先声和理论支撑的作用。在马克思主义中国化进程中，群众史观是中国共产党坚守人民立场的理论源泉，不仅批判了把党性、阶级性、人民主体性对立起来的观点，使党认识到自己的历史使命，体现作为无产阶级执政党的理论自觉；还防止西方民粹主义思潮的冲击，走出一条"以人民为中心"的发展之路。

## 第一节 科学界定"群众"概念

在马克思、恩格斯的用语中，"群众"概念早期是在批判将"群众"与"精神"相对立时使用的。"绝对的批判摒弃群众的历史并打算用批判的历史取而代之。"① 他们是在批判这种思辨唯心主义的立场上来使用"群众"概念的。恩格斯在肯定费尔巴哈"用'人'本身来代替包括'无限的自我意识'在内的破烂货"时，就指出"正是人，现实的、活生生的人在创造这一切，拥有这一切并且进行战斗。并不是'历史'把人当做手段来达到自己——仿佛历史是一个独具魅力的人——的目的。历史不过是追求着自己目的的人的活动而已"②。不管是"群众"还是"人"都属于历史范畴，首先是历史概念。只不过在不同的历史时期，这些历史概念被赋予了具体的阶级属性。然而，有不少学者往往只习惯于从阶级概念的层面来理解"群众"这个术语。杜鸿林等把"人民群众划分为阶级阶层"③。孙宜芳认为马克思、恩格斯"站在无产阶级的立场上，用阶级和阶层分析

---

① 《马克思恩格斯文集》第 1 卷，人民出版社，2009，第 286 页。
② 《马克思恩格斯文集》第 1 卷，人民出版社，2009，第 295 页。
③ 杜鸿林、王其辉：《马克思恩格斯人民群众观述论》，《天津社会科学》2013 年第 3 期。

法，提出一些不同意义的群众概念"①。这样来理解就窄化了群众概念，把群众等同于具有特定阶级立场的人民，缩小了它的外延。群众这一概念要想由一个历史概念上升到阶级概念，是需要群众具有自觉的阶级意识和阶级立场的。换言之，人民就是作为阶级概念的群众，突出了马克思主义的劳动人民阶级立场。

在《神圣家族》的语境中，马克思、恩格斯虽然用无产阶级这一概念指称具有阶级属性的群众，但群众仍是社会底层民众的统称，这突出了从事物质生产活动的人创造历史的唯物史观。也就是说，群众是无产阶级的直接来源，因为群众就是从事物质生活生产的人。但是，如果不对群众做出具体的阶级划分的话，就容易使群众变成"一锅不纯的稀粥"，"各种各样的群众性的对象和人物汇聚在'群众'这一锅不纯的稀粥里一样"②。所以他们才认为，"一般说来，群众是不确定的对象，因而它不可能完成任何确定的行为，也不可能同任何事物发生确定的关系"③。也只有在这一意义上，才能理解群众作为阶级概念的科学性。

马克思、恩格斯在对"绝对批判的第一次征讨"中，通过批判"精神"与"群众"的对立，明确地提出"历史活动是群众的活动，随着历史活动的深入，必将是群众队伍的扩大"④ 的群众史观，尤其是恩格斯在"绝对批判的第二次征讨"之"（a）欣里克斯，第二号.'批判'和'费尔巴哈'.对哲学的谴责"⑤ 中，通过指出历史与人的关系，直接表明在群众史观的创立过程中恩格斯是与马克思站在一起的。

## 一　不能割裂辩证法与唯物主义来理解"群众"概念

唯心主义把"群众"这一概念抽象化，费尔巴哈虽然正视了人，却仍然使用"类存在物"的概念指称群众，只有马克思、恩格斯才认为群众是

---

① 孙宜芳：《群众与人民概念的逻辑界限——基于马克思恩格斯人的解放学说的考察》，《思想教育研究》2017 年第 9 期。
② 《马克思恩格斯文集》第 1 卷，人民出版社，2009，第 282 页。
③ 《马克思恩格斯全集》第 2 卷，人民出版社，1957，第 197 页。
④ 《马克思恩格斯文集》第 1 卷，人民出版社，2009，第 287 页。
⑤ 《马克思恩格斯文集》第 1 卷，人民出版社，2009，第 294 页。

历史主体。马克思、恩格斯之前的唯心主义与旧唯物主义对"群众"概念有不同的表达，是因为它们站在割裂辩证法与唯物主义的立场上来理解"群众"概念。在马克思、恩格斯之前，哲学很少与实践联系在一起，哲学的主要任务是解释世界，要么"唯心"地解释世界，缺少唯物主义的方法；要么直观地解释世界，缺少辩证法的运用。在马克思、恩格斯看来，"哲学家们只是用不同的方式解释世界，问题在于改变世界"①。马克思主义把实践作为自己新世界观的核心范畴，通过实践达成唯物主义与辩证法的统一，从而使自己与以往的形而上学区别开来。马克思、恩格斯的群众史观从属于历史唯物主义，必然会将"群众"看作一个不断解放自身的历史概念。这一历史概念同时也是一个不断发展的现实概念。这与当时盛行的英雄史观截然不同。在对"群众"这一概念的理解上，唯心主义和旧唯物主义都没有达到马克思、恩格斯的高度。尤其是以布鲁诺·鲍威尔为首的思辨唯心主义通过杜撰"精神"与"群众"的对立，彻底否定群众在现实生活中创造历史的主体地位。因此有必要对"群众"概念做一些澄清，揭露它在不同哲学中被区别对待的本质。

在唯心主义看来，"群众"是作为一个抽象范畴的概念而存在的，是作为"精神"的对立面用来论证后者的绝对性的。布鲁诺·鲍威尔等把人本身变成自我意识哲学的一个抽象范畴，用自我意识取代现实的人，是因为他们片面发展了黑格尔体系中的主体因素。在黑格尔看来，实体和自我意识是绝对精神对立统一的两个要素，因此绝对精神既是实体又是主体②。通过绝对精神，实体（"同人分离的自然"）和主体（"同自然分离的精神"）在整体性上实现了能动的统一，从而把自然世界和精神世界统一在绝对精神辩证运动的展开过程之中。然而这一学说的立足点却是绝对精神，因而是一种客观唯心的世界观。布鲁诺·鲍威尔认为在黑格尔体系

---

① 《马克思恩格斯选集》第1卷，人民出版社，2012，第136页。
② "在黑格尔的体系中有三个要素：斯宾诺莎的实体，费希特的自我意识以及前两个要素在黑格尔那里的必然充满矛盾的统一，即绝对精神。第一个要素是形而上学地改了装的、同人分离的自然。第二要素是形而上学地改了装的、同自然分离的精神。第三个要素是形而上学地改了装的以上两个要素的统一，即现实的人和现实的人类。"《马克思恩格斯文集》第1卷，人民出版社，2009，第341~342页。

中，实体和自我意识这两个要素因为对方的渗透所以不能将辩证法的革命性进行到底。他因此退回到费希特那里，从自我意识入手来解释历史，"人所以存在，历史所以存在，是为了使真理达到自我意识"①，导致他只能在前黑格尔的水平上片面推进黑格尔的体系，从而制造了"精神"与"群众"的抽象对立。

　　费尔巴哈的人本学唯物主义看到人是作为自然而存在的"类存在物"。在他这里，"无限的自我意识"被人本身取代。虽然人仍然是一个抽象的自然概念，但不再是被杜撰出来的抽象概念。马克思、恩格斯认为，布鲁诺·鲍威尔等人从未跳出黑格尔体系的范畴，只有费尔巴哈才立足于黑格尔的观点之上结束和批判了黑格尔的体系，因为费尔巴哈消解了形而上学的绝对精神，使之变为"以自然为基础的现实的人"②，从而使"群众"由杜撰出来的抽象符号变成感性存在的自然概念。费尔巴哈与斯宾诺莎的区别在于，前者把人包括在自然界之内，后者却把脱离人的自然界当作主体。实际上，把人驱逐出去的自然界只存在于人们的幻想中，而不是现实的自然界，因为任何人都不可能离开自然界而存在。现实的人就是自然界的有机组成部分，自然界也一定是属人的自然界。那种与人无关的自然界乃至宇宙仍属于自在存在物，对人而言还不是现实的自然界。现实的自然界一定是与人发生关系的自然界。费尔巴哈用"人和自然的关系"取代"实体和主体的关系"，就"认识到人是本质、是人的全部活动和全部状况的基础"③。所以《神圣家族》对费尔巴哈进行了高度评价："到底是谁揭露了'体系'的秘密呢？是费尔巴哈。是谁摧毁了概念的辩证法即仅仅为哲学家们所熟悉的诸神的战争呢？是费尔巴哈。"④ 费尔巴哈虽然使思辨唯心主义失去了"精神"的独立外观，把人从"诸神的战争"中解放出来，但他只是从直观自然的意义上理解人，而不懂人能通过实践促使自然史与人类史相统一的道理。

---

① 《马克思恩格斯文集》第 1 卷，人民出版社，2009，第 284 页。
② 《马克思恩格斯文集》第 1 卷，人民出版社，2009，第 342 页。
③ 《马克思恩格斯文集》第 1 卷，人民出版社，2009，第 295 页。
④ 《马克思恩格斯文集》第 1 卷，人民出版社，2009，第 295 页。

究其根本，费尔巴哈割裂了唯物主义与辩证法，导致他离开了实践和历史去抽象地考察人。在费尔巴哈看来，人只能是"类存在物"。马克思、恩格斯在世界观由唯心主义转向唯物主义的过程中深受这一思想的影响，因而在《论犹太人问题》《1844年经济学哲学手稿》等早期著作中频繁使用这一概念，这表明他们当时在形成唯物史观的问题分析框架上仍然借助于费尔巴哈的核心概念。但是，马克思、恩格斯超越费尔巴哈的地方在于，他们把黑格尔辩证法的合理内核和人本学唯物主义结合在一起，在与思辨唯心主义论战的过程中捍卫了现实人道主义，群众史观就是这一论战的思想结晶。他们通过阐发自己的群众史观，充分肯定群众才是创造自己历史的现实主体，从而将历史定义为群众在现实的生活实践中创造的历史。

1886年，恩格斯为了阐释马克思主义与德国古典哲学的关系而专门写了《路德维希·费尔巴哈和德国古典哲学的终结》一书。他在该书中写道，"关于现实的人及其历史发展的科学"[①]是马克思在《神圣家族》中开始创立的。"群众"概念正是这一"科学"的重要"支柱"。那么，马克思、恩格斯在这一"科学"的创立过程中做了哪些具体的工作呢？

## 二 作为历史概念的"群众"

从"历史不过是追求着自己目的的人的活动"可以看出，"群众"是一个指向现实的历史概念。这个概念从人与动物有别以后就产生了。人与动物的根本不同之处在于，人是群居性的社会存在物，而动物只是具有生物本能的自发存在物。正因为人是能够自为活动的群居性动物，所以用"群众"这一概念指称"人"就使人的社会属性从自然属性中分离出来，人成为一种具有能动性的"类存在物"。这样就能理解为什么人们经常在处理人与自然的关系时，尤其是在指向从事物质生活生产的人时经常使用"群众"概念；同时也在处理人与人的关系时，尤其是在阶级斗争的语境中经常使用"群众"概念。我们还经常把自己称为群众的一分子，是因为

---

① 《马克思恩格斯选集》第4卷，人民出版社，2012，第247页。

不管是处理人与自然的关系，还是建立人与人的关系，最终都要在人与自身的关系中得到反映。因此，"群众"还经常与"现实的人"这一概念同义使用。

在此基础上，可以把群众的历史作用划分为基于物质生产活动的作用以及基于非物质生产活动的作用。

对于前者，马克思、恩格斯认为："我们首先应当确定一切人类生存的第一个前提，也就是一切历史的第一个前提，这个前提是：人们为了能够'创造历史'，必须能够生活。但是为了生活，首先就需要吃喝住穿以及其他一些东西。因此第一个历史活动就是生产满足这些需要的资料，即生产物质生活本身，而且，这是人们从几千年前直到今天单是为了维持生活就必须每日每时从事的历史活动，是一切历史的基本条件。"① 马克思、恩格斯直接在这一作用上称群众是创造历史的人。恩格斯指出，这与"批判""把'群众'同'精神'的斗争'规定'为迄今为止全部历史的'目的'"，"宣称'群众'是'卑贱'的'纯粹的无'"②形成截然相反的对照。

就后者而论，群众的非物质生产包括社会生产、政治生产和精神生产。社会生产主要是社会关系的生产，政治生产主要是国家与法的生产，精神生产主要是道德伦理文化等的生产。物质生产决定上述非物质生产，"物质生活的生产方式制约着整个社会生活、政治生活和精神生活的过程"③。恩格斯后来完善了这一生产理论，认为"生产本身又有两种。一方面是生活资料即食物、衣服、住房以及为此所必需的工具的生产；另一方面是人自身的生产，即种的繁衍"④。他揭示了非物质生产的本质就是为了"人自身的生产"，从而使物质形态世界（物质世界）与价值形态世界（精神世界）统一在人类生活于其中的世界之中。

从群众的历史作用可知，群众在不同的历史发展阶段有不同的具体所

---

① 《马克思恩格斯选集》第1卷，人民出版社，2012，第158页。
② 《马克思恩格斯文集》第1卷，人民出版社，2009，第296页。
③ 《马克思恩格斯选集》第2卷，人民出版社，2012，第2页。
④ 《马克思恩格斯选集》第4卷，人民出版社，2012，第13页。

指。马拥军也认为,"群众是一个历史概念,在不同时期有不同的历史内容"①。马克思、恩格斯运用阶级和阶层分析法,就是为了起到辨析不同历史时期不同群众概念的具体内涵的作用。当它作为阶级概念使用时可以起到服务其作为历史概念的作用,"群众"作为历史概念具有第一性。

例如,马克思、恩格斯在《神圣家族》中谈到 1789 年的资产阶级大革命到底是代表群众的利益还是资产阶级的利益时指出:"任何在历史上能够实现的群众性的'利益',在最初出现于世界舞台时,在'思想'或'观念'中都会远远超出自己的现实界限,而同一般的人的利益混淆起来。"② 这里的"人"指的是从事物质生活生产的群众,但是这里出现的两个"利益"指的都是资产阶级的利益。资产阶级的特殊利益"在最初出现于世界舞台时"是以一般利益(即代表群众的利益)的面目出现的,从而导致法国大革命时期的群众不是在追求属于自己的利益,而是在追求"一般"利益(本质上是资产阶级的利益)。之所以会在群众中造成这种幻觉,是因为 1789 年的法国大革命,本质上是资产阶级革命,对于资产阶级来说并不是"不合时宜"的;对于群众来说才是"不合时宜"的。"所以,如果说这场能够代表一切伟大的历史'活动'的革命是不合时宜的,那么,它之所以不合时宜,是因为它在本质上仍然停留在那样一种群众生活条件的范围内,而那种群众是仅仅由少数人组成的、不是把全体居民包括在内的、有限的群众。"③ 我们可以从中看到 1789 年大革命中"群众"概念的历史性:资产阶级革命时期的"群众",其主体只能是"有限的群众",即"由少数人组成的、不是把全体居民包括在内的"资产阶级;只有在无产阶级革命的历史意义上,其主体才是"把全体居民包括在内的"群众。

## 三 作为阶级概念的"群众"

在马克思、恩格斯的用语中,作为历史概念的"群众"具有不确定

---

① 马拥军:《必须坚持最低纲领与最高纲领的统一——兼论修正主义的历史教训与现实危害》,《毛泽东邓小平理论研究》2018 年第 9 期。
② 《马克思恩格斯文集》第 1 卷,人民出版社,2009,第 286 页。
③ 《马克思恩格斯文集》第 1 卷,人民出版社,2009,第 287 页。

性，在不同历史时期根据历史任务的不同可以有不同所指。他们在《神圣家族》中指出，"批判""把群众说成是有限的、粗野的、鲁莽的、僵死的和无机的"，以此与"批判""把自己说成是'精神'，是绝对的，是无限的"形成对比①；在《德国农民战争》中使用"农民群众"，以此区分作为群众的贵族；在《反杜林论》中使用"无财产的群众"，是为了指出无产阶级在当时的组成情况②；在《未来的意大利革命和社会党》中指出社会主义革命的任务就是把社会生产和分配的领导权交给"生产者群众"③；等等。

然而，作为阶级概念的"群众"却是一个具有确定性的概念，在任何历史时期都是指不掌握社会财富的阶级，也就是马克思、恩格斯所说的无产阶级，以及我们通常所说的人民。无产阶级与财富构成私有财产世界对立统一的两种形态。有产（资产）阶级作为私有财产的人格化，是得到自我满足的私有财产的所有者；无产阶级作为私有财产的对立面，过着非人性的生活。无产阶级的这种阶级属性决定了它的历史使命。"如果无产阶级不消灭它本身的生活条件，它就不能解放自己。如果它不消灭集中表现在它本身处境中的现代社会的一切非人性的生活条件，它就不能消灭它本身的生活条件"④，"它的目标和它的历史使命已经在它自己的生活状况和现代资产阶级社会的整个组织中明显地、无可更改地预示出来了"⑤。

无产阶级作为阶级概念本质上是群众在无产阶级革命时期的概念。在这一特定的历史时期，群众具有自觉的阶级意识和阶级立场，就使作为历史概念的"群众"上升为具有世界历史意义的无产阶级概念。这就是马克思、恩格斯所说的："问题不在于某个无产者或者甚至整个无产阶级暂时提出什么样的目标，问题在于无产阶级究竟是什么，无产阶级由于其身为无产阶级而不得不在历史上有什么作为。"⑥ 这里的"究竟是什么"指无产阶级能否意识到不消灭作为无产阶级的自身就无法获得人的生存的外观。

---

① 《马克思恩格斯文集》第1卷，人民出版社，2009，第297页。
② 《马克思恩格斯选集》第3卷，人民出版社，2012，第782页。
③ 《马克思恩格斯选集》第4卷，人民出版社，2012，第323页。
④ 《马克思恩格斯文集》第1卷，人民出版社，2009，第262页。
⑤ 《马克思恩格斯文集》第1卷，人民出版社，2009，第262页。
⑥ 《马克思恩格斯文集》第1卷，人民出版社，2009，第262页。

这里的"身为无产阶级"指出了无产阶级消灭自身、解放自身的历史必然性。这样再反过头看"历史不过是追求着自己目的的人的活动",就清晰地揭示出了从动物到人,从人到群众,从群众到无产阶级的逻辑呈现及其历史展开过程。

新中国诞生在以工农联盟为阶级基础的历史运动中,中国共产党作为执政党非常重视党的阶级基础,"群众"概念就被具有明确的无产阶级立场的"人民"概念所取代,或者通常用"人民群众"的概念取而代之。虽然在新中国成立后,曾因片面强调"以阶级斗争为纲",广泛发动群众进行阶级斗争,给党、国家和群众带来过严重困难,只把"群众"作为阶级概念使用暴露了一定的理论局限性。

只把"群众"作为阶级概念这一做法片面化地把人等同于马基雅维利的政治人。这位意大利政治思想家只关心如何让人夺取权力以及在获得权力以后如何维护自己的统治地位。在他的《君主论》中,存在两种权力斗争的方式,"一种是运用法律,另一种是运用武力。第一种方式为人类所特有,第二种方式则为野兽所特有;但是,因为前者常常有所不足,所以必须求助于后者。因此,一位君主必须很好地懂得如何使用野兽和人类的方式"[1]。在马克思、恩格斯看来,无产阶级掌握政权以后,在群众内部都同属于一个阶级,法律的方式就是群众进行内部协商的方式,武力只是为法律提供外在强制力保障的重要措施;而武力的方式具有暴力的属性,只有当前者无法实现时后者才可以被作为可行性方案。可是马基雅维利只教人崇拜武力,进行政治斗争,而看不到政治斗争背后的物质基础和经济根源,即"法律的和政治的上层建筑竖立其上并有一定的社会意识形式与之相适应的现实基础",这个"现实基础"就是"同他们的物质生产力的一定发展阶段相适合的生产关系"[2]。在这里,"他们"是指群众。物质生产力的水平制约着群众的存在方式,后者又决定了他们的政治意识和斗争方式,而不是相反。这就意味着,当生产力的发展水平还不足以消灭阶级对立时,"群众"这一历史概念在阶级社会里就必然会被打上阶级的烙印,

---

[1] Niccolò Machiavelli, *The Prince* (Chicago: University of Chicago Press, 1998), p. 69.
[2] 《马克思恩格斯选集》第2卷,人民出版社,2012,第2页。

而在不同阶级和阶层中具有各种各样的局限性。如果群众不突破这种局限性，更有甚者被权力斗争所利用，不仅谈不上自身的生存和发展，更谈不上实现自身的解放了。

"群众"只被作为阶级概念使用，被看作阶级斗争的工具，还会导致群众内部的矛盾被看作敌我之间的阶级斗争，随之采用的解决方式就是大规模的群众性政治运动。如果运用法律这种群众内部协商的方式就不容易使运动失去控制。而不在法律范围内的群众运动往往会采取"为野兽所特有"的暴力方式，非但不会实现马克思、恩格斯所说的人与人之间的关系是联合起来的关系，反而会通过制造人与人之间就像狼与狼之间的争斗导致人与人之间关系的分裂和疏离。因此，把群众当成阶级概念，不是纯粹把群众当成阶级斗争的工具。只有彻底摒弃那种只把群众当成阶级斗争工具的做法，才能对群众概念有一个科学的理解。

## 四 "群众"概念的范式转换

马克思、恩格斯通过批判思辨唯心主义的错误思想，阐释了群众史观，尤其是恩格斯在晚年对历史合力论的论述，表明他与马克思始终如一地把"群众"作为具有无产阶级立场的历史概念来使用。"群众"作为历史概念，体现了他和马克思的新世界观背后与唯心主义和旧唯物主义不同的理论范式[①]。这种全新的世界观在理论范式上经历了由唯心范式向唯物范式的转换、由精神范畴向实践范畴的转变、由观念领域向历史领域的转向。

首先，在范式问题上，马克思、恩格斯破除"群众"同"精神"的斗争是全部历史目的的唯心主义主张，提出"历史不过是追求着自己目的的人的活动"的唯物主义解释，在群众史观上完成由唯心范式向唯物范式的转换。"绝对的批判"通过三个步骤否定了群众创造历史的逻辑前提。第

---

[①] 这是借用库恩的概念，他认为，"一个新理论之所以被选择来取代旧理论……是因为一种世界观的转变"，"我们所说的进步，体现在去追求更为恰当的世界观念，和更为融洽地与世界的互动"。〔美〕托马斯·库恩：《科学革命的结构》，金吾伦、胡新和译，北京大学出版社，2012，导读第5页。

一步,宣称"精神"是绝对的、无限的"进步",制造出"群众"与"精神"的抽象对立;第二步,宣称自己就是"批判",从而把自己说成"绝对精神";第三步,宣称"绝对精神"不是通过"群众"体现出来,"仅仅是通过一小撮杰出人物即鲍威尔先生及其门徒体现出来的"[1]。于是,"绝对的批判"就不需要像黑格尔那样幻想着有绝对的客观的精神创造着历史,而是自己有意识地充当了这一角色,有目的性地发明、体现和完成着历史。所以,马克思、恩格斯讽刺说这些"哲学家命中注定是要去实现群众的心愿的"[2],即代替群众去进行改造社会的历史活动,去展示"'人的关系的现实丰富性'、'历史的惊人的内容'、'人的意义'等等"[3]。他们不仅指出费尔巴哈早已摧毁了被"批判"所滥用的这些范畴,而且明确说出"历史什么事情也没有做,它'不拥有任何惊人的丰富性',它'没有进行任何战斗'!其实,正是人,现实的、活生生的人在创造这一切,拥有这一切并且进行战斗。并不是'历史'把人当做手段来达到自己——仿佛历史是一个独具魅力的人——的目的。历史不过是追求着自己目的的人的活动而已"[4]。通过指出历史是人的历史,人才成为历史的本质和基础。马克思、恩格斯就站在人的高度上实现对唯心史观的"破"和对群众史观的"立"。

其次,在群众创造历史的动力问题上,马克思、恩格斯使用"现实的、活生生的人""人的活动""实际措施""行动"等实践范畴的概念,对群众实践与历史进步的彼此建构进行阐发,从而摒弃思辨唯心主义精神范畴的概念和原则。马克思、恩格斯犀利地指出:"在认识到人是本质、是人的全部活动和全部状况的基础之后,唯有'批判'还能够发明出新的范畴来,并像它正在做的那样,重新把人本身变成一个范畴,变成一整套范畴的原则。"[5] 他们也绝不会局限于人道主义的道义层面来理解人的本质,而是从群众推动历史进步的动力层面阐释全新的世界观。也就是说,

---

[1] 《马克思恩格斯文集》第1卷,人民出版社,2009,第293页。
[2] 《马克思恩格斯文集》第1卷,人民出版社,2009,第294页。
[3] 《马克思恩格斯文集》第1卷,人民出版社,2009,第294页。
[4] 《马克思恩格斯文集》第1卷,人民出版社,2009,第295页。
[5] 《马克思恩格斯文集》第1卷,人民出版社,2009,第295页。

他们是从群众的现实作用方面来理解历史的本质,从而准确把握了"群众"这一历史概念。这样一来,他们就基于对人类历史发展进程中的动力问题的探究,实现对费尔巴哈人本学唯物主义的超越与扬弃。马克思、恩格斯不仅认为历史是人的活动的展开过程,而且把历史动力问题描述为群众在实践中实现解放的革命活动。他指出,"批判"的反对者——"'需要解救的'群众"即"法国人和英国人的批判……是那些作为社会积极成员的个人所进行的现实的人的活动……他们的批判同时也是实践的,他们的共产主义是这样一种社会主义,在这里面他们提出了实践的、明确的实际措施,在这里面他们不仅思考,并且更多的是行动"①。从中可以看出,他们对推动人类历史进步的动力问题进行了初步回答,成为正在形成中的唯物史观的重要组成部分。恩格斯在晚年提出的历史合力论②进一步发展了这一思想,表明恩格斯自始至终都把"群众"视为从属于历史概念的阶级概念,以此来对待群众创造历史的动力问题。

最后,群众创造历史与群众解放自己是同一个历史过程。马克思、恩格斯将群众解放自己的活动从观念领域转向历史领域,深入物质生产实践当中探究群众的历史作用,就超越了从思想活动的层面对历史问题的颠倒。在《神圣家族》中,群众实现自己的解放是针对人的异化问题提出来的。私有制下的异化劳动导致了人的异化,在有产阶级身上感到的是幸福和自己被确证,但是在群众身上却表现为非人性的贫困生活。只有消灭这种无法再回避的"无产"状况,使物质生产实践重新被联合起来的群众共

---

① 《马克思恩格斯文集》第1卷,人民出版社,2009,第355页。
② 恩格斯的历史合力论是群众史观的进一步发展。他在《路德维希·费尔巴哈和德国古典哲学的终结》中说:"无论历史的结局如何,人们总是通过每一个人追求他自己的、自觉预期的目的来创造他们的历史,而这许多按不同方向活动的愿望及其对外部世界的各种各样作用的合力,就是历史。"《马克思恩格斯选集》第4卷,人民出版社,2012,第254页。这段话主要包括如下内容:第一,合力的主体是群众,是唯物史观视域的人,不是社会学中的人;第二,这个合力的结果被看作为整体的群众的力量的产物;第三,合力的相互作用中有起主导性作用的力量,这就是群众从事物质生活生产所具有的力量,即生产力;第四,决定历史事件和方向的因素,是众多力量的合力,这里的人的意志就包括阶级的意志、集团的意志,并且无产阶级政党通过组织和教育群众发挥意志的关键性作用;第五,合力的形成过程就是把每一个人的意志都融合为一个方向、一个总的合力的过程,这个过程就是一个历史过程。

同支配，人与人之间相互异化的状态才能得到彻底改变。换言之，群众的"'解放'是一种历史活动，不是思想活动，'解放'是由历史的关系，是由工业状况、商业状况、农业状况、交往状况促成的"①。只有立足于现实的人的活动本身才能看到，群众创造历史的过程就是解放自己的过程。因此，恩格斯才特别强调，正是"现实的、活生生的人在创造这一切，拥有这一切并且进行战斗"②。并不是所谓的"观念史"企图把群众当作手段来达到自己的目的，而是群众将解放自己的目的融入自己所创造的历史当中。

## 第二节　群众史观的思想脉络

马克思、恩格斯在《神圣家族》中对人民群众的历史作用进行了首次系统的阐发，使其成为马克思主义群众史观的奠基之作。它在开篇第一句话就指出他们的写作目的和历史使命，"现实人道主义在德国没有比唯灵论或者说思辨唯心主义更危险的敌人了"③，"思辨唯心主义用'自我意识'即'精神'代替现实的个体的人"④。立足于"现实的个体的人"论述群众史观，批判"自我意识"取代"现实的个体的人"，是马克思、恩格斯批判的核心任务。"自我意识"否定群众是生活主体，不承认群众的物质利益，看不到群众的社会实践。马克思、恩格斯在批判"自我意识"的独断性等错误理论的基础上阐述群众史观，并在事实上指出，群众史观就是现实人道主义的历史观。群众史观与人之间是什么样的关系？有学者认为以往的研究"没有讲清楚群众史观与人的本质、人的发展、人的价值、人的解放理论之间的关系，有意无意地把群众史观同人的本质、人的发展理论割裂开来，导致目前理论界大量关于人的发展理论的研究文章中基本不涉及群众史观问题"⑤。本书在此以《神圣家族》对群众的有关论述

---

① 《马克思恩格斯选集》第1卷，人民出版社，2012，第154页。
② 《马克思恩格斯文集》第1卷，人民出版社，2009，第295页。
③ 《马克思恩格斯文集》第1卷，人民出版社，2009，第253页。
④ 《马克思恩格斯文集》第1卷，人民出版社，2009，第253页。
⑤ 郝贵生、李俊赴:《论群众史观的理论地位及其基本内容》,《马克思主义研究》2006年第6期。

为依据，从群众史观对人的唯物辩证法的理解中梳理出马克思、恩格斯创立群众史观的发展逻辑，即他们经历了从精神世界到物质世界，再到人本身，最后聚焦作为"现实的个体的人"的群众的思想脉络。

## 一 关心群众的生活："在生活中真正成其为人"

群众是一种实体。这种实体是与"现实的个体的人"的需要联系在一起的。与之相对，"批判的批判"只关注群众的"思维"和"意识"，而不关心群众的"存在"和"生活"。后者认为，"一切祸害都只在工人们的'思维'中"，因为"当今工人的思维只顾及自己，也就是说，他只是为他个人而索取报酬"①。"批判的批判"批判工人在思维中只顾及自己的需要，是因为工人作为现实的人是一种实体，而一切类似斯宾诺莎的实体都应该被抛弃，只有根源于自我意识哲学的能动的主体性原则才是决定性的历史创造者，实体性的存在都是精神的威胁与阻碍。工人作为群众的个体形态就逃不开被批判的命运。

群众是现实生活的真正主体。马克思、恩格斯重视群众在现实生活中作为人的各种需要。他们深入曼彻斯特和里昂的工场中，发现这些做工的人过着屈辱的生活，并不会因为想要消除雇佣劳动就会有任何实际的改变。"这些群众的共产主义的工人……非常痛苦地感觉到存在和思维之间、意识和生活之间的差别。他们知道，财产、资本、金钱、雇佣劳动以及诸如此类的东西决不是想象中的幻影，而是工人自我异化的十分实际、十分具体的产物，因此，也必须用实际的和具体的方式来消灭它们，以便使人不仅能在思维中、在意识中，而且也能在群众的存在中、在生活中真正成其为人。"② 只有深入"现实的个体的人"的生活，才能感觉到这种"意识和生活之间的差别"；也只有改变这种生活差别，才能使工人在生活中成为真正的人。

然而，"自我意识"遮蔽了人，使人沦为依附自我意识的人。批判"自我意识"的独断性就成为把握群众存在方式的一个立足点，同样构成

---

① 《马克思恩格斯文集》第 1 卷，人民出版社，2009，第 273 页。
② 《马克思恩格斯文集》第 1 卷，人民出版社，2009，第 273 页。

理解人的本质的一个出发点。马克思、恩格斯对"自我意识"的批判经历了哲学批判、国民经济学批判到把人作为原则的批判的过程。仅仅停留在第一个层面仍属于唯心主义或旧唯物主义的水平，鲍威尔兄弟和费尔巴哈就是典型；仅仅停留在第二个层面导致蒲鲁东仍是一个国民经济学家；只有站在把人作为原则的高度所展开的批判才抓住了批判的本质。

1. 哲学批判

布鲁诺·鲍威尔、费尔巴哈、马克思、恩格斯都曾是青年黑格尔派的重要成员。随着对黑格尔的哲学和宗教具有同一性的不同理解，黑格尔学派出现分裂，导致青年黑格尔派的产生。黑格尔认为，哲学和宗教具有本质上的一致性，前者通过理性认识绝对精神，后者通过信仰表达绝对精神。二者只具有形式上的不同，并无本质上的区别。宗教作为绝对精神的世俗表达成为德国社会占统治地位的精神力量，人的问题也要作为附属形式以宗教问题呈现出来。布鲁诺·鲍威尔不满意黑格尔对宗教作为世俗实体的强调，因为任何实体性的存在都是对"自我意识"的妨碍，只有主体的绝对能动性才不会阻碍精神的发展。他要求人充分发挥主观能动性，直接与上帝对话，上帝的启示不过是自我意识在人身上的表达。只有自我意识（而非宗教）才是人的精神来源。这样，布鲁诺·鲍威尔就用他的自我意识哲学批判了当时的宗教。

与布鲁诺·鲍威尔的主张不同，费尔巴哈认为，宗教是人创立的。作为自然界的存在物，当人对大自然的威力造成的灾难无能为力时就寄希望于一种神秘的力量保护自己，神就产生了。"属神的本质不是别的，正就是属人的本质，或者，说得更好一些，正就是人的本质，而这个本质，突破了个体的、现实的、属肉体的人的局限，被对象化为一个另外的、不同于它的、独自的本质，并作为这样的本质而受到仰望和敬拜。"① 他把宗教里的神圣形象的本质归还给人，用人本学唯物主义超越了任何形式的唯心主义。然而，费尔巴哈眼中的"人"还是抽象的自然人。他仍然停留在"类存在"本质的层面理解人，导致只能对人的唯心的本质进行批判，而

---

① 〔德〕费尔巴哈：《费尔巴哈哲学著作选集》下卷，荣震华等译，商务印书馆，1984，第39页。

无法实现对人的现实的、本质的批判。马克思、恩格斯通过对国民经济学的批判，完成了费尔巴哈没有完成的工作。

2. 国民经济学批判

对宗教的哲学批判代替不了对私有财产的国民经济学批判。国民经济学把维护私有财产作为资产阶级社会的法律制度和基本原则。蒲鲁东正是基于这一套理论展开批判的。他认为，拥有私有财产的权利是资产阶级独享的特权，资产阶级通过占有私有财产剥削工人，使工人成为一无所有的人。只有否定资产阶级的私有财产权利，才能实现工人对私有财产平等所有的权利。他"把私有财产的实质问题看做对国民经济学和法学生死攸关的问题"①。马克思对蒲鲁东的这一批判进行高度评价，认为它"在国民经济学中引起革命，并且第一次使国民经济学有可能成为真正的科学"②。马克思在肯定的同时也看到，蒲鲁东还没有正确把握私有财产在日常生活中的具体表现形式，导致他只能抽象地追求人与人之间的公平，抽象地反对私有财产造成的贫困现象。

蒲鲁东对私有财产的批判引起埃德加·鲍威尔③的攻击。后者马上对蒲鲁东发动进攻，指责他把公平变成了绝对的宗教信仰。"蒲鲁东发现了某种绝对的东西，发现了历史的永恒基础，发现了为人类指引方向的神。这就是公平。"④他把蒲鲁东的公平当成神学对象加以批判，这样就把蒲鲁东对国民经济学的批判又变成宗教批判。马克思这样评价埃德加·鲍威尔的批判：他的"宗教的批判的批判"把"批判"作为"群众"的对立面，并且"批判"终究会作为唯一的真理战胜"群众"，从而为自己保留这个绝对的神的地位。埃德加·鲍威尔始终未走下神坛，导致他看不到非人性的现实。

3. 把人作为原则的批判

不管是哲学批判还是国民经济学批判，都要上升到把人作为原则的高

---

① 《马克思恩格斯文集》第1卷，人民出版社，2009，第258页。
② 《马克思恩格斯文集》第1卷，人民出版社，2009，第256页。
③ 埃德加·鲍威尔是布鲁诺·鲍威尔的胞弟，两人都是青年黑格尔派的重要成员，都是思辨唯心主义的鼓吹手。
④ 《马克思恩格斯文集》第1卷，人民出版社，2009，第258页。

度进行批判，才能揭示出从事批判活动是为了人的批判的本质。鲍威尔兄弟眼中的人是依附于"自我意识"的抽象概念，也就是他所杜撰出来的与"精神"相对立的"群众"概念，所以他们的批判"不是面向经验的人"，"不去接触住在英国地下室深层或法国高高的屋顶阁楼里的人的粗糙的躯体，而是'完完全全'在人的唯心主义的肠道中'蠕动'"①。他们既看不到"人的粗糙的躯体"，也不关心"群众"的现实生活；相反，"群众"存在的唯一价值就是为了证明"自我意识"的存在。虽然费尔巴哈用"以自然为基础的现实的人"② 取代"自我意识的人"，从而使随意捏造出来的"群众"概念变成感性存在的自然概念，但他并未将人看作从事感性活动的人，也就只能直观到"躯体"，同样看不见"人的粗糙的躯体"，即能够通过经验把握到的人。马克思、恩格斯立足"现实的个体的人"扬弃了费尔巴哈的抽象自然人。

　　人是社会性动物。人的本质不在其自然属性，而在其社会属性。社会正是由从事物质生活生产的人组成的。但是在私有制下，这些"现实的个体的人"所创造的财富被资产阶级攫取，自己却过着食不果腹的非人生活。他们不消灭私有制就无法消灭自身的生活条件，而不消灭造成自己"无产"的生活条件就不能实现解放，所以作为无产阶级的群众只能奋起反抗，消灭人的异化的社会根源。马克思、恩格斯终其一生都在唤醒被压迫的群众投身革命斗争行列，才有了《神圣家族》等批判资产阶级意识形态的经典文本。也就是说，对人的异化的批判必然会反映到意识形态领域，在该领域展开"殊死搏斗"。他们在《神圣家族》中与宗教、自我意识哲学和国民经济学等资产阶级意识形态的论战就是对资产阶级意识形态的一种"突围"。

## 二　重视群众的利益："'思想'一旦离开'利益'，就一定会使自己出丑"

　　群众是自身物质利益的创造主体。但是在"批判"看来，任何物质利

---

① 《马克思恩格斯文集》第 1 卷，人民出版社，2009，第 285~286 页。
② 《马克思恩格斯文集》第 1 卷，人民出版社，2009，第 342 页。

益对群众来说都无关紧要，因为作为真理的自我意识"和历史一样，是超凡脱俗的、脱离物质群众的主体"①。无怪乎对经济学一窍不通的埃德加·鲍威尔在《蒲鲁东》一文中根本不懂蒲鲁东把私有财产作为国民经济学的前提进行批判的重要意义。蒲鲁东对私有财产造成的贫困事实进行发难，质疑私有财产存在的合理性，进而得出否定私有财产的结论。埃德加·鲍威尔非但没有认识到蒲鲁东的理论进步性，反而"不了解也不顾社会现实存在的财产和贫穷的事实，而是一味地以自己的想象来反驳蒲鲁东所表明的真实的事情"②。这就暴露出埃德加·鲍威尔只关注观念和精神而非生活和利益的理论缺陷。

马克思从分析物质利益出发，指出对群众"思想"的考察离不开"利益"的参照标准，"'思想'一旦离开'利益'，就一定会使自己出丑"③。"利益"不是抽象的、空洞的，而是现实的、具体的。"利益"有其特定的历史所指，在资本主义社会就是围绕着私有财产问题展开讨论的。蒲鲁东只从社会贫困事实方面批判私有财产，没有看到私有财产作为资本主义生产关系总和的本质。马克思不仅揭示私有财产与贫困事实在资本主义生产关系中的对立统一，还提出只有消灭私有财产造成的群众非人性的生活条件才能真正实现群众的物质利益。从批判私有财产到消灭生活条件再到实现物质利益，呈现马克思解决群众史观与人的发展之间关系问题的认识脉络。

首先，私有财产关系是被当作合乎人性的生产关系。国民经济学家们总是忽略一个前提——私有财产关系的非人性。他们把私有财产关系当作合乎人性的生产关系，按照合乎人性的方式解释这种生产关系，为私有财产披上了一件合乎人性的"外衣"。马克思用工资与资本的利润看似合乎人性实则处于敌对关系，工人与资本家看似自由协商工资实则签订了不平等的强制契约的例子来说明私有财产关系的非人性。国民经济学家们只有

---

① 《马克思恩格斯文集》第1卷，人民出版社，2009，第285页。
② 刘秀萍：《财产关系为什么会成为理解现代社会的"斯芬克斯之谜"？——重温〈神圣家族〉对〈蒲鲁东〉的分析和评判》，《天津社会科学》2015年第6期。
③ 《马克思恩格斯文集》第1卷，人民出版社，2009，第286页。

在私有财产的个别形式中才会意识到这种情况，然后按照想象中的合理工资掩盖被扭曲的关系，试图消解针对私有财产本身的"矛头"。

蒲鲁东超越了国民经济学家们的这种不自觉状态。"他严肃地看待国民经济关系的人性的假象，并让这种假象同国民经济关系的非人性的现实形成鲜明的对照"①，"他不是以限于局部的方式把私有财产的这种或那种形式描述为国民经济关系的扭曲者，而是以总括全局的方式把私有财产本身描述为国民经济关系的扭曲者"②。他把工人和资本家都放到现实生活中进行考察，看到现实的私有财产关系当中人与人之间的真实关系。他找到国民经济学家们没有找到的问题根源，即私有财产本身。

马克思把蒲鲁东对私有财产关系的认识上升到资本主义生产关系总和的高度来分析私有财产与贫困事实的矛盾关系。在私有财产关系中，私有财产作为矛盾的肯定方面，是得到自我满足的存在关系。它为了自身的存在就要保持自己的对立面——工人普遍贫困事实的存在。这是私有财产关系的否定方面。被否定的工人不消灭"无产"的自身就无法消灭贫困的事实，而不消灭私有财产这个对立面就无法消灭自身。私有财产本身就成为这一矛盾关系中已被瓦解并且正在瓦解的根源。马克思在这里实现了蒲鲁东没有完成的对私有财产的批判。

其次，马克思不仅批判私有财产关系，而且提出要消灭非人性的生活条件。在资本主义时代，工业生产是创造历史活动的基本形式，工人就是创造历史的"群众"的主体。当工人投身到消灭非人性的生活条件的活动时，就以全新的阶级力量——无产阶级的面貌登上了历史舞台。无产阶级究竟是什么样的阶级？又必须在历史上有什么样的作为？回答这个问题必须从资本主义生产关系当中寻找答案。资本主义生产关系缺失无产阶级的"思想"和"利益"，导致无产阶级的生活条件在资本主义生产关系中达到了非人性的顶点。无产阶级不消灭私有财产关系就无法消灭资产阶级社会一切非人性的生活条件，而不消灭后者就无法消灭自身的生活条件。这是时代赋予无产阶级的历史使命。这一使命已经被无产阶级的生活状况和资

---

① 《马克思恩格斯文集》第1卷，人民出版社，2009，第257页。
② 《马克思恩格斯文集》第1卷，人民出版社，2009，第257页。

产阶级社会的整个生产组织所规定、所决定。

"群众"概念从工人到无产阶级的转变表明,"群众"是一个具有具体阶级立场的历史概念,需要在具体的历史境遇当中把握"群众"概念的动态变化。这一变化与人的发展密切相关,体现在三个方面。一是群众在主体意识方面的发展。是否拥有主体意识,不仅区分了人与动物,更区分了无产阶级与资产阶级。在私有财产关系中,在数量上占据绝大多数的人被迫失去了主体意识,只能感受到非人的生存的现实。这是因为,资产阶级在人的异化的另一端确证了人的力量,获得了人的生存的外观。所以确立主体意识就成为无产阶级反抗私有财产关系的第一要务。二是这种反抗活动的原则一定要体现无产阶级的"利益"和"思想",才能说明主体意识一经掌握无产阶级就变成了解放人的革命力量。三是消灭一切非人性的生活条件成为发展人、解放人的现实途径。这是由无产阶级的人性与被否定的生活状况之间的矛盾规定的,决定了无产阶级与资产阶级在世界历史进程中的不同历史使命。

最后,无产阶级只有消灭非人性的生活条件才能实现自己的物质利益。此时的马克思、恩格斯虽没有从社会关系当中明确提炼出生产关系这一概念,并把它作为决定其他关系的根本关系,但是,他们已经站在生产关系的角度把物质利益看成决定人类生存和发展的现实要求。物质利益是联系资产阶级社会不同阶级和阶层的基本手段。资产阶级通过占有私有财产强迫无产阶级为自己创造出无偿的物质利益;无产阶级为了获取最为基本的物质生活资料,只能出卖自己的劳动。这种不平等的私有财产关系揭示了物质利益与生产关系的内在联系。无产阶级要想改变这种不平等的社会地位,就要从生产根源上消灭一切非人性的社会关系,消灭这种社会关系在现实生活中的具体体现即一切非人性的生活条件,才能让物质利益重新回归自己。列宁对此指出,"这个原理是马克思主义者整个世界观的基础"①。

布鲁诺·鲍威尔为什么会轻视群众的利益,是因为他没有把物质利益问题放到无产阶级的革命实践当中来理解。他认为,"到现在为止,历史

---

① 《列宁全集》第 34 卷,人民出版社,2017,第 306 页。

上的一切伟大的活动之所以一开始就是不合时宜的和没有取得富有影响的成效，正是因为群众对这些活动表示关注和怀有热情"①。如果没有唤醒群众的"关注"和"热情"，没有指望在"思想"中博得群众的喝彩，那么历史活动就不会是不合时宜的。这明显是用批判的历史取代群众创造历史的做法。马克思以1789年资产阶级革命的例子说明，人类历史上的一切伟大进步活动之所以能取得成功，并不在于是否激发了群众的参与"热情"或者成功引起了群众的"关注"，关键在于"革命的原则"能否体现出群众的现实的物质利益。只有无产阶级革命才是真正代表群众物质利益的实践活动。

### 三　强调群众的实践："要有使用实践力量的人"

布鲁诺·鲍威尔和他的"批判"同伙不是把法国大革命当作群众革命的实践尝试，而是把它当作幻想出来的对象进行批判，讥讽这场革命产生的思想没有超出革命要用暴力推翻的秩序范围。他们混淆秩序的范围与秩序的思想范围。思想不是革命，任何革命的思想都不能超出革命的秩序范围，只能超出革命秩序的思想范围。"思想永远不能超出旧世界秩序的范围，在任何情况下，思想所能超出的只是旧世界秩序的思想范围。思想本身根本不能实现什么东西。思想要得到实现，就要有使用实践力量的人。"② 群众是社会实践的主体，是社会变革的决定力量。然而，"绝对的批判摒弃群众的历史并打算用批判的历史取而代之"③。马克思、恩格斯阐发群众史观的一个重要问题导向就是批判这种英雄史观的误导性。

批判英雄史观并不等于说它否定了人的价值。恰好相反，英雄史观肯定了人类中少数人的巨大历史作用，把这些人当作历史中的英雄，无限放大他们的社会影响力和个人魅力，导致英雄史观的出现。马克思把人放到社会关系中考察，认为任何人的历史作用都离不开与其他人的相互作用，尤其是离不开直接从事物质生活生产的群众作用。没有物质生活条件的支

---

① 《马克思恩格斯文集》第1卷，人民出版社，2009，第286页。
② 《马克思恩格斯文集》第1卷，人民出版社，2009，第320页。
③ 《马克思恩格斯文集》第1卷，人民出版社，2009，第286页。

撑，任何英雄都在历史上无用武之地。这就从实现人的价值的实践层面揭示出群众史观的科学性。

1. 超越切什考夫斯基的"实践"概念

青年黑格尔派的重要成员之一波兰人冯·切什考夫斯基在1838年出版了《历史哲学引论》，第一次把"实践"概念引入他的行动哲学，即人的意志和未来决定人类历史的哲学。在他看来，人的意志就是意识和行动的结合。行动是先有意识，后有理论的实践。人只有通过行动才能创造未来。实践就是人走出自身，把自身的意识（Selbstdenken）变成自身的行动（Selbsttun）。他用行动哲学批判黑格尔的思辨哲学。黑格尔把他的辩证法用于解释人类的过去，而不说明人类的现在和未来；黑格尔只强调绝对理念，不重视人的意志，导致人沦为绝对理念实现自身的工具。切什考夫斯基认为，哲学的首要工作是面向未来，强调人类的现在和未来才是辩证法的重点。这个未来就是傅立叶和圣西门所描述的社会主义。人类会进入一个全新的未来，这个未来的时代将会以傅立叶等人所探讨的社会生活作为其最高的、最本己的研究领域。

切什考夫斯基虽然突破了黑格尔思辨哲学的保守体系，把他的行动哲学引入社会生活当中，使哲学从纯粹的理论领域进展到实践领域，但是他的"实践"还是抽象的批判概念，实际上是一种哲学批判。他希望哲学的使命就是使自己大众化，使其由抽象的奥秘变得通俗易懂，因为所有人都受到哲学的召唤，而每一个愿意思考的人，都是哲学的选民。切什考夫斯基的行动哲学仍然是主观唯心主义哲学，实践的本质是哲学的客观化，是哲学的实现。如果说实践在切什考夫斯基这里还只是一个唯心主义的哲学概念，那么在蒲鲁东和马克思这里就是一个政治经济学概念。他们所关注的实践不是切什考夫斯基的抽象实践，而是人的实践。

2. 超越蒲鲁东的"平等"实践

蒲鲁东把实践从哲学领域引入生活领域，主张在人与人之间建立实践上的平等关系。1789年的法国资产阶级大革命为蒲鲁东实现他的平等理念提供了社会土壤。他从法权的角度考察了私有财产，认为法律上对人人平等的权利保护并未改变人与人之间的不平等状况。私有财产造成了贫穷与富有的巨大差距,只有消灭私有财产,才能建立人与人之间的平等关系。在他看来,平等是表达人的实践的本质范畴,表示人与人之间可以通过平等实现自身的同一性。法国哲学家科尔纽评价说:"蒲鲁东根本不是一个空想主义者。他在社会面前提出的不是抽象的要求,而是社会发展本身所决定的直接实践的要求。如果说他在提出这些要求时是从公平和平等这些观念出发的,那末这是因为,平等原则在法国是彼此平等的人们的社会关系的表现。平等原则本身是实践的最重要的因素和破坏性批判的基础。"[①]

蒲鲁东使现实生活中人与人之间不平等的问题从理论讨论上升为实践范畴,超越了脱离实践的抽象论证。然而,他虽把不平等看作人的异化形式,但没有从消灭人的异化的高度来追求平等,而是致力于解决小农、小资产阶级的不平等问题,导致他的理论无法真正解决人与人之间的不平等问题。李淑梅认为蒲鲁东的"平等"实践理论仍"是在人的类本质异化范围内寻求人的解放的形式"[②]。即便如此,蒲鲁东仍用他的"平等"实践理论超越埃德加·鲍威尔的"超实践"哲学。后者认为"哲学是超实践的"[③],在哲学中,现实的人和事物是远远低于哲学的。埃德加·鲍威尔在蒲鲁东前进的地方又倒退了回去。

3. 批判埃德加·鲍威尔"超实践"的哲学

埃德加·鲍威尔认为,哲学是对事物现状的抽象表达。哲学不应该是对事物现状的具体描述,而应是对事物现状的抽象的、超验的体现。因为事物现状并不能对现实有任何的启示,而哲学可以表现出对现实世界的识别力。掌握哲学的人自然就不满足于具体的实践,而是通过哲学的抽象来干预事物的进程。这样就可以说明,推动历史进步的力量不是群众,而是自诩为"批判的批判"的埃德加·鲍威尔等人,从而就可以理解为什么"批判的批判认为人类就是精神空虚的群众,这样它就为思辨认为现实的

---

[①] 〔法〕科尔纽:《马克思、恩格斯传》第Ⅱ卷,王以铸等译,生活·读书·新知三联书店,1965,第357页。

[②] 李淑梅:《探求社会平等及其实现途径——〈神圣家族〉对蒲鲁东平等思想和埃德加的思辨歪曲的评判》,《南开学报》(哲学社会科学版)2013年第5期。

[③] 《马克思恩格斯文集》第1卷,人民出版社,2009,第264页。

人无限渺小的论点提供了最明显的证据"①。由此观之，当"批判的批判"谈论人的时候，指的都不是群众而是代言精神、观念和"自我意识"的"批判的批判"自身。

埃德加·鲍威尔对实践的否定本质上是对从事实践活动的群众的否定。要想彻底批判这种"超实践"哲学就必须回归到群众的立场上来。群众是现实生活中具体从事物质生活生产的感性的人。然而，正是创造历史的群众却过不上合乎人性的生活。群众不能像埃德加·鲍威尔那样只在"思想"和观念领域消除雇佣劳动的想法，而是要在实践中改变现实事物的进程，改变自己作为现实的人的生活条件。这就是马克思、恩格斯强调群众是"使用实践力量的人"的具体意涵。他们用历史的实践的唯物主义取代了"超实践"哲学。

4. 实践就是改变无产阶级自身的生活条件

使每个人都能在自身的生活条件中过上合乎人性的生活，是马克思、恩格斯超越切什考夫斯基、蒲鲁东和埃德加·鲍威尔的地方。马克思、恩格斯立足于群众的实践，尤其是具有阶级立场的无产阶级斗争的实践来改变现实世界。他们深入工人当中考察他们的实际生活状况，掌握大量的关于工人斗争的实践材料，对工人的阶级意识既有了感性认识，又有了本质上的掌握，所以马克思在1844年7月针对德国纺织工人的起义做了如下评论："西里西亚起义一开始就恰好做到了法国和英国工人在起义结束时才做到的事，那就是意识到无产阶级的本质"②，即反对资产阶级社会的私有财产及其制度本身。他们已经意识到，要深入无产阶级斗争的实际当中指导工人运动的实践。《神圣家族》就是他们对无产阶级的目标和历史使命进行论述的代表作之一。

随着从事物质生活生产的群众队伍的壮大，无产阶级队伍也必然壮大。当无产阶级不消灭非人性的生活条件就无法获得属于人的东西的外观时，无产阶级革命就成为群众争取物质利益和实现自身解放的必然途径。无产阶级的革命实践与资产阶级掌握政权的历史条件是根本不同的。前者

---

① 《马克思恩格斯文集》第1卷，人民出版社，2009，第265页。
② 《马克思恩格斯全集》第1卷，人民出版社，1956，第483页。

是无产阶级通过改变自身的生活条件来实现的，同时需要物质利益的实现和体现无产阶级"思想"的革命理论的指导；后者是资产阶级将自身的阶级利益说成群众的利益，使群众成为资产阶级反抗封建统治的工具，其结果是让资产阶级作为统治阶级登上了历史舞台，把资产阶级树立为创造历史的英雄。因此，无产阶级只有在阶级斗争的实践当中推翻资产阶级的统治，才能重新证明自己是历史的创造者。

## 四　运用群众史观分析问题的方法论要求

要在理论上坚持马克思主义活的灵魂，又在制度上体现社会主义国家以人为本、执政为民的要求，就要在新时代创新发展群众概念，这是坚持群众路线的基本体现。

### 1. 坚持以"群众"为原则和立场分析问题的方法论要求

恩格斯在阐释"群众"概念时，就是在阐释以群众为历史主体的唯物史观。在与思辨唯心主义较量的过程中，恩格斯明确指出被"批判"否定的群众正是创造历史的主体力量。历史中所形成的一切财富都应当被群众所享有。然而，在马克思、恩格斯生活的那个历史时期，资本主义的蓬勃发展只是让资产阶级获益，群众帮助资产阶级推翻封建专制统治后过好日子的期望落空，他们没有得到任何实际的利益和好处，反而生活在这个非人性社会的最底层。"批判"不仅对群众在普遍贫困中挣扎的生活视若无睹，反而把一切矛头引向"精神"与"群众"的抽象斗争。恩格斯这才愤慨地批判道："正是人，现实的、活生生的人在创造这一切"①，也应该享受所创造的这一切。习近平在论述发展的目的时也在反复强调这一观点。他说："以人民为中心的发展思想，不是一个抽象的、玄奥的概念，不能只停留在口头上、止步于思想环节，而要体现在经济社会发展各个环节。"②

群众在创造历史的过程中从来就不是发展的手段，而是发展的根本目的。这正是社会主义国家能够体现出优越性的地方。恩格斯指出："并不

---

① 《马克思恩格斯文集》第 1 卷，人民出版社，2009，第 295 页。
② 《习近平谈治国理政》第 2 卷，外文出版社，2017，第 213~214 页。

是'历史'把人当做手段来达到自己——仿佛历史是一个独具魅力的人——的目的。历史不过是追求着自己目的的人的活动而已。"① 社会主义国家要始终以群众的美好生活作为目的,把发展作为实现这一目的的手段。所以在新时代,"以经济建设为中心"就是为了实现"以人民为中心"。人民群众对美好生活的向往成为实现人的全面自由发展的现实要求。这就坚持了恩格斯在创造历史的问题上把群众作为目的而非手段的基本观点。

2. 社会主义现代化建设对群众史观的运用

第一,在社会主义现代化建设中坚持"群众是历史创造主体"的基本观点。在《神圣家族》中,马克思、恩格斯对群众创造历史的作用主要是通过批判自我意识哲学展开的。"批判"把"自我意识"视为历史的主宰,并把自己作为"自我意识"的人间化身,否定群众的历史并用"批判"的历史取而代之。批判这种唯心史观的错误性就成为正视群众创造历史的理论使命。群众创造历史的过程与实现人的解放是同一个历史过程。人的解放的实质是使群众获得全面自由的发展,这是群众史观的核心内容。科学把握群众史观就要坚持以群众史观分析问题的方法论原则,分析社会主义现代化建设中容易出现的问题,把解决问题的落脚点放到实现群众利益的基础之上。

第二,社会主义现代化建设要在群众的生活中实现人的本质。群众是在一定的社会关系当中从事物质生活生产的,人的具体的历史的本质就体现并实现于群众的物质生活生产实践当中。群众本应在这种实践中过上合乎人性的生活,然而,资本主义的蓬勃发展只是让资产阶级获益,群众却生活在这个非人性社会的底层。群众作为推动历史发展的主体,反而不是历史发展的最大受益者,因为群众仅仅被看作推动资本主义历史发展的手段。恩格斯才反驳道,要把人当作历史的目的,而非仅仅是手段。历史就是追求着自己目的的人的活动。群众在创造历史的过程中从来就不是手段而是根本目的,所以社会主义国家始终以群众的美好生活为目的。群众对美好生活的向往就是实现人的全面自由发展的现实途径。

---

① 《马克思恩格斯文集》第1卷,人民出版社,2009,第295页。

第三，在社会主义不断深化改革的"思想"中体现群众的"利益"。改革开放以来，群众"思想"的演变主要经历了"以经济建设为中心"到"以人民为中心"的发展轨迹。党的十一届三中全会提出了社会主义现代化建设的经济体制改革目标，着力解决"人民日益增长的物质文化需要同落后的社会生产之间的矛盾"。这一改革"思想"通过"以经济建设为中心"的表述成为全国人民的共识。经过40多年的改革开放，群众的物质利益得到较为充分的实现，社会的主要矛盾已经发生明显转变。"人民日益增长的美好生活需要和不平衡不充分的发展之间的矛盾"[1]成为新时代的新瓶颈。群众已经不再是简单的劳动力概念，而是"以人民为中心"的历史主体概念。这就超越了只把群众看作追逐物质利益的"经济人"的做法。因为群众还是"政治人""文化人""社会人""生态人"，具有政治利益、文化利益、社会利益和生态利益的多方面需要。于是就提出在政治体制改革、文化体制改革、社会治理现代化和生态文明建设等领域实现群众全面发展的"利益"的要求。

第四，社会主义现代化建设的实践为群众服务。实践是群众对现实事物同时从物质性和主体性两个方面进行把握的活动。唯心主义无视人的实践，是因为它片面强调人的主体性，缺失了实践的物质性方面；旧唯物主义没有抓住实践概念，是因为它只从直观的角度理解物质性，忽视了实践的主体性方面。群众史观强调"要有使用实践力量的人"，既不是重复唯心主义抽象发展少部分人的主体能动性的英雄史观论调，也不是像旧唯物主义那样把人看作自然的机械部件，而是把人理解为一定社会关系中从事具体的、感性的、活生生的物质生活生产的人。在社会主义现代化建设的实践当中，既要充分发挥群众创造历史的主体能动作用，又要充分保障包括物质利益在内的群众全方位利益的实现。在新时代，我们仍然在实践中面临着发展的不充分、不平衡与群众对美好生活向往，发展与贫困相互交织，群众的物质生活富裕与精神生活相对贫乏等问题。运用群众史观分析和解决这些问题，就要继续坚持社会主义现代化建设的实践为群众服务的根本宗旨。

---

[1] 习近平：《决胜全面建成小康社会 夺取新时代中国特色社会主义伟大胜利——在中国共产党第十九次全国代表大会上的报告》，人民出版社，2017，第11页。

3. 习近平总书记对群众概念和群众史观的创造性发展

在新时代，习近平总书记提出"以人民为中心"的发展理念，诠释了广大人民群众为实现美好生活的历史创造活动，展现了对"群众"概念的创造性发展和运用。在阶级社会中，当具有不同阶级立场的群众与统治集团的利益发生冲突时，国家机器只会维护占统治地位的后者的利益，所以只能通过武力方式推翻旧的统治秩序才能实现群众的利益。对于旧中国而言，首要任务是团结一切可以团结的阶级力量实现民族独立。这就是毛泽东在1925年12月发表的《中国社会各阶级的分析》中论述的基本思想。在新中国成立以后，阶级矛盾已经转变为人民内部矛盾，所以他又反复强调要"实现人民当家作主"。进入新时代，中国社会的主要矛盾已经由"人民日益增长的物质文化需要同落后的社会生产之间的矛盾"转变为"人民日益增长的美好生活需要和不平衡不充分的发展之间的矛盾"。"群众"作为历史概念的内涵随之发生转变，由强调夺取政权的阶级概念转化为强调发展经济的劳动力概念，再转化为强调"以人民为中心"的历史主体概念，再到未来的"人类社会"① 强调人的全面自由发展的联合体概念。群众概念内涵的转化反映的是，人从政治人到经济人再到全面发展的人，最后充分实现每一个人的个性的逻辑展开历程。这一历程体现习近平总书记立足于群众路线坚持和发展中国特色社会主义的根本立场。

4. 用群众立场化解新时代的发展张力

与马克思一样，恩格斯也相信，历史进程会沿着一个明确的目标前进，这个目标就是实现广大人民群众的彻底解放，具体到每一个人就是个性的充分实现。在《神圣家族》中，恩格斯在与"批判"的论战中，把历史发展进程描述为是人的有目的的活动的实现过程，而不是"无限的自我意识"的演绎过程。他还在《德意志意识形态》中指出"历史不是作为'源于精神的精神'消融在'自我意识'中而告终的"②。然而，只要仍然

---

① 马克思认为以私有制为基础的社会都是"人类社会的史前时期"，只有建立在消灭私有制基础之上的社会才是"人类社会"。所以他在《关于费尔巴哈的提纲》第十条中说："旧唯物主义的立脚点是市民社会，新唯物主义的立脚点则是人类社会或社会的人类。"参见《马克思恩格斯选集》第1卷，人民出版社，2012，第136页。

② 《马克思恩格斯选集》第1卷，人民出版社，2012，第172页。

局限于思辨唯心主义的理论范式,"批判"就很难真正明白恩格斯阐发的"群众"概念的理论关怀和实践指向。"批判"这一主观唯心理论的根本局限性使它不能明白,群众绝不是可以任意剪裁的抽象概念或随意处理的生活废物,而是推动历史发展的真正力量,是历史的发源地。因此,群众绝不是抽象的、空洞的、无生命力的,而是具体的、真实的、有生命力的。这就要求我们始终坚持群众立场,重视群众在现实生活中的需要,以及发展与需要之间的根本张力问题。在新时代,我们仍然面临着发展质量上的不充分和发展受益上的不平衡问题、发展与贫困相互交织的问题、群众的物质生活富裕与精神生活相对贫乏的矛盾问题,等等。认真对待和解决这些问题就成为实现美好生活要努力奋斗的方向。这既关乎中国在全面建成小康社会之后,能否在21世纪中叶建成富强民主文明和谐美丽的社会主义现代化强国,也事关着能否在中国特色社会主义的康庄大道上实现马克思、恩格斯对未来的"人类社会"的憧憬。

## 第三节 作为世界观与方法论相统一的群众史观

马克思、恩格斯在《神圣家族》中明确了群众史观的立场、观点和方法,为当时德国思想界的发展开辟出一个崭新的方向,成为创立唯物史观的重要组成部分。他们之前的历史观并没有对谁创造了历史进行真正的具体问题具体分析。马克思、恩格斯是从资产阶级社会的具体历史经验中把握群众的社会历史作用。由于群众史观是他们在《神圣家族》中与思辨唯心主义进行论战时系统提出来的,往往被后人视为他们诠释了一种"新世界观",而较少有人关注到它的方法论意义。"世界观、方法论虽有差别但在根本上是统一的。"① 群众史观作为世界观与方法论的统一,不仅表明它既是世界观也是方法论,作为世界观能转化为方法论,而且对新时代坚守人民立场、走"以人民为中心"的发展道路具有理论和实践上的双重指导意义。

---

① 张雷声:《从世界观、方法论相统一角度研究马克思主义基本原理整体性》,《马克思主义研究》2012年第4期。

## 一 群众史观作为世界观和方法论

世界观是人类关于世界本质的总的看法，主要解决如何认识世界的问题。方法论是关于人类的行为在正确认识世界的基础上如何影响世界的学问，主要解决如何改造世界的问题。群众史观作为世界观，通过指出群众与意识、群众与物质、群众与实现人的解放的关系，揭示无产阶级的社会历史规定性和人类社会历史发展的规律性。群众史观作为方法论，通过指导无产阶级解放人的具体路径、斗争方法和相应手段，揭示出理论掌握群众才能变成物质的力量，才能发挥"武器的批判"[①] 的作用；以及群众需要被无产阶级政党组织起来，从自发走向自为，才能在科学指导工人运动时推动历史向前发展。

### 1. 作为世界观的群众史观

群众史观作为科学世界观，是从现代资产阶级社会本身出发，揭示群众创造历史的社会发展规律。这一客观规律是不以资产阶级的意愿为转移的。布鲁诺·鲍威尔等人认为"人所以存在，历史所以存在，是为了使真理达到自我意识"[②]。这种唯心世界观不承认人民群众从事的物质资料生产活动对社会历史发展的决定性作用，也无法消除物质生产方式的客观存在性，所以无法形成科学世界观。马克思对此讥讽道："它不去认识（比如说）某一历史时期的工业和生活本身的直接的生产方式，它就能真正地认识这个历史时期吗？"[③]

首先，群众史观是一种辨析群众与意识之间关系的科学思维观。思辨唯心主义沉迷于在自我意识中考察历史活动的动机，而没有把握住产生这些动机的原因不是纯粹性的理论思维，而是人民群众的物质生产活动。这种唯心史观虽然看到了人的主观能动性对推动历史发展的能动作用，但没有认识到自我意识不能脱离人而独立存在。马克思、恩格斯认为，人是自我意识的存在本质，社会意识建立在社会存在的基础之上。恩格斯的"批

---

[①] 《马克思恩格斯文集》第1卷，人民出版社，2009，第11页。
[②] 《马克思恩格斯文集》第1卷，人民出版社，2009，第284页。
[③] 《马克思恩格斯全集》第2卷，人民出版社，1957，第191页。

判的批判什么都没有创造,工人才创造一切"①就体现了群众相对于意识、存在相对于思维而言的本体性。

其次,群众史观是一种辨析群众与物质之间关系的科学历史观。思辨唯心主义认为历史是由自我意识决定的,群众只是"历史上的消极的、精神空虚的、非历史的、物质的因素",精神是"积极的因素,一切历史行动都是由这种因素产生的"②。而恩格斯指出"历史不过是追求着自己目的的人的活动"③,这里的活动就是群众从事物质生活的生产活动。群众基于物质生产活动而创造历史,群众及其所创造的历史具有物质性。对历史的这一认识不仅推动了人类社会的发展,而且回答了"全部哲学,特别是近代哲学的重大的基本问题"④,即物质相对于意识而言具有的第一性。

最后,群众史观是一种辨析群众与实现人的解放之间关系的科学社会观。思辨唯心主义否定群众的历史地位和作用,根本原因是为了维护资产阶级社会的私有制,直接原因是为了否定无产阶级的阶级斗争。马克思指出:"无产阶级执行着雇佣劳动由于为别人生产财富、为自己生产贫困而给自己做出的判决,同样,它也执行着私有财产由于产生无产阶级而给自己做出的判决。"⑤这就指出了无产阶级的社会历史规定性,即不消灭私有财产本身就无法解放自己的阶级使命,同时也指出无产阶级要求迈向社会更高阶段的历史发展规律。

2. 作为方法论的群众史观

群众史观作为方法论,从现代资产阶级社会必将被社会主义社会取代的客观规律,和无产阶级实现人的解放的具体需要出发,科学把握和指导无产阶级进行阶级斗争的具体路径,不断推进人类社会历史往前发展。

群众史观可以使我们把握到推动资产阶级社会历史发展的重要线索。这条线索就是无产阶级运动,它是工人消除贫困、实现解放的基本斗争方式。工人并不是一开始就具有阶级斗争的意识,最初通过暴力反抗的形式

---

① 《马克思恩格斯全集》第2卷,人民出版社,1957,第22页。
② 《马克思恩格斯文集》第1卷,人民出版社,2009,第293页。
③ 《马克思恩格斯文集》第1卷,人民出版社,2009,第295页。
④ 《马克思恩格斯选集》第4卷,人民出版社,2012,第229页。
⑤ 《马克思恩格斯文集》第1卷,人民出版社,2009,第261页。

很快也被镇压。工人运动虽然标志着无产阶级作为独立的政治力量登上人类历史舞台，但它如果超越不了报复的阶级局限性，就无法承担起解放全人类的事业。马克思、恩格斯正是看到了这一点，才重视对工人开展无产阶级理论教育，使其通过发挥"思想的闪电"① 和 "批判的武器"② 的功能，达到无产阶级革命所要求的理论自觉性。把工人组织起来，才能使他们更好地接受教育，接受无产阶级政党的领导，这是无产阶级运动的另一个显著特征。它既防止工人像一盘散沙，又防止工人成为古斯塔夫·勒庞所指的"乌合之众"③。

具体而言，"理论掌握群众"是运用群众史观指导无产阶级运动的第一个关键性因素。无产阶级运动绝不是群众自己指导自己的自发性活动，而是用无产阶级理论武装群众头脑，使理论通过群众的实践发挥出改造世界的物质力量。所以马克思才说："批判的武器当然不能代替武器的批判，物质力量只能用物质力量来摧毁；但是理论一经掌握群众，也会变成物质力量。"④ 群众史观作为方法论的生命力就在于，它是作为群众实践的思想结晶而存在着、发展着，并反过来指导着群众的实践；它作为无产阶级革命的理论武器对资产阶级社会历史运动的真实关系进行了最一般的表述，指出了人类社会是为所有人存在的本质。

通过无产阶级政党把群众组织起来，是运用群众史观指导无产阶级运动的第二个关键性因素。群众不会在劳动的异化中自觉地团结起来。与之相反，异化劳动还会使工人之间的竞争加剧，使工人群体更加分裂。因为工人要想生存就必须被迫接受有组织的奴役。在工人群体中虽然存在个别的反抗形式，但都是未经组织的自发性反抗。只有把工人有效组织起来，才能使其自发的反抗变成自为的革命。马克思、恩格斯在伦敦改组正义者同盟，使之成为能够领导工人的无产阶级政党，就是为了使工人能够上升为无产阶级。

---

① 《马克思恩格斯文集》第1卷，人民出版社，2009，第17页。
② 《马克思恩格斯文集》第1卷，人民出版社，2009，第11页。
③ 〔法〕古斯塔夫·勒庞：《乌合之众》，冯克利译，中央编译出版社，2004，译序第3页。
④ 《马克思恩格斯文集》第1卷，人民出版社，2009，第11页。

无产阶级实现自身历史使命的运动构成了科学社会主义的重要内容。从科学社会主义170多年的历史发展进程来看，群众史观作为方法论，用与社会主义结合而形成的理论不断指导社会主义发展，使社会主义通过超越资本主义成为实现人的解放的现实存在。群众史观在人类历史发展不同阶段的运用中形成了关于社会主义革命、建设和改革的理论，不断把作为世界观的自身转化为指导社会主义发展的方法论，成为人们把握社会历史发展规律的一把重要钥匙。

### 3. 作为世界观和方法论的区别与联系

群众史观作为世界观为无产阶级认识现代资产阶级社会提供了原则和依据，而作为方法论则把这种认识转化为变革现实从而实现人的解放的实践和行动。两者的区别主要体现在以下几点。

首先，从表达内容看，它作为世界观主要是揭示推动现代资产阶级社会发展的动力问题，资产阶级社会必然会被更高社会形态取代的客观发展规律等内容。而它作为方法论主要是揭示无产阶级实现解放的影响因素、斗争条件和具体途径，使无产阶级通过阶级斗争能够联合起来，达到解放全人类的目的。可见在表达形式上，它作为世界观通过辨析群众与历史的关系，回答了人类世界"由谁创造"的问题；而作为方法论通过指导无产阶级运动，回答了无产阶级"该怎么办"的问题。

其次，从解决目标看，它作为世界观主要是使群众意识到自身创造历史的目的，引导他们自觉把握人类社会发展的客观规律。而它作为方法论主要是解决无产阶级如何开展阶级斗争、如何把工人有效组织起来并使他们具有明确的阶级意识等问题。可见，它作为世界观发挥了认识功能的作用，即通过理论掌握群众，对群众认识无产阶级的社会历史规定性起着指导作用；而作为方法论又发挥了实践功能的作用，即通过群众使理论具有物质力量，形成无产阶级推翻现代资产阶级社会剥削人、奴役人的路径和方法。

最后，从指导原则看，它作为世界观主要遵循着客观性原则，即反映现代资产阶级社会中不以人的意志为转移的客观内容，不因形形色色的唯心史观就遮蔽了群众推动社会进步的历史作用。而它作为方法论主要遵循着主客相统一的原则,即从人类社会发展的客观历史规律和无产阶级的社会历史规定性出发,把实现人的自由和全面发展与客观规律相统一,从解放人的需求出发探究这种客观规律,从客观规律出发实现人的需求,从而找到实现"群众的共产主义"①的具体路径。

两者的联系主要体现在,群众史观是揭示人与世界关系的同一个过程的两个发展阶段。无产阶级要想正确地改造世界,首先必须正确地认识世界。离开了作为世界观的群众史观,无产阶级就失去了改造世界的理论基础,也就形不成正确改造世界的认识。但是,无产阶级只掌握了作为理论形态的群众史观,仍无法实现改造世界的目的,因为能正确认识世界并不一定能正确改造世界。无产阶级还需借助作为方法论的群众史观,探索实现人的解放的具体路径,使阶级斗争朝着有利于解放人的方向发展,从而实现群众史观作为世界观与方法论的统一。

## 二 群众史观是世界观和方法论的统一

作为世界观和方法论的群众史观存在内在统一性,说到底是由物质世界及其客观发展规律所决定的。人们对世界的认识和改造是以对这个世界存在和运行的客观规律的正确把握为前提的。群众史观正是对物质世界及其规律进行科学掌握的自觉表达。这就要求人们不仅能够掌握它,还能运用它与形形色色的错误世界观作斗争。在《神圣家族》中,马克思、恩格斯不仅集中阐释了作为世界观的群众史观,还把它作为方法论对英雄史观进行批判。

1. 在对英雄史观的批判中体现统一性

英雄史观是思辨唯心主义在社会历史领域的集中体现,"靠批判地贬低、否定和改变普遍的群众来取得自己的绝对荣誉"②,认为英雄才是历史的创造者。早在《英国状况——评托马斯·卡莱尔的〈过去和现在〉1843年伦敦版》中,恩格斯就批判了这种英雄史观。他批判卡莱尔把天才看作变革社会的英雄,而把群众看成被统治者、贱民、愚人。卡莱尔一方面有英雄崇拜、天才崇拜的渴望,另一方面又为天才思想如何才能实现感到困

---

① 《马克思恩格斯文集》第1卷,人民出版社,2009,第273页。
② 《马克思恩格斯文集》第1卷,人民出版社,2009,第282页。

扰，因为群众不相信天才思想的真实性。恩格斯批判卡莱尔看不到"只有工人、英国的贱民、穷人，才是真正值得尊敬的人"①，表明他已经认识到工人作为无产阶级在现代资产阶级社会中的历史规定性。

其一，群众史观立足资产阶级社会现实，批判英雄史观对从事物质生产活动的群众的无视。后者的致命缺陷在于用非此即彼的对立思维看待英雄与群众的关系，没有看到英雄及其自我意识也是群众及其物质生活的产物和映现。批判英雄史观并不反对英雄，英雄确实在推动历史进步中发挥着重要作用，但英雄来自群众，群众才是真正的英雄。群众史观通过正视群众的历史作用，并运用这种历史作用分析英雄史观的不足，而体现出作为世界观和方法论的统一。

其二，群众史观通过揭示无产阶级的社会历史规定性，否定英雄史观对英雄及其背后的私有财产的辩护。布鲁诺·鲍威尔等人把历史归结为英雄的"大脑活动"②的产物，以此为资本主义私有制作辩护。马克思、恩格斯则通过揭示无产阶级消灭私有财产的历史使命，为在当时已经是历史的存在的无产阶级争取作为人的合法权益。群众史观通过指出无产阶级的社会历史规定性，并被马克思、恩格斯用于指导无产阶级的革命运动而体现出作为世界观和方法论的统一。

其三，群众史观重视无产阶级的联合，而英雄史观无视无产阶级运动对推动社会历史发展的作用。马克思、恩格斯之所以重视用理论武装群众，还经常深入工人群体的日常生活当中展开调查研究，就是因为他们发现："历史活动是群众的活动，随着历史活动的深入，必将是群众队伍的扩大。"③把群众有效组织起来就成为巩固群众队伍的重要任务。在他们的努力下，世界上第一个无产阶级政党终于在1847年的6月成立。这既是实践群众史观的必然结果，又是群众史观力量的一次集中展示。

其四，群众史观不同于英雄史观的突出特征就在于，它是在遵循客观历史规律的前提下来讨论群众、英雄、历史、社会之间的内在关联。它的

---

① 《马克思恩格斯全集》第 3 卷，人民出版社，2002，第 497 页。
② 《马克思恩格斯文集》第 1 卷，人民出版社，2009，第 293 页。
③ 《马克思恩格斯文集》第 1 卷，人民出版社，2009，第 287 页。

划时代意义在于第一次从客观历史发展规律的视角阐发群众与历史的关系，并将这种认识用于指导无产阶级运动，从而体现出作为世界观和方法论的统一。而所谓的英雄史观是用英雄抹杀群众的社会历史作用，完全无视社会历史发展的规律。把群众史观运用到社会历史领域的启示是，既然一切历史是由群众创造的，也是为群众服务的，那么在改造世界时就必须遵守社会历史发展的客观规律，不能以任何人（尤其是英雄）的主观意愿随意改造世界，破坏社会历史发展的客观规律性。

2. 在成为"由一整块钢铸成"的科学理论体系中体现统一性

群众史观能对英雄史观展开系统批判，是因为它是"由一整块钢铸成"[①]的科学理论体系，是"伟大的认识工具"[②]和"活的行动指南"[③]的统一。

群众史观为被压迫者指出了摆脱奴役的出路，就把"伟大的认识工具"给了群众，特别是其中的无产阶级。使用这一工具的关键不是把它当成教条，无视具体的历史经验抽象地运用它，而是把它作为"活的行动指南"，随着不同历史时期群众斗争形势和任务的变化，对具体情况进行具体分析。这就使群众史观作为"一整块钢"，既以认识工具的理论形态武装群众的头脑，又以行动指南的实践形态指导群众的活动，从而实现了理论与实践、认识世界与改造世界的统一。而英雄史观从不实际考察群众运动在它具体发展不同阶段的实际情况，只想对群众与历史的关系做出抽象的、否定的回答。理论与实践的脱离导致英雄史观无法正确地认识世界，更谈不上科学地改造世界，就无法像群众史观那样可以通过作用于群众的实践，产生改变世界的强大物质力量。

马克思、恩格斯运用群众史观指导无产阶级革命实践，就是要使这一指导原则在不同国家的具体国情和不同革命实践的具体运用中以方法论的形式不断获得新的生命力。无产阶级革命在德国不同于法国，在法国又不同于英国。工人的反抗运动虽在欧洲各国蓬勃兴起，在德国却并不如英法

---

[①]《列宁全集》第 18 卷，人民出版社，2017，第 341 页。
[②]《列宁全集》第 23 卷，人民出版社，2017，第 45 页。
[③]《列宁全集》第 20 卷，人民出版社，2017，第 87 页。

那样对资产阶级政权形成有力的冲击。工人在封建色彩浓重的德国尚不能像英法两国的无产阶级那样拥有感性的阶级意识。法国工人通过1789年大革命掀起了世界资产阶级革命的历史潮流,但工人并未在这场革命中掌握政权。在英国,产业革命彻底使工人作为无产者第一次真正成为绝大多数英国人中的稳定阶级。正是英法两国工人对自身社会处境的认识,才使他们积极投身到无产阶级革命当中,所以马克思才说,"英法两国的无产阶级中有很大一部分人已经意识到自己的历史任务,并且不断地努力使这种意识完全明确起来"①。把马克思、恩格斯有关英法工人运动的描述与对德国工人运动的认识进行比较,就会发现,各国无产阶级革命的发展程度与工人是否具有阶级意识有很大关系。只有使工人具有明确的阶级意识,并把工人有力地组织起来,他们才能真正肩负起自己的历史使命。这是运用群众史观指导工人运动的具体化体现。

3. 马克思、恩格斯早期思想中"有决定意义的东西"

群众史观作为世界观与方法论的统一,决定了它是马克思、恩格斯早期思想中"有决定意义的东西"②。群众史观是分析人的本质和历史本质问题的重要理论和方法。它的核心不是现成的教义,而是提供对这些问题进一步研究的出发点和方法。列宁在把握和运用马克思、恩格斯的思想时就指出,马克思主义的全部精神和整个体系,"要求人们对每一个原理都要(α)历史地,(β)都要同其他原理联系起来,(γ)都要同具体的历史经验联系起来加以考察"③。英雄史观只提供现成的唯心世界观,还把它当作一成不变的公式用来随意剪裁各种历史事实,而群众史观却能通过无产阶级运动在实践中不断得到发展。

更深入来说,群众史观是马克思、恩格斯用来反思英雄史观的关键性步骤,也是把唯物史观运用于历史、哲学以及无产阶级革命的重要实践策略,这是他们当时最为关注的事情,也是他们做出的最为重要的理论贡献,因而成为他们在思想革新的历程中迈出的至关重要的一步。作为马克

---

① 《马克思恩格斯文集》第1卷,人民出版社,2009,第262页。
② 《列宁全集》第43卷,人民出版社,2017,第373页。
③ 《列宁全集》第47卷,人民出版社,2017,第445页。

思、恩格斯早期思想中有决定性意义的理论，群众史观重在把握社会历史发展的客观规律，强调群众的物质生产活动对历史的创造作用，不仅为创立唯物史观奠定极为重要的理论基础，而且距离提出唯物史观就只差一步之遥。虽然群众史观指出了群众的物质生产的历史作用，但还没有把物质生产作为研究的核心对象进行系统分析（此项研究是在《德意志意识形态》中完成的）；虽然明确了推动历史发展的根本动力，却还未发现资产阶级社会剩余价值生产的规律（此项研究是在《资本论》中完成的）。群众史观之所以接近唯物史观，是因为在马克思、恩格斯的阐述中还残存了旧哲学的痕迹，还没有使唯物史观的核心概念成为系统、完整的科学理论体系，但这并未妨碍他们从世界观与方法论相统一的高度来运用群众史观。在一定程度上，唯物史观在系统创立之前就已经在群众史观中有了比较丰富的表述。

### 三 理论价值：群众史观为创立唯物史观提供重要支撑

群众史观是马克思、恩格斯在批判思辨唯心主义时一并阐述出来的理论，只从群众是社会主要推动力的历史作用出发批判标榜自我意识的主观唯心主义，而没有从正面出发系统建构唯物史观的理论框架并对之进行论证。然而，这并不影响群众史观在创立唯物史观的过程中起到的思想先声和理论支撑作用。

1. 群众史观阐释了推动历史发展的根本动力问题

群众史观从物质决定性原理出发，阐释了推动历史发展的根本动力是群众所从事的物质资料生产方式的观点。"绝对批判"陷入唯心史观的泥淖，始终无法明白历史发展的客观规律为什么会建立在群众所从事的物质资料生产方式上面。马克思在批判布鲁诺·鲍威尔等人只关心人的思想问题而不关心群众在现实生活中的利益问题时指出："'思想'一旦离开'利益'，就一定会使自己出丑。"[1] 这些思辨哲学家不能科学地解释历史发展的客观规律以及人与世界的关系，根源就在于他们没有从物质资料生产方

---

[1] 《马克思恩格斯文集》第 1 卷，人民出版社，2009，第 286 页。

式入手，看不到群众的利益；更不能明白随着社会物质生产条件的改善，群众的利益必然会同有产者的利益发生冲突，必然要参加到反抗压迫的斗争中来，从而使社会历史朝着符合历史创造者的利益的方向发展。马克思正是抓住了物质资料生产方式这个核心概念，才真正理解了人类社会历史发展的本质。

### 2. 群众史观阐发了要有"使用实践力量的人"的思想

群众史观阐发了要有"使用实践力量的人"①的思想，抓住了推动社会发展进步的主体性力量及其作用方式。群众史观是实践的唯物史观，强调从事社会实践活动的群众能把客观对象看作确证自身本质力量的东西，从而对客观世界进行有目的、有意识的改造，即通过生产劳动作用于物质资料来实现自己的需要。生产劳动使自然状态下的个人变成了处于一定生产关系之中的社会人，使社会从纯粹的大自然中独立出来变成社会化了的人所形成的社会。所以，马克思进一步在《关于费尔巴哈的提纲》第六条指出"人的本质不是单个人所固有的抽象物，在其现实性上，它是一切社会关系的总和"②。这里的总和强调人的本质是一切人实践活动的产物，体现了马克思、恩格斯共同具有的立足群众实践活动的历史唯物主义主张。建立在人的基础之上的社会更是人的实践活动的产物，人的实践水平也就成为衡量社会发展的主导标准。这就是他们在《神圣家族》中立足于无产阶级的历史使命论证资产阶级社会必然会瓦解的原因。

### 3. 群众史观阐述了无产阶级的历史使命和历史作用

群众史观的目标是通过阐述无产阶级的历史使命和历史作用，最终达到能够真正实现人的解放。在资产阶级社会，群众的物质生产极大地促进了社会生产力的发展，也使无产阶级与私有财产之间的矛盾尖锐到了不可调和的程度。私有财产作为异化人的力量，使无产阶级处于被无情唾弃的生存状态，失去了作为人的存在的外观。无产阶级被"无法再回避的、无法再掩饰的、绝对不可抗拒的贫困"③ 所折磨，成为消灭私有财产的否定

---

① 《马克思恩格斯文集》第 1 卷，人民出版社，2009，第 320 页。
② 《马克思恩格斯文集》第 1 卷，人民出版社，2009，第 501 页。
③ 《马克思恩格斯文集》第 1 卷，人民出版社，2009，第 262 页。

力量。正是基于这样的认识,马克思才说:"无产阶级由于其身为无产阶级而不得不在历史上有什么作为。它的目标和它的历史使命已经在它自己的生活状况和现代资产阶级社会的整个组织中明显地、无可更改地预示出来了。"① 毫无疑问,马克思把对作为物的私有财产的批判建立在了实现作为人的无产阶级解放的基础之上,不仅使群众史观以无产阶级理论的形式得到发展,在《共产党宣言》中进一步明确了作为不可抗拒历史潮流的共产主义运动;而且经过20多年的理论和实践发展,到了《资本论》发表以后,群众史观得到了科学检验并被全世界广泛关注。可以说,作为"历史哲学"的群众史观在《资本论》中为作为"历史科学"② 的唯物史观提供了理论基础和科学方法。有了前者对物质资料生产方式的把握,才有了后者对资本主义生产关系的揭示;有了前者对无产阶级与私有财产矛盾的认识,才有了后者对剩余价值规律的揭示;有了前者对无产阶级历史使命的阐发,才有了后者对人类社会发展规律更加深刻的把握;等等。

由此可见,群众史观作为唯物史观的重要理论组成部分,为把握历史发展的客观规律提供了科学的思想和方法,尤其是为人们认识资产阶级社会矛盾运动的规律,以及资本主义必然被社会主义所取代的发展规律做了必要的理论准备。

## 四 现实意义:群众史观是中国共产党坚守人民立场的理论源泉

在马克思主义中国化进程中,中国共产党始终以群众史观作为重要理论指导,毫不动摇地坚守人民立场,在现代化民主进程中发展出"以人民为中心"③ 的指导思想,成为中国共产党百年民主探索的理论结晶。

1. 运用群众史观实现党性、阶级性与人民主体性的统一

中国共产党以群众史观作为理论指导,解决了把党性、阶级性与人民

---

① 《马克思恩格斯文集》第1卷,人民出版社,2009,第262页。
② 《马克思恩格斯文集》第1卷,人民出版社,2009,第516页。
③ 习近平:《高举中国特色社会主义伟大旗帜　为全面建设社会主义现代化国家而团结奋斗——在中国共产党第二十次全国代表大会上的报告》,人民出版社,2022,第10页。

主体性对立起来的问题，为新时代坚守人民立场指明了方向。《神圣家族》通过对群众史观的论述阐明了两对关系：一是群众与英雄的关系，二是人民群众与工人阶级的关系。通过前者首次在历史发展客观规律的前提下论证了人民群众的社会历史作用。这里的"人民群众"中的"人"要与现实的个人联系起来进行认识，才能理解马克思所看到的工人贫困的现象，以及不能把作为主体的人民与自身的利益分开的原因。人民主体性是群众创造历史的本质属性。英雄只是作为群众的重要组成部分对历史发展起到了加速作用，成为推动历史发展进程的重要条件，但如果没有得到群众的认可，英雄即便有才干也将无用武之地。通过后者提示了党性、阶级性与人民主体性的关系。无产阶级是人民群众中已经意识到自身阶级利益的那部分群体，这就决定了"无产阶级的运动是绝大多数人的，为绝大多数人谋利益的独立的运动"①，从而实现了阶级性与人民主体性的统一。共产党人"胜过其余无产阶级群众的地方在于他们了解无产阶级运动的条件、进程和一般结果"，从而在无产阶级运动中一直是"最坚决的、始终起推动作用的部分"②。中国共产党作为无产阶级政党，其性质和宗旨决定了它必须全心全意为人民服务，以实现党性、阶级性与人民主体性相统一作为它的立场。这就要求中国共产党始终坚守人民立场，充分发挥为人民服务的执政作用，使其无产阶级立场与人民立场始终得到高度统一。

2. 坚持群众史观体现了无产阶级政党的理论自觉

随着欧洲三大工人运动的蓬勃兴起，他们作为独立的政治力量参与到阶级斗争的革命当中，促使马克思、恩格斯投身到广大工人运动当中，进而创立了群众史观这一关于人民群众的科学世界观。可以说，没有人民群众这个阶级基础，就没有科学的群众史观；没有群众史观，人民群众还不是一个能够认识到自身历史地位和使命的自为的阶级。群众史观也使中国共产党认识到自己的历史使命，自觉承担起无产阶级政党的人民立场，体现出作为无产阶级政党的理论自觉和在理论上的不断成熟。群众史观首先为中国共产党指明了阶级基础。广大人民群众正是中国共产党的阶级基

---

① 《马克思恩格斯文集》第 2 卷，人民出版社，2009，第 42 页。
② 《马克思恩格斯文集》第 4 卷，人民出版社，2009，第 324 页。

础。毛泽东就指出："我们是站在无产阶级的和人民大众的立场。"① 群众路线是毛泽东思想的活的灵魂之一。其次，群众史观既是中国共产党人的世界观，指出了共产党人自觉以科学的理论形态明确表达出来的立场，即人民立场就是共产党人的立场；又是中国共产党人的方法论，"通过不断完善群众工作体系和提升群众工作能力"②，将人民立场转化为广大人民群众对美好幸福生活的追求，使广大人民群众作为社会主义物质财富和精神财富的创造者，能够同时真正享受到这些财富。

3. 树立群众史观有利于防止西方民粹主义思潮的冲击

中国共产党运用群众史观正确处理了群众与英雄之间的关系，既防止了西方民粹主义思潮对中国社会的冲击，又使中国走出了一条符合中国实际国情的"以人民为中心"的社会发展之路，成为中国共产党实现群众史观的中国表达和中国声音。群众与英雄的对立在西方民粹主义中演变为人民与精英的对立。在西方，"政治排他和道德对立是民粹主义人民观的实质内容，也是民粹主义的内在逻辑"③。在这种政治运作中，英雄是人民的对立面，他们争取人民的选票只不过是为了满足自身统治的需要，人民投票后就直接进入休眠状态。与这种形式上的民主不同，中国的民主是实现"以人民为中心"的全过程民主，通过全国人民代表大会的人民当家作主制度体系的设计，实现社会的精英由人民选举产生，代表人民，接受人民的监督，真正回答"我是为了谁而存在"的问题。英雄只有为人民而存在才能回答"我是谁"和"为谁服务"的问题，人民只有成为社会的主人，才是对群众史观的真正实现。但是，西方某些资产阶级政党往往缺乏中国共产党的这种理论自省，无视人民群众对历史的创造作用，而是竭力放大和鼓吹英雄的历史作用，从而制造出社会的分裂和对立。由此观之，中国共产党始终通过人民的在场，夯实了执政底气，这也是中国进行社会主义现代化建设的最大优势所在。

---

① 《毛泽东选集》第3卷，人民出版社，1991，第848页。
② 杨杨：《中国共产党百年群众工作的演进、特征与经验启示》，《湖北行政学院学报》2021年第2期。
③ 张敏、高琼：《"以人民为中心"与西方民粹主义"找回人民"之辨》，《高校马克思主义理论教育研究》2022年第1期。

# 第二章　阐述无产阶级历史作用的重要里程碑

　　《神圣家族》在集中阐释群众史观的同时指出了无产阶级的历史作用。马克思、恩格斯通过分析私有财产与无产阶级之间的矛盾，指出无产阶级必须消灭集中体现在自己身上的一切非人性生活条件，才能够自己解放自己。但是，工人阶级是工业资本主义兴起的历史产物，无产阶级并不是资本逻辑的直接产物，工人阶级只有上升为无产阶级才具有世界历史意义。他们通过考察工人阶级上升为无产阶级的历史条件，在概念的高度把握住了无产阶级具有的时代超越性。对英国工人贫困状况的实证分析成为恩格斯思想发展早期阶段的重要内容。在《神圣家族》中，他立足哲学批判，通过论述人与历史的关系，形成了无产阶级历史观的一个经典表述。在《英国工人阶级状况》中，他立足经济批判，指出产业革命、大城市、竞争和爱尔兰移民是工人成为无产阶级的原因，强调工人运动是无产阶级消灭贫困、解放自己的必经之路。恩格斯通过对工人状况的亲身观察，不仅说明了资产阶级上升的历史必然性，而且指出了它灭亡的不可避免性；不仅指出工人成为无产阶级的历史原因，而且说明了它解放自己的世界历史意义。正是他和马克思以无产阶级作为推动社会历史发展的一条重要线索进行考察，才进一步在之后的思考中促使无产阶级理论更加科学化。古斯塔夫·勒庞同样通过《乌合之众》表达了对无产阶级的关注，并把它从社会历史推进到社会心理层面。他们都意识到无产阶级时代的到来，对相同的时代呼声做出理论同向的回应。勒庞看到群众极易被英雄所影响，被激进主义束缚的无产阶级运动呈现专横、偏执、野蛮和破坏性特征。马克思、恩格斯认为只有成立无产阶级政党，把群众组织起来，才能防止革命机会主义，使无产阶级运动自为地推进历史发展，进而取得成功。在一定程度上，勒庞对现实的观照与马克思、恩格斯的革命理论互为补充，形成对无产阶级运动的多角度呈现。作为无产阶级执政党，中国共产党运用无产阶级理论，与一切抹杀群众社会历史作用的观点作斗争，又借鉴勒庞对群体心理的分析审视社会问题，让人民过上美好生活。

## 第一节　马克思、恩格斯论工人阶级上升为无产阶级

　　面对西方"蜕化论""衰退说"和对相关概念的混同使用，有必要甄别和回答对工人阶级和无产阶级所形成的若干争论。在马克思、恩格斯看来，工人阶级虽是工业资本主义兴起的历史产物，只有上升为无产阶级才具有世界历史意义。无产阶级并不是资本逻辑的直接产物，却通过私有财产关系确证自身被统治的地位，从而要求全面改写资本主义整体框架。那么，工人阶级上升为无产阶级的历史条件有哪些？其中的关键因素是什么？又是如何实现上升的？带来了哪些方面的改变？马克思、恩格斯通过"两条线索"即工人阶级和无产阶级，揭示上升的目的是实现从资本限定工人到无产阶级限定资本逻辑的转变，奏响了资本主义自我否定式发展的"变奏曲"。马克思、恩格斯着眼未来考察无产阶级的历史使命，在概念的高度把握住了无产阶级具有的时代超越性，对于探索无产阶级革命的具体道路和分析现代世界发展趋势具有重要启示。

### 一　马克思、恩格斯对工人阶级、无产阶级的论述

　　目前国内外在解读马克思、恩格斯对无产阶级革命运动的影响时，存在以下问题。一是混同使用工人阶级和无产阶级的概念，导致遮蔽马克思、恩格斯在具体语境中使用这两个概念的不同意义；二是没有意识到相对于同时代思想家，马克思、恩格斯提出从工人阶级上升到无产阶级的革

命性意义；三是针对资本主义新变化出现了工人阶级"蜕化论"、无产阶级"衰退说"，没有看到马克思、恩格斯探索无产阶级革命具体道路的开放性。只有在还原中准确把握马克思、恩格斯对工人阶级和无产阶级的相关论述，才能在"回到马克思"中回应上述争议。

1. 甄别对工人阶级、无产阶级的若干争论

"混同说"之所以把工人阶级等同于无产阶级，是因为混淆了阶级划分与阶级立场。C. 白蒂尔海姆区分了社会阶级及其阶级立场①，从而看到处于相同社会阶级却具有不同阶级立场的情况。相对于资本主义社会占统治地位的阶级而言，工人阶级和无产阶级都被归入被统治阶级。可是，前者却不一定具有后者解放自己乃至全人类的阶级立场。K. 普朗迪和 R. M. 布莱克伯恩等就在同一企业调研中发现，对待工会行动，蓝领工人支持社会团结的左翼阶级立场，而白领工人则采取反对政治斗争的保守阶级立场②。马克思、恩格斯早在 19 世纪上半叶考察工人状况时就揭示了这一问题。旧工人阶级在工场手工业时期就存在，他们靠纺纱织布耕地为生，"但是，他们至少不是无产者"③；而资本主义现代大工业发展中出现的新工人阶级社会地位却要低一等，因为他们已经沦为机器的一部分。"但是，正因为如此，工业革命也就促使他们去思考，促使他们去争取人应有的地位。"④

马克思、恩格斯已经在新工人阶级身上看到了其上升为无产阶级的历史必然性。这使他们超越了同时代思想家对工人运动的影响。作为曾经的青年黑格尔派密友，卢格与马克思在批判黑格尔法哲学方面志同道合⑤，但是西里西亚纺织工人起义改变了卢格的共产主义立场，使二人从此分道扬镳。蒲鲁东是当时法国工人运动的一面旗帜，他对巴黎公社成立的影响要大于马克思、恩格斯。然而，巴黎公社作为无产阶级专政的一次尝试昙

---

① C. 白蒂尔海姆：《无产阶级专政社会各阶级和无产阶级意识形态》，《每月评论》1971 年 11 月。
② K. 普朗迪、R. M. 布莱克伯恩等：《概念与尺度团结的范例》，《社会学杂志》1974 年第 8 期。
③ 《马克思恩格斯选集》第 1 卷，人民出版社，2012，第 88 页。
④ 《马克思恩格斯选集》第 1 卷，人民出版社，2012，第 89 页。
⑤ 姚远：《卢格与马克思——黑格尔法哲学批判的两种书写》，《中国社会科学报》2018 年 11 月 21 日。

花一现，成为蒲鲁东社会主义学派的坟墓。蒲鲁东看不到，在没有彻底消灭阶级对立的情况下，无产阶级不可能实行专政；并且马克思、恩格斯所设想的无产阶级专政不是一种"简单地掌握现成的国家机器"①的国家形式，而是通过无产阶级消灭国家来实现解放。

资本主义社会虽然制造了新工人阶级，却不会必然制造出无产阶级。无产阶级并不是资本主义的工业逻辑制造出来的，而是反映了以私有财产关系为中介资产阶级对无产阶级进行政治统治的权力关系；工人阶级只反映了资本家支配工人劳动的权力关系。在工人阶级身上或许没有自觉的政治呼声，在无产阶级身上却存在自觉的革命行动。

无产阶级革命并没有首先在发达资本主义国家取得胜利，无产阶级也没有随着这些国家的发展而壮大起来，西方社会②就出现了工人阶级被同化和无产阶级革命性衰退等声音。这些观点虽然看到了资本主义发展的客观形势对工人阶级和无产阶级的现实影响，却没有看到这种影响到底具有何种意义还要取决于革命者自身。无产阶级是在整个资本主义体系既有框架内确证自身被统治的地位，这就决定了它必然会具有的历史使命。

2. 马克思、恩格斯的历史洞见

马克思、恩格斯分别在历史条件、上升途径和现实指导三个层面作了开拓性探索。第一，马克思、恩格斯立足工业资本主义的历史背景考察无

---

① 中央编译局编译《马克思、恩格斯列宁斯大林论巴黎公社》，人民出版社，1961，第362页。

② A. 埃马奴尔认为发达资本主义国家没有工人阶级，只有"工人贵族"。他看到由国际劳动分工所造成的特权现象，但没有看到这一分工并未在无产阶级与资产阶级之间建立起利益一致的关系；F. 鲍恩和 M. A. 布尔涅认为技术发展改变了无产阶级的革命立场，这是因为技术进步导致无产阶级职业地位的下降，却没有改变整个社会的体制机制和意识形态；在马尔库塞看来，消费社会通过控制工人阶级的需求，使无产阶级陷入"革命革不起来的反常时期"，这是因为马尔库塞没有从无产阶级这个高度来看待革命事业，导致他过分低估了工人阶级的反抗能力。H. 韦伯尔：《工业社会中无产阶级的革命性在衰退吗？——评 A. 埃马奴尔、F. 鲍恩、M. A. 布尔涅、H. 马尔库塞的"工人阶级蜕化论"》，《哲学译丛》1979 年第 4 期。艾伦·伍德则认为，新自由主义为无产阶级的形成提供了新的历史条件。在"民主＋资本主义"的框架中仍然存在资本主义在政治上要求形式平等而在经济上服从资本逻辑的矛盾，为工人阶级从经济斗争上升到改写资本主义体系的政治斗争提供了条件。埃里克·霍布斯鲍姆进一步从资本逻辑所导致的全球危机出发指出，只有通过无产阶级革命才能使资本主义转向社会主义。张双利：《再论〈共产党宣言〉的当代意义——纪念中文版发表 100 周年》，《探索与争鸣》2020 年第 8 期。

产阶级的历史使命。第二，工人阶级在成为无产阶级之前会先沦为无产者，之后又存在一个极其艰难的转变过程。在工人阶级上升之后，其历史使命是通过无产阶级革命把握整个现代社会的历史发展进程。第三，马克思、恩格斯把无产阶级理论运用到对工人运动的现实指导当中。面对19世纪末英国工人阶级斗争陷入低潮的情况，马克思、恩格斯认为，这是工人还没有真正建立无产阶级革命政党而受资产阶级控制所导致的。工人没有被具有鲜明阶级立场的无产阶级政党组织起来，"工人运动就不可能是政治性的"①，也不可能具有解放自己进而解放全人类的世界历史意义。恩格斯在1881年反思这段历史时就指出"世界上没有任何力量能够对组织成一个整体的英国工人阶级进行哪怕一天的抵抗"②。

从马克思、恩格斯终其一生投入无产阶级革命事业来看，他们并没有对工人阶级丧失信心，而是努力打通工人阶级上升为无产阶级的诸多环节。因此，工人阶级如何上升为无产阶级的问题必须回到马克思、恩格斯及其所处时代的历史语境当中寻找答案。

## 二 立足工业资本主义考察上升的条件和途径

资本主义生产关系早在14~15世纪的地中海沿岸就萌芽了。从16世纪开始，西欧各国陆续通过资产阶级革命扫清资本主义现代大工业发展的路障。现代大工业存在的条件也是工人存在的条件。恩格斯直接从工人的实际生活观察中探究工人生活贫困的原因，形成《英国状况·十八世纪》《英国工人阶级状况》等理论思考。受恩格斯的影响，马克思通过介入政治经济学对工人的社会状况进行了初步的理论分析，集中体现在《1844年经济学哲学手稿》《神圣家族》等早期著作中。马克思、恩格斯立足资本主义工业发展的时代背景，探寻工人阶级上升为无产阶级的可能条件与关键要素。

1. 时代的铺垫与历史的抉择

工业资本主义兴起的时代背景。在恩格斯的考察语境中，现代工人生

---

① 关勋夏：《试析十九世纪末期英国工人运动衰落的原因》，《史学月刊》1992年第6期。
② 《马克思恩格斯全集》第25卷，人民出版社，2001，第501页。

活在以"蒸汽力和机器"① 推动生产力大发展的生产关系当中。英国作为当时典型的资本主义工业国,既通过"蒸汽力和机器"成全了英国资本家,又催生出了大量生活贫困的工人。这些工人为了生计不得不出卖劳动力。这种工业发展模式造就了这样一种制度,"这个制度使文明社会越来越分裂,一方面是一小撮路特希尔德们和万德比尔特们,他们是全部生产资料和消费资料的所有者,另一方面是广大的雇佣工人,他们除了自己的劳动力之外一无所有"②。对"生产资料和消费资料的所有"使资本家作为一个阶级享有对作为对立面阶级即工人的劳动进行支配的权力。现代工人作为资本主义社会的被压迫阶级,就诞生于机器大工业在分工上对人与人之间劳动关系的改写当中。

在工业资本主义时代所催生的历史任务。工人在机器大工业所带来的自由竞争的社会中被推向了万丈深渊。一方面,在激烈的竞争中,资本主义生产必须扩张,否则就无法消化资本过剩和失业工人过剩带来的经济危机;另一方面,资本过剩是建立在无偿占有工人在劳动中创造剩余价值的基础之上的,直接导致了工人的贫困生活,而失业工人过剩则是一无所有的工人在市场上出卖劳动力时自由竞争的恶果。这就决定了工人不能简单地争取更多的权益,要想彻底改变悲惨命运就要全面推翻这种资本主义生产框架本身,这是工人所面临的历史任务。这样就能理解,为什么恩格斯说"现代英国工人阶级的贫困和穷苦却具有全国性意义,甚至具有世界历史意义"③。工人的历史使命是被工业资本主义逻辑划定的,也是消灭生活贫困不得不面对的历史选择。

青年恩格斯对英国工人运动的实际考察不仅从实证分析上对青年马克思产生深刻影响,而且促使他与沉浸在思辨唯心主义当中不能自拔的青年黑格尔派主将布鲁诺·鲍威尔等人展开论战。青年马克思、恩格斯放弃了对纯粹思辨理论的探讨,转而关注现实生活中实际的物质利益问题。这种转向又使得他们与工人运动相结合,在参加工人的集会中深入了解工人的真实处境。他们很快就意识到,科学技术发展和工人斗争都未能有效改善

---

① 《马克思恩格斯选集》第1卷,人民出版社,2012,第75页。
② 《马克思恩格斯选集》第1卷,人民出版社,2012,第67页。
③ 《马克思恩格斯文集》第1卷,人民出版社,2009,第93页。

工人阶级的恶劣处境，工人阶级斗争的目的只能用资本主义经济制度框架所造成的对立状况来解释，"应当到资本主义制度本身中去寻找"①。作为工厂主的资本家在这种制度安排下"不但自己不感到有任何解放的需要，而且还全力反对工人阶级的自我解放，工人阶级就应当单独地准备和实现社会变革"②。这就是青年马克思、恩格斯与工人运动结合的原因，其目的是使工人阶级上升为无产阶级，把工人的自我解放运动提升到阶级革命的高度。

2. 上升的可能条件与关键因素

异化劳动创造了工人阶级上升为无产阶级的可能性。面对资本主义大工业在早期发展中所造成的工人极端贫困处境，马克思从异化劳动视角剖析了工人对劳动的依附及其造成的异化现象。在资本主义大工业之前也有贫困问题，但工业革命却使工人的贫困成为严重的社会问题，并且导致贫富悬殊的两极分化。在马克思看来，工人贫困是与异化劳动相互缠绕在一起的。工人在劳动中与劳动产品的分离直接导致异化劳动的产生，"工人在劳动中耗费的力量越多，他亲手创造出来反对自身的、异己的对象世界的力量就越强大，他自身、他的内部世界就越贫乏，归他所有的东西就越少"③。工人非但不能享有劳动产品，为了生存还要用低价工资购买所生产出来的劳动产品，忍受二次剥削。这就为工人反抗现行经济运行及其制度框架提供了一种可能性。

然而，异化劳动非但不会使工人团结在一起，还会激化工人阵营的分裂，加剧工人之间的相互竞争。因为工人要想得到工作，不仅会在异化劳动中服从有组织地剥削，还会利用各种竞争优势④排斥其他工人，否则他

---

① 《马克思恩格斯选集》第1卷，人民出版社，2012，第67页。
② 《马克思恩格斯选集》第1卷，人民出版社，2012，第70页。
③ 《马克思恩格斯选集》第1卷，人民出版社，2012，第51页。
④ 这种情况最典型的是：资本迫使工人间恶性竞争。工人在数量上远多于资本家。工人会通过自身劳动创造出巨大社会财富，但在劳动报酬上却远低于资本家，仅能获得维持生存最低需要的微薄报酬。工人生产出来的剩余价值被资本家无偿占有，导致前者为了生存会通过主动要求降低劳动报酬等途径增加自己的竞争优势，达到排斥其他工人的目的。这种做法不仅会造成工人在长时间劳动中损伤身体的后果，往往还会使工人之间的激烈竞争达到反人道主义的残酷地步。恩格斯在《英国工人阶级状况》一书中对这一现象进行了实证描述和分析。《马克思恩格斯全集》第2卷，人民出版社，1957，第431~432页。

就没有工作，活不下去了。

虽然在矛盾激化的时候工人也会反抗，这种反抗也会成为资本主义危机产生的重要原因，但是危机也不会使得工人就自动上升为无产阶级。因为危机是资本主义生产方式的必然产物。资本主义一定会在其自身之内采取各种措施，化解、缓和、消灭危机的爆发。受到一系列改良措施的影响，资本主义非但没有灭亡，还在各个领域通过改善工人条件，竭力同化工人阶级。这就是滋生工人阶级"终结论"或"消亡说"的重要背景。这种杂音之所以不正确，是因为它只局限于资本主义发展的客观立场，而忽视了工人自身的革命主动性，甚至有意否定工人斗争的革命意志和决心。马克思、恩格斯不仅看到，危机会在客观上迫使工人阶级超越对立状态，朝着具有普遍革命意识的无产阶级过渡，而且认为工人阶级要想上升为无产阶级，必须是由工人自己来发动。

《共产党宣言》就特别强调了教育因素使"工人彻底超越了相互竞争的状态，达到无产阶级革命所要求的普遍性"①。

马克思、恩格斯所指出的教育因素，第一个方面来自资产阶级本身。资产阶级反对封建专制的斗争同时也促进了无产阶级的发展。工人在参与资产阶级领导的政治运动中，不仅援助了资产阶级，而且在资产阶级政治革命中争取自身权益，从而借助于资产阶级向无产阶级转化。也就是说，"资产阶级自己就把自己的教育因素即反对自身的武器给予了无产阶级"②。教育因素的第二个方面来自对资本逻辑辩护的超越。"工业的进步把统治阶级的整批成员抛到无产阶级队伍里去，或者至少也使他们的生活条件受到威胁。他们也给无产阶级带来了大量的教育因素。"③ 工人被工业资本组织起来，在资本主义生产方式中沦为工业资本自我增值的牺牲品。但是，国民经济学家们却为资本的这种逻辑进行正当辩护，完全忽视了工人物质生活条件的贫困。工人的受教育恰恰需要从对这种物质生活条件的认识中获得。第三个方面就是以马克思、恩格斯为代表的无产阶级知识分子对生

---

① 张双利：《论〈共产党宣言〉对资本主义的批判》，《探索与争鸣》2018年第5期。
② 《马克思恩格斯选集》第1卷，人民出版社，2012，第410页。
③ 《马克思恩格斯选集》第1卷，人民出版社，2012，第410页。

活贫困工人的思想教育。他们出生在资本主义大工业时代，却看到了资本主义自我否定的发展逻辑，进而转向能够掌握未来的阶级。"正像过去贵族中有一部分人转到资产阶级方面一样，现在资产阶级中也有一部分人，特别是已经提高到能从理论上认识整个历史运动的一部分资产阶级思想家，转到无产阶级方面来了。"① 这部分人把自己的思想与时代的发展紧密联系在一起，在指导工人运动中成为工人阶级上升到无产阶级最为重要的思想环节和教育因素。

马克思、恩格斯已经从工业资本主义兴起的时代背景中敏锐洞察到工人阶级上升为无产阶级的必然趋势。那么，他们又是如何揭示这一上升的历史过程的？只有对其中的上升环节有所把握，才能提炼出无产阶级坚定的阶级立场，呈现无产阶级通过解放自身实现全人类解放的普遍性高度。

3. 自然人、工人、无产者、无产阶级

伴随着前资本主义社会向资本主义社会转型的是自然人向工人的身份转变。工人在资本主义私有制框架下沦为无产者，成为过渡到无产阶级的中间环节，最终无产阶级在革命中以"自己的面目"建构新世界。这一系列转变反映了在资本主义社会的具体历史发展进程中人与人之间关系的变化，内在地揭示了资本主义自我否定发展的客观规律。

第一，自然人成为工人，必然要经历商品化阶段。自由竞争的商业社会使自然人自由地出卖劳动力，成全了人与人之间自由买卖的关系，使自然人通过出卖劳动力顺利地成为工人。其结果是资本主义社会使自然人商品化，即人与人之间的关系是通过商品的中介形式来实现的。资产阶级古典政治经济学家亚当·斯密是从分工角度②理解这一社会关系的实质。黑格尔则认为商品使人摆脱了传统的血缘、宗法和等级关系，可以使人在商品面前建立起独立人格。可他却没有看到人与人之间的这种平等只具有抽象意义，其实质是商品拜物教③的统治。这些理论家只看到了人与人在商

---

① 《马克思恩格斯选集》第 1 卷，人民出版社，2012，第 410 页。
② 刘绍唐、李雅君：《试论亚当·斯密的社会商品经济理论》，《贵州师范大学学报》（社会科学版）1987 年第 1 期。
③ 夏林：《黑格尔的主－奴辩证法与商品拜物教的呈现》，《华中科技大学学报》（社会科学版）2005 年第 2 期。

品化世界的形式层面，而没有像马克思、恩格斯那样看到商品形式背后的实质内容是工人被赤裸裸地剥削和压榨，是被商品自由买卖所掩盖的资本家支配工人劳动的经济关系。"工人对劳动的关系，生产出资本家——或者不管人们给劳动的主宰起个什么别的名字——对这个劳动的关系。"①

第二，工人沦为无产者。资本主义社会的异化劳动造成了人的普遍异化，在现实生活中又通过极端的贫富分化表现出来。贫富分化的直接表达形式是工人在绝对贫困中沦为无产者，而资本主义体系就是依靠支配和排斥绝大多数无产者才得以运转的。这就导致无产者的反抗。无产者的身份之所以会彻底激活资本主义体系中被压迫、被剥削的社会反抗力量，是因为无产者"直接被无法再回避的、无法再掩饰的、绝对不可抗拒的贫困"②逼向了死地。马克思不仅指出了无产者的来源，还对无产者进行了甄别。工场手工业时期的旧工人阶级不是无产者。他们主要是纺织工人，通过家庭纺纱和自主耕种过着惬意的生活，而之后的新工人只能通过出卖劳动力成为机器运转的一个组成部分，完全靠工资生活。"他们确实也不算是人，而只是一部替一直主宰着历史的少数贵族做工的机器。"③ 被剥夺了作为人的最后一点残余，促使这些转化为无产者的工人思考争取他们作为人应有的地位，这就掀起了工人的斗争。

第三，工人的三重斗争。工人被异化为机器，必然会产生对机器的憎恨，所以工人首先会发起反抗生产工具的斗争。工人很快就意识到对机器的破坏并不能改变自身的处境。因为在资本主义的工商业社会之下所展开的是资本家对工人劳动的支配，是人与人之间不平等的权利关系，而不是资产阶级理论家所向往的那种自由而平等的抽象关系。工人要想改变不对等的劳动地位，改善恶劣的劳动条件，就要展开争取权利的斗争。所以，工人的第二重斗争就是在劳动中意识到实际权利之间的失衡之后所展开的争取权利的斗争。最后就是已经上升为无产阶级的工人反抗整个资本主义体系的斗争。随着工人对资本主义劳动分工体系贡献性的不断提升，必然

---

① 《马克思恩格斯选集》第1卷，人民出版社，2012，第60页。
② 《马克思恩格斯文集》第1卷，人民出版社，2009，第262页。
③ 《马克思恩格斯选集》第1卷，人民出版社，2012，第89页。

会带来对资本主义私有制所决定的整个资本主义体系的斗争，也就是对资本主义框架本身的全面改写。这是工人斗争的最终走向。

第四，在阶级划分上讨论工人斗争有别于具有明确阶级立场的无产阶级革命。英国学者莱什发展了马克思从生产劳动出发提出的阶级斗争理论。他认为在资本主义生产劳动中，工人与无产阶级虽然都是"具有相同阶级划分的阶级，其阶级立场并不一样"[1]。二者都属于被压迫、被剥削的社会底层阶级，但是很显然，工人却不具备无产阶级消灭私有财产的同时消灭自己的鲜明革命立场。因为工业无产阶级即工人阶级[2]的对立面是购买劳动力的资本家阶级，其对立范围只存在于买卖关系当中；而无产阶级的对立面是支配私有财产（财富）的资产阶级（有产阶级），其对立范围存在于整个资本主义私有制当中。这就决定了，"无产阶级执行着雇佣劳动由于为别人生产财富、为自己生产贫困而给自己做出的判决，同样，它也执行着私有财产由于产生无产阶级而给自己做出的判决"[3]。无产阶级不仅受到雇佣劳动的支配，更受到私有财产的支配。这种双重支配决定了无产阶级不是像工人那样在斗争中反抗个别资本家，而是旨在消灭整个资本主义私有制。这是它鲜明的阶级立场。

4. 上升的三个环节和三个改变

工人阶级上升为无产阶级不仅仅是身份的转变，以及阶级立场的明确，还存在极为复杂的上升环节。马克思、恩格斯正是基于对这些环节的把握，才能在无产阶级革命实践当中有效指导工人运动，促使工人阶级向能够肩负消灭资本主义私有制的无产阶级转型。

第一，斗争环节。资本家绝不会自愿取消对工人的劳动剥削，资产阶级也同样不会自动退出历史舞台。工人具有的无产阶级立场是在阶级斗争中逐步获得的。这里面所展开的斗争不是资产阶级革命中先行社会革命（工业革命）再行推翻封建专制的政治革命的历史过程，而是先行推翻资

---

[1] S. M. 莱什：《生产劳动、阶级划分与阶级立场》，孟庆时译，《哲学译丛》1979年第4期。
[2] 无产阶级除了包括工业无产阶级，还包括依靠土地也不能养活自己的农业无产阶级，以及从资产阶级中分化出来而具有无产阶级立场的中间阶级，这个中间阶级是无产阶级在革命中需要争取的社会力量。
[3] 《马克思恩格斯文集》第1卷，人民出版社，2009，第261页。

产阶级国家机器的政治革命再行变革社会关系的社会革命。这是因为，在资本主义现代大工业刚兴起之时，国家还只是为了社会而存在的上层建筑。可是在此之后，政治国家与市民社会的关系就发生了转变。市民社会无法解决人的异化问题和贫困问题，导致自身无法维系，政治国家就开始对市民社会进行统摄和引领。这样的历史境遇使得无产阶级必须先通过暴力革命消灭资产阶级国家机器，才能进一步对社会关系进行改写。

第二，思想环节。工人在斗争中需要教育介入才能避免分裂和对立。教育是为了培养工人的无产阶级意识，使其在斗争中具有无产阶级的主体意识和阶级立场。这是无产阶级能够联合起来的前件要素。建立在资本主义私有制基础之上的资产阶级意识形态绝不会把工人当作社会的主体和国家的主人，造成工人主体意识的缺失。通过来自资产阶级社会三个方面的教育，尤其是马克思、恩格斯在对思辨唯心主义展开批判时，对体现无产阶级"思想"和"利益"的意识形态（即无产阶级革命思想）的确证，成为工人上升为无产阶级的理论武器。工人一旦被"批判的武器"所掌握，就会让"思想的闪电""彻底击中这块素朴的人民园地"[1]，从而使工人具有无产阶级的主体意识和阶级立场，进而自觉地实现"武器的批判"具有的改变世界的现实力量。

第三，组织环节。工人被机器组织起来与无产阶级的高度组织性具有不同的社会意涵。工人是被捆绑在机器上的奴隶，其所获得的高度组织性来自机器。工人原本就是处于分离和竞争的状态，是资本主义社会的一盘散沙，是被机器组织起来的劳动力。无产阶级的高度组织性不可能在工人这里就有。马克思、恩格斯与工人运动相结合的直接目的就是把工人组织起来，使工人斗争上升到无产阶级革命的高度。工人在此之前虽然被资产阶级组织起来反对封建专制统治，却并未因为被组织起来而改变被统治的命运。当工人要在资本主义框架下彻底改变自身的既定命运，而有意识地自我组织起来的时候，就使这种组织性质提升到了无产阶级革命的高度。马克思、恩格斯在1847年创建了世界上第一个无产阶级政党——共产主义

---

[1] 《马克思恩格斯选集》第1卷，人民出版社，2012，第16页。

者同盟,就是为了使工人上升为能够担当历史转型任务的无产阶级。

工人阶级上升为无产阶级给整个资本主义体系带来了三个方面的革命性改变。

首先,由无产阶级意识形态引发的革命。工人上升为具有主体意识和阶级立场的无产阶级,就会引发无产阶级意识形态对抗资产阶级意识形态的革命。这场革命既体现为马克思、恩格斯与国民经济学以及各种唯心主义历史观的斗争,又体现在他们对历史唯物主义的创建和科学化论证。正是意识形态斗争既反映又推动着时代的变迁,马克思才说:"如果从观念上来考察,那么一定的意识形式的解体足以使整个时代覆灭。"①

其次,由无产阶级的贫困生活引发的革命。工人在劳动分工体系中创造的财富是社会性的财富,但是这些社会性财富却无法返回和成全社会,造成了工人的贫困。工人只有转变成与财富对立的无产阶级,才能在消灭资本主义私有制的革命中消灭雇佣劳动方式对自己的出卖,消灭作为私有财产对立面的无产者的自己。无产阶级在消灭私有制后不会成为新的统治阶级,因为"无产阶级在获得胜利时,无论如何决不会因此成为社会的绝对方面,因为它只有消灭自己本身和自己的对立面才能获得胜利"②。

最后,由无产阶级对资本主义生产方式变革引发的革命。这是无产阶级革命中最根本的内容。工人只是工业技术(机器)与私有财产(资本)合谋下的社会牺牲品。只有当工人上升为无产阶级的时候,他才能在这一牺牲中明白自己的悲惨命运,明确自己改写资本主义生产方式的必然使命。所以马克思认为:"如果无产阶级不消灭它本身的生活条件,它就不能解放自己。如果它不消灭集中表现在它本身处境中的现代社会的一切非人性的生活条件,它就不能消灭它本身的生活条件。"③ 资本主义生产方式使无产阶级革命日趋成熟,因此马克思指出无产阶级"它的目标和它的历史使命已经在它自己的生活状况和现代资产阶级社会的整个组织中明显

---

① 《马克思恩格斯文集》第 8 卷,人民出版社,2009,第 170 页。
② 《马克思恩格斯文集》第 1 卷,人民出版社,2009,第 261 页。
③ 《马克思恩格斯文集》第 1 卷,人民出版社,2009,第 262 页。

地、无可更改地预示出来了"①。

## 三 从感性意识到革命意识的转变

无产阶级革命意识的产生是历史发展的必然和时代进步的产物。主要有两个判断标准：一是无产阶级革命意识产生于资本主义内部矛盾的激化，以无产阶级与资产阶级之间的矛盾形式反映了资本主义生产方式的内部矛盾；二是无产阶级革命意识在无产阶级的发展壮大中发挥了"思想的闪电"和"批判的武器"的作用，为"武器的批判"提供理论上的指导。如马克思所言，这两个革命意识的产生标准都必须以阶级的感性意识的形成为前提。

1. 革命意识自觉的社会历史条件

感性意识是对"类意识"的自我确证和对社会存在的领会。无产阶级感性意识只有发展到自为的阶段才能推动革命意识走向自觉，如同欧洲第三等级的革命。第三等级是伴随着资本主义社会化大生产而登上历史舞台的。它的革命的感性意识源于其物质实践力量的不断壮大。在第三等级革命中，铲除参与政治生活的障碍是资产阶级革命的原因，而消灭社会贫困、过上人的生活构成无产阶级参与其中的原因。虽然同一个革命下两种不同解放目标的区别表明二者是社会发展不同阶段的产物，但都共同使这场革命推翻了旧社会。这场革命表明，无产阶级已经初步意识到：从事物质生产劳动并不能使自身摆脱贫困，只有诉诸政治革命才能改变人的社会存在。这种感性意识是马克思考察无产阶级运动和社会历史发展的基本立足点，也是空想社会主义无法企及的高度。后者认为社会主义不经过革命就能实现，不能明白革命的社会和政治意义，而马克思在批判中树立了从对象性活动出发考察人的范式性革命。

资本主义社会化大生产不仅产生无产阶级，而且使他们丧失了人的资格，催生他们不断成长并壮大到能够推翻造成自己"无产"的命运。资本主义社会化大生产不自觉地充当了无产阶级革命意识能够自觉的前提条

---

① 《马克思恩格斯文集》第 1 卷，人民出版社，2009，第 262 页。

件。资本主义社会化大生产曝光了资本主义社会中的两对矛盾。一是马克思所揭示的生产社会化与生产资料私有制之间的矛盾,二是由第一对矛盾所引发的无产阶级与资产阶级之间的矛盾。一方面,资本主义生产方式内部矛盾的激化会以经济危机的形式爆发,必然导致资本主义社会阶级矛盾的激化,其结果就是对资产阶级意识形态的批判和无产阶级革命意识的逐渐自觉;另一方面,无产阶级的政治革命不是最终目的,而是以社会生存方式改变的社会革命为最终旨归。无产阶级革命意识产生于资本主义社会化大生产的历史进程之中,但是,这一客观趋势的发展,最终仍要落脚到对无产阶级自身感性的革命意识形成的考察。

在资产阶级革命中,资产阶级的感性意识形成及转变为革命的意识,资产阶级因而登上政治舞台。无产阶级虽追随资产阶级反对封建专制统治,却没有使革命体现出他们的思想和利益,这时是资产阶级的感性意识占据主流。马克思以1789年革命为例,指出这场革命对资产阶级绝不是"不合时宜的",只有对把全体居民包括在内的群众才是"不合时宜的"。因为这场革命是资产阶级革命意识的自觉产物,而无产阶级还处在阶级的自在意识阶段。从自在走向自为,革命才会发生。资产阶级在工业革命中获得了解放自身的条件,却造成无产阶级生活的普遍贫困。无产阶级必须从对这种物质生活条件的认识中提升革命意识的自觉性。这种提升来自感性意识的辩证发展。马克思《1844年经济学哲学手稿》在私有财产—异化劳动—贫困生活的逻辑架构中看到,对消灭贫困生活条件的诉求和改变在根本上要靠感性意识的形成并转变为阶级斗争的革命意识。正是这种社会意识引领无产阶级反抗资本主义生产方式,成为资产阶级的历史掘墓人。资产阶级革命虽然实现了从君主政体到民主政体的转变,却没有改变革命的原则。马克思指出:"被剥削被压迫的阶级(无产阶级),如果不同时使整个社会永远摆脱剥削、压迫和阶级斗争,就不再能使自己从剥削它压迫它的那个阶级(资产阶级)下解放出来。"[①]全人类解放的革命原则就呈现无产阶级革命意识的自觉性。这种革命意识将体现在未来无产阶级革

---

① 《马克思恩格斯选集》第1卷,人民出版社,2012,第380页。

命中。

马克思认为"新的革命只有在新的危机之后才有可能。但是新的革命的来临像新的危机的来临一样是不可避免的"①。当私有制成为资本主义社会化大生产的桎梏，频繁爆发资本主义危机时，无产阶级革命时代就到来了。无产阶级借以意识到这个冲突并力求消灭它的革命意识就是无产阶级意识形态。它是爆发无产阶级革命后无产阶级革命意识的阶级表达。这就从无产阶级革命所揭露的资本主义社会生产力与生产关系的矛盾解释了无产阶级意识形态与资产阶级意识形态的斗争。于是，马克思就站在资本主义物质生产关系总和的高度指出了无产阶级革命意识何以必须要自觉的问题。

2. 革命意识在感性辩证法中诞生

无产阶级革命意识产生于资本主义社会历史条件中，显示出马克思历史的、感性的、辩证法的物质性意蕴。用共产主义取代社会化大生产导致内部矛盾激化的资本主义，显示出这一感性辩证法对社会发展规律的科学把握。辩证法在马克思这里通过无产阶级革命意识指向共产主义而获得了历史唯物主义的基础。

马克思在《资本论》中通过"观念的东西不外是移入人的头脑并在人的头脑中改造过的物质的东西而已"②，指出无产阶级革命意识的爆发是历史发展到"纯粹的资产阶级统治"③的必然结果。马克思十分青睐法国史，法国作为中世纪的封建中心是一个典型的君主制国家，它在资产阶级革命中粉碎封建制度是最彻底的，建立的资产阶级统治对欧洲其他国家的影响也是最大的。这种典型性使法国"正在上升的无产阶级反对占统治地位的资产阶级的斗争，在这里也以其他各国所没有的尖锐形式表现出来"④：无产阶级参与法国资产阶级革命所接受的自由、平等的革命意识不仅变成反抗资产阶级的思想观念，而且成为反抗它的经济统治关系的现实力量。这

---

① 《马克思恩格斯全集》第22卷，人民出版社，1965，第593页。
② 《马克思恩格斯选集》第2卷，人民出版社，2012，第93页。
③ 《马克思恩格斯选集》第1卷，人民出版社，2012，第666~667页。
④ 《马克思恩格斯选集》第1卷，人民出版社，2012，第667页。

里的感性意识的发展同样遵循辩证法的规定。马克思认为:"辩证法在对现存事物的肯定的理解中同时包含对现存事物的否定的理解,即对现存事物的必然灭亡的理解;辩证法对每一种既成的形式都是从不断的运动中,因而也是从它的暂时性方面去理解;辩证法不崇拜任何东西,按其本质来说,它是批判的和革命的。"① 如果用感性辩证法解读上述过程,历史发展的方向正体现了从封建社会到资本主义社会再到共产主义社会的辩证逻辑。按照黑格尔的理性辩证法的理解,许多人把封建社会作为第一个环节是正题,资本主义社会作为第二个历史环节是它的反题,共产主义作为更高历史发展阶段是前面所有环节的合题。这种看法是简单的,因为它不是历史的辩证法而是"纯粹思维"的辩证法。只有从历史这个无情的现实出发而不是绝对精神,揭示历史更替过程中"能动的原则"即感性的革命意识,才会得出改变世界而非解释世界的结论,所以马克思认为,感性的辩证法才是历史发展的正解。这是对黑格尔辩证法的扬弃。正因此,共产主义就是在历史实践中经验地自我诞生出来的,而不是乌托邦理想。

这种感性辩证法表明,无产阶级革命意识不是提前在头脑里构造出来的一套理论,而是无产阶级在跟随资产阶级推翻封建专制统治以及反抗资产阶级的斗争中形成的,是参与历史发展进程的必然结果。马克思正是用这种革命意识指导无产阶级斗争的实践,对历史进程自觉表达和进行意义阐发,从而使资产阶级革命成为无产阶级革命的直接序幕。无产阶级虽作为最广泛的社会力量参与到资产阶级革命当中,为了真正实现人的解放,无产阶级的革命就体现为无产阶级革命意识在资本主义统治危机中爆发为革命行动。当无产阶级意识到对机器的破坏并不能改变自身的处境时就开始在政治领域展开争取权利的斗争。随着无产阶级对资本主义劳动分工体系贡献性的不断提升,必然走向对资本主义私有制所决定的整个资本主义体系的斗争,也就是对资本主义体系既有框架本身进行全面改写。这正是体现了感性辩证法的精神。

马克思因感性辩证法的运用而科学揭示了资本主义社会的统治本质,

---

① 《马克思恩格斯选集》第2卷,人民出版社,2012,第94页。

即一部分人对另一部分人的支配是建立在社会权力的基础之上，而这一社会权力又是建立在资本私有化的地基之上。资本不仅成为资本主义社会生产关系的世俗"代言人"，而且作为一种独立的社会力量使工人劳动为它服务，成为资本自我保存和增值的手段。对资本的认识使马克思在组织工人运动时有意识地让工人在劳动中的感性意识上升为反抗整个资本主义体系的革命意识。马克思运用感性辩证法对资本主义社会发展规律的历史性把握，不仅使他超越了形形色色的社会主义学说，还深刻影响了世界范围内的社会主义运动，形塑了之后的世界历史发展进程。

3. 历史看待革命意识的衰退

在资本主义迈向帝国主义特别是第二次世界大战以后，通过各种措施改善工人条件，竭力同化工人阶级，使阶级矛盾得以缓和。无产阶级被同化的同时也弱化了其作为革命主体的阶级意识。这就导致：资本主义生产力大发展本来应该使无产阶级革命意识比以往更加迫切和必要，但是实际上无产阶级革命意识却比以往更加淡化和衰弱了。

究其原因，第一方面是资本主义在全球殖民扩张形成了国际劳动分工体系，靠剥削第三世界国家榨取的剩余价值以高福利待遇形式转让给本国工人阶级，使其从中获利，对他们而言，增加收入、改善生活的目的压倒了革命的目的；第二方面是过细的劳动分工体系分裂了无产阶级，使其中一部分（技术娴熟）工人上升到资产阶级的队伍，改变了他们对抗的政治态度，而使另一部分（职业地位下降）工人的社会地位下降，弱化了他们的革命意识；第三方面是资本主义通过制造虚假消费和需求控制工人，用消费需要取代了他们的革命意识。这就使得资产阶级意识形态与无产阶级被不加限定条件地统一起来，造成了无产阶级革命意识的衰退，使无产阶级"去意识形态化""殖民化""臣服化"。因此，无产阶级的感性意识如何集聚、形成，以至转变为革命意识，不是一个简单灌输教育的问题，这也是马克思主义者必须研究的现实问题。

事实上，所有的马克思主义革命理论家都曾遭遇过无产阶级革命意识衰退问题。马克思、恩格斯在考察英国工人状况时就指出旧工人阶级不是无产者的问题。罗莎·卢森堡批判过伯恩施坦修正主义的问题，列宁经历过第二国际破产的问题,等等。然而,这些革命理论家和实践家都把无产阶级在发展过程中出现的新情况当作研究的新问题,没有因此遮蔽无产阶级的革命意识,也没有用资本主义的新发展否定无产阶级革命运动。他们都认为,外在发展形势的意义还要取决于无产阶级自身。由于无产阶级是在资本主义既有框架内确认自身被统治地位的,决定了只有打破这一框架无产阶级才有可能获得自身的全面解放,因此,无产阶级革命意识仍然要充当"武器的批判"的思想中介。

对此,马克思早就揭露资产阶级使革命"思想"同一般人的利益混淆却阻挡不了在历史上的"出丑"问题。拿破仑看不到市民社会对政治国家的决定作用,"还是把国家看做目的本身,而把市民生活仅仅看做司库和他的不许有自己意志的下属"[1],导致帝国覆灭;罗伯斯庇尔"想仿照古代的形式来建立这个社会的政治首脑"[2],看不到用抽象人权口号取代资产阶级利益诉求而被送上断头台的后果;以布鲁诺·鲍威尔为首的"神圣家族"企图用"批判的批判"的辩证思维过程消灭工人的现实利益诉求,而看不到"'思想'一旦离开'利益',就一定会使自己出丑"[3]。与此相反,马克思认为,无产阶级革命意识作为"批判的武器"体现了无产阶级的"思想"和"利益",才让"思想的闪电""彻底击中这块素朴的人民园地"[4],成为无产阶级改变世界的物质力量。

这种物质力量就萌发于工人劳动中的感性意识,成熟于无产阶级斗争中的革命意识,最终汇聚成变革世界的革命力量。这就告诉我们,无产阶级的生活条件和工资待遇虽比以前有明显改善,却是以他们社会地位的下降为代价的。在资本主义社会,工资的增加是以资本的增长为前提的,而资本利润比起工人工资要增长得更为迅速,导致工人与资本家之间(劳资双方)的贫富差距和社会鸿沟越来越大,从而为新的革命意识积蓄了社会力量,而要成为革命的力量,前提就在于无产阶级感性意识的集聚和形

---

[1] 《马克思恩格斯文集》第1卷,人民出版社,2009,第325页。
[2] 《马克思恩格斯全集》第2卷,人民出版社,1957,第156页。
[3] 《马克思恩格斯文集》第1卷,人民出版社,2009,第286页。
[4] 《马克思恩格斯选集》第1卷,人民出版社,2012,第16页。

成，对感性意识的研究是革命意识转变的理论准备。

## 四 无产阶级的未来性

在马克思、恩格斯看来，无产阶级既是代表未来的力量，又是通向未来的力量。无产阶级革命不仅是对资本主义自我否定式发展的深刻把握，更是以超越资本主义整体框架的方式把握未来。只有着眼于未来考察无产阶级的历史使命，才能明白马克思、恩格斯在概念的高度把握无产阶级所具有的时代超越性和思想开放性。

1. "两条线索"奏响的"变奏曲"

马克思、恩格斯是通过"两条线索"即工人阶级和无产阶级，"一个主题"即实现人的解放，考察资本主义发展初期展现的劳动支配关系，以及在发展中暴露的不可调和的内在矛盾。他们在探究工人阶级上升为无产阶级背后的物质动因时，揭示了资本主义自我否定式发展的历史规律。

在第一条线索中，工人阶级的斗争始终是在资本限定工人的语境下展开的。资本主义生产方式用雇佣劳动这种形式建立了资本家与工人之间剥削与被剥削的关系。在这种生产劳动中所展开的人对人的权力关系的实质是，资本家作为生产资料的所有者无偿占有工人的劳动产品。所以，工人阶级斗争的核心始终围绕着生产劳动展开。在第二条线索中，无产阶级革命是在无产阶级限定资本逻辑的语境中展开的。此时的无产阶级已经意识到，资本主义社会中资产阶级对无产阶级的统治是被资产阶级政治革命所终结了的统治，是被人与人之间在法律和政治上的平等关系所中介了的支配。这种所谓的"平等"只不过是商品经济在政治领域的表达，是资本逻辑在政治领域的延伸。因此，无产阶级很清楚自己革命的目的就是要在政治领域当中反抗它的经济统治关系，改变内在于资本主义私有制当中的政治权力关系，进而改变整个资本主义私有制框架。这就清晰地揭示了工人阶级上升到无产阶级的目的是实现从资本限定工人到无产阶级限定资本逻辑的转变。

不管是工人阶级的斗争，还是无产阶级革命，都旨在打碎资本主义私有制的经济统治。只不过二者在消灭支配其存在的对立面上有不同形式的差异，但是其本质都是要消灭以"物"（资本）的形式所展开的人对人的支配和统治，最终实现人的解放。所以，工人阶级斗争与无产阶级革命共同奏响了资本主义自我否定式发展的"变奏曲"。

当工人阶级上升为无产阶级之后，工人阶级斗争就成为无产阶级革命的当然组成部分。然而，工人阶级可以在其主导的斗争范围内取得一定程度的胜利，无产阶级革命却并不一定会顺利获胜。马克思、恩格斯虽然坚信无产阶级在革命中终将实现全人类的解放，但是他们也没有明确说过无产阶级革命就必然会取得胜利。这是因为，无产阶级革命获胜的物质条件是社会生产力的高度发达；主体条件是工人上升为无产阶级；路径条件是先行推翻资产阶级国家机器的政治革命，再行以国家为主导对社会关系变革的社会革命。然而在马克思、恩格斯生活的那个年代，资本主义自我否定式发展的逻辑虽然以周期性经济危机的形式呈现，但是资本主义在应对危机的同时不断进行自我调整，不仅有效缓和了阶级矛盾，还朝着垄断资本主义方向发展。无产阶级革命倒是首先在虽然不具备物质条件，却积累起来了足够矛盾的俄国爆发，使社会主义从革命理论变成了国家类型。马克思在 19 世纪 80 年代就提出的"不通过资本主义制度的卡夫丁峡谷"① 理论预见到了这个问题，使他对如何理解无产阶级革命呈现不拘泥于固定模式的历史开放性。

马克思强调要在不同历史条件下探索无产阶级革命的具体道路，对诞生于旧中国的中国共产党通过民族解放运动实现社会主义产生了深刻影响。在还没有取得民族独立的旧中国，无产阶级的力量已经开始壮大。中国共产党的成立就是马克思主义与中国无产阶级相结合的历史性产物。在中国共产党的领导下，新民主主义革命和社会主义革命先后在这片承受过深重灾难的土地上完成，使新中国重新焕发生气。然而，"党的最高理想和最终目标是实现共产主义"②。中国共产党并没有像资产阶级执政党那样成为新的统治阶级，而是将反帝反封建的最低纲领与实现共产主义的最高纲领相统一，不仅实现了无产阶级领导下的以建立社会主义现代化国家为

---

① 《马克思恩格斯选集》第 3 卷，人民出版社，2012，第 830 页。
② 《十八大以来重要文献选编》上卷，中央文献出版社，2014，第 115 页。

使命的政治革命，而且在实现无产阶级革命与中华民族解放的内在一致中，通过制定"两个一百年"的奋斗目标深化推进社会革命，使社会主义在新的制度文明类型中熠熠生辉。这是在无产阶级的领导下，社会主义对资本主义的全新超越。

2. 无产阶级及其时代超越性

马克思、恩格斯是着眼未来考察无产阶级历史使命的，因此就看到了工人阶级上升为无产阶级的历史必然性和时代超越性。他们看到了工人阶级的斗争是看到了当下，看到了无产阶级革命是看到了未来。因为无产阶级既属于马克思、恩格斯身处其中的那个时代，又超越了工业资本主义正在兴盛的历史阶段。无产阶级不仅作为资本主义社会日益壮大的阶级力量，代表着未来社会的全新发展方向；而且自身在概念上就具有一种超越资本主义的逻辑力量，相信通过自己的解放可以实现一切被压迫者的解放，最终实现全人类的解放。所以，马克思、恩格斯在无产阶级身上看到了未来。

无产阶级代表着未来社会的发展方向，马克思、恩格斯在无产阶级身上寄予了对资本主义历史局限性的超越的厚望。

第一，无产阶级断定的是资本主义走向自我否定式发展的逻辑本身。工人阶级的斗争还是在资本主义整体框架中进行的，而无产阶级革命则超出了这个框架本身，对它的未来发展做出了一种否定式判断。在资本主义社会，"这个斗争现在已经达到这样一个阶段，即被剥削被压迫的阶级（无产阶级），如果不同时使整个社会永远摆脱剥削、压迫和阶级斗争，就不再能使自己从剥削它压迫它的那个阶级（资产阶级）下解放出来"[1]，这就决定了无产阶级必须通过实现政治解放的阶级斗争形式实现自身的解放。另外，当生产过剩和工人贫困之间的矛盾积累到一定程度，就会爆发经济危机，导致日趋尖锐的社会矛盾以政治斗争的形式表现出来。于是，资产阶级不得不借助国家机器有目的、有组织地缓和阶级冲突，使得"赤裸的压迫"被"虚饰的剥削"[2] 所取代。资本主义的国家干预加强了对无

---

[1] 《马克思恩格斯选集》第 1 卷，人民出版社，2012，第 380 页。
[2] 徐伟轩、吴海江：《恩格斯晚年对资本主义变化的认识及其时代意义》，《马克思主义研究》2020 年第 4 期。

产阶级的社会控制，使资本主义的自我否定式发展更加隐蔽。这就更加需要无产阶级以革命的自觉性完成自身的历史使命。

第二，无产阶级给出了自己对未来命运和现代世界发展趋势的根本判断。资产阶级采取更加隐蔽的剥削手段，更加暴露出它自身否定式发展的必然逻辑，否则早就"采用作为它早期阶段的特征的那些小的哄骗和欺诈手段"① 了。由此可知，面对资产阶级同化无产阶级的阴谋，无产阶级从来就没有在革命中妥协过。无产阶级通过革命所要实现的绝不仅仅是工人阶级对自身权益的正当诉求，而是对资本主义整体框架的历史性改写。因此，无产阶级绝不会从对抗走向合作，而是要在革命中消灭资本主义私有制。随着私有财产关系的消灭，无产阶级也会因为自己的对立面——私有财产的消灭而自行消灭。但是，工人阶级却在这一解放过程中挣脱了资本主义生产关系的束缚，从私有财产关系下人对人的劳动支配关系中解放出来，不仅通过革命提升了生活需求，而且实现了自己作为人的解放。在资本主义之后的更高发展阶段，"工人"将不再作为谋生职业的称谓，而是作为实现个性的称谓而存在。工人为了实现自由而全面的发展，更加重视对"美好生活"的追求。在生产力高度发达的未来社会，工人创造的财富也能变成满足其他人需要的社会资源，人们将不会为了满足基本生存需求而苦苦挣扎。这就是无产阶级给自己下的定义。

第三，无产阶级在概念的高度上具有时代的超越性和思想的开放性。首先，无产阶级是在概念的高度之上统摄整个现代社会的发展逻辑。无产阶级与其所处的时代之间具有双重内涵的关联。无产阶级既是对工业资本主义兴起的时代背景的直接回应，又同时在自身的革命中超越资本主义这个特定的时代。所以，马克思、恩格斯既在资本主义时代提出了无产阶级的历史使命，又通过无产阶级革命把握资本主义的未来发展趋势。无产阶级的概念高度就在于，它是对资本的逻辑得以展开之后带来的现代社会内在矛盾运动规律及其发展方向的深刻把握和科学揭示。因此，无产阶级立足于它那个时代而能够超越它那个时代。其次，无产阶级是在概念的高度

---

① 《马克思恩格斯选集》第 1 卷，人民出版社，2012，第 65 页。

之上为思想与时代的互动预留了开放性空间。无产阶级与之后的思想家对时代的把握之间也具有双重内涵的关系。无产阶级既通过对自身所处时代的回应启发着后来的思想家，这些思想家又可以在新的时代之中根据新的现实要求不断发展无产阶级学说。只要在现实生活中还存在被雇佣劳动和私有财产双重异化挣扎在贫困线上的人，马克思主义无产阶级革命学说就具有现实生命力。这也进一步印证了恩格斯在《共产主义原理》中从概念高度对无产阶级进行科学把握的深刻性："完全没有财产的阶级，他们为了换得维持生存所必需的生活资料，不得不把自己的劳动出卖给资产者。这个阶级叫做无产者阶级或无产阶级。"[1]

## 第二节　恩格斯《英国工人阶级状况》的具体实证研究

在青年恩格斯的思想发展中，对英国工人阶级状况的亲身观察是他主张在工人运动中消灭贫困和把握历史的根本原因，也使他在"另一条道路"[2] 上通往历史唯物主义，把青年黑格尔派甩在了身后。在他 24 岁这一年不仅与马克思合写了《神圣家族》，而且同时开始了《英国工人阶级状况》的写作。学界以往更多的是对这两个文本进行分别解读，而较少关注到工人问题是连接二者的一条重要线索。事实上，恩格斯在《神圣家族》中只是从哲学层面用对工人的肯定来反驳思辨唯心主义，而在《英国工人阶级状况》中他深入资产阶级社会的经济现实当中，运用史料等分析手段说明工人的贫困和堕落是大工业的产物，工人作为无产阶级必将成长为能够推翻资产阶级的历史力量，从而呈现他对同一问题认识的不断深化。梳理从《神圣家族》到《英国工人阶级状况》对同一问题认识的发展和变化，能抓住这一时期恩格斯思想展开的脉络。值得注意的是，恩格斯在《英国工人阶级状况》的序言部分专门对"资产阶级"和"无产阶级"概

---

[1] 《马克思恩格斯选集》第 1 卷，人民出版社，2012，第 297 页。
[2] 刘怀玉：《青年恩格斯：从历史唯物主义创立者到都市马克思主义开拓者——以〈英国工人阶级状况〉一书的理论旅行史为线索》，《学习与探索》2020 年第 8 期。

念的使用作了声明。他把德文中的 Mittelklasse（中等阶级）、英文中的 middle-class/middle-classes 和法文中的 bourgeoisie（资产阶级）统称为有产阶级。与之相对，"我也总是把工人（workingmen）和无产者，把工人阶级、没有财产的阶级和无产阶级当做同义语来使用"①。这一使用现象同样在《神圣家族》中得到体现。在这里不对工人和无产阶级在概念使用上进行区分，而是探讨恩格斯对工人作为无产阶级从《神圣家族》到《英国工人阶级状况》经历了哪些认识上的推进，从哪些方面进一步发展了无产阶级理论，以及这些探讨对社会主义现代化建设的现实意义。

## 一 恩格斯在《神圣家族》中对工人作为无产阶级存在的论述

众所周知，1789年的法国大革命开辟了世界资产阶级革命的历史潮流。然而，此次革命反映的却是处于领导地位的资产阶级利益，而不是成为革命主力军的第三等级利益。由于革命脱离了群众，最后革命的胜利果实被波旁王朝窃取。这个复辟的封建王朝采取加强言论管制、限制出版自由等反动措施，引起社会的普遍不满。资产阶级在1830年的七月革命中推翻波旁王朝，把立宪代议制作为实现他们特殊利益的政治形式。人民群众在资产阶级革命中并未获得真正的解放。与此同时，在1842~1843年的德国，《莱茵报》正处于普鲁士专制的淫威当中。马克思担任该报主编后，这份具有革命民主主义立场的报纸立即引起当局的绞杀。布鲁诺·鲍威尔看到群众对这场"精神大屠杀"采取的无动于衷的态度，这使他深信政治革命的道路走不通，只有返回哲学领域进行纯粹的批判，才能求得对现实问题的正解。

在同一时期，不管是掀起政治风暴的法国，还是正在挣脱思想樊笼的德国，群众都被卷入了历史变迁的洪流之中，却被掌权的资产阶级或封建势力仅仅当作不起眼的历史注脚。这正是以布鲁诺·鲍威尔为首的青年黑格尔派抨击当时的社会主义思潮，轻视群众、工人和一切从事物质生产活动的历史背景。

---

① 《马克思恩格斯选集》第1卷，人民出版社，2012，第86页。

埃德加·鲍威尔既是布鲁诺·鲍威尔的胞弟，也是思辨唯心主义的鼓动者。他对法国社会主义者的抨击在一定程度上反映了法国的革命浪潮对封建德国的冲击。蒲鲁东的小资产阶级社会主义思想在当时的法国如日中天。他在1840年发表的《什么是所有权或对权利和政治的原理的研究》中，从作为一般原理的角度论证穷人是所有权的产物，为了消灭贫穷，"所有权是不能存在的"①。比他稍大6岁的法国奇女子弗洛拉·特莉斯坦在1843年出版的《工人联合会》中这样谴责道："工人制造一切，生产一切，但是他们既没有权利，又没有财产，简单地说，一无所有。"② 弗洛拉从工人的视角对蒲鲁东否定所有权进行了肯定。然而，埃德加否认工人创造一切，认为工人一无所有是因为他们仅仅把工作当成谋生的手段。"他们之所以什么都没有制造，是因为他们的工作始终是为了满足他们自己的需要的某种单一的东西，是平凡的工作。"③ 这样埃德加就把工人看成只会通过工作来满足自己需要的人，这一需要只不过反映了一种永恒的自然现象；而没有深入工人生产的具体历史条件当中揭示他们既没有权利又没有财产的历史根源。

对此，恩格斯在《神圣家族》第四章第一节用"工人才创造一切"反驳"批判的批判"对工人的无视。

首先，恩格斯反对用"比工人的意识更强有力的意识"④ 解释现实。在批判工人的"单一性"时，埃德加·鲍威尔化身"批判"，认为工人所创造的东西都是可感知的、非精神的对象，无法超越现实事物所具有的特殊性，而与任何现实都相矛盾的"意识"才具有普遍性，才是"一切"。埃德加·鲍威尔在这里并非否定工人不具有创造性，而是否定工人只能创造平凡的东西，而无法创造真正的东西，所以工人什么也没有创造。很显然，"批判的批判"套用黑格尔哲学公式，"意识"就通过"批判"发挥了所创造的一切的作用，从而与工人相对立。黑格尔是反对把哲学家本人

---

① 〔法〕蒲鲁东：《什么是所有权》，孙署冰译，商务印书馆，1963，第186页。
② 《马克思恩格斯全集》第2卷，人民出版社，1957，第21页。
③ 《马克思恩格斯全集》第2卷，人民出版社，1957，第21页。
④ 《马克思恩格斯全集》第2卷，人民出版社，1957，第21页。

等同于"意识"的,因为他认为绝对精神只是在完成自我发展历程以后才作为事后的意识出现在哲学家的观念当中。所以恩格斯嘲讽"批判的批判"扭曲黑格尔哲学,"它是年老色衰、孀居无靠的黑格尔哲学"①,除了教条的"公式"便一无是处。

其次,恩格斯反对"批判的批判"把工人贬低为"无"。要想彻底驳倒"批判的批判",就要解决工人不是什么都没有创造,而是创造了一切的问题。对此,恩格斯进行了正面回应:"批判的批判什么都没有创造,工人才创造一切,甚至就以他们的精神创造来说,也会使得整个批判感到羞愧。"②他肯定工人是在生产劳动中创造了一切,包括作为财产的物质财富和作为权利的精神创造。只不过如弗洛拉所言,工人因被各个劳动部门分割开来无法生产完整的东西而被剥夺了产品和享有产品的权利,因此她号召成立"工人联合会"。恩格斯不仅主张要在生产中把劳动组织起来,更为重要的是强调要创造能消灭资本主义私有制症结的人,否则工人仍无法得到解放。

这就是恩格斯所说的"工人甚至创造了人,批判家却永远是不通人性的人〔Unmensch〕,然而,他的确对于自己是一个批判的批判家这一点感到一种内心的满足"③。恩格斯指出弗洛拉的"工人联合会"仍未解决工人一无所有的问题。因为她仍然是为了对付在工人身上存在的普遍贫困问题而号召工人组织起来劳动,仅仅停留在社会现象层面而没有认识到工人贫困完全是资本主义私有制导致的。为了真正让工人享有支配财产的权利,就要创造出旨在消灭资本主义私有财产关系的人。这是过着非人性生活的工人成为"人"的必然使命。"批判"却沉迷于"批评家"的身份当中,根本不在意工人的死活。

从恩格斯对工人的高度评价来看,他反对埃德加·鲍威尔等"批判"哲学家把"意识"当作永恒的自然现象,而把工人看成"无"。在恩格斯看来,问题的关键不在于抽象的思辨争论,而在于揭示工人创造一切却又

---

① 《马克思恩格斯全集》第2卷,人民出版社,1957,第22页。
② 《马克思恩格斯全集》第2卷,人民出版社,1957,第22页。
③ 《马克思恩格斯全集》第2卷,人民出版社,1957,第22页。

极端贫困的历史根源。仍需看到，虽然恩格斯肯定了工人，但主要是从哲学层面的批判来展开分析的。只不过在黑格尔那里，历史是服从于他的哲学；而"批判的批判家"却无视现实和人的历史；恩格斯的哲学批判恰恰是为了揭示历史的本质及未来趋势，其集中体现在《神圣家族》对无产阶级唯物史观的一个经典表述当中。

青年黑格尔派中的大多数人都是通过费尔巴哈哲学来克服黑格尔哲学的根本弊端的。因为费尔巴哈在"批判"所不齿的现实领域用"自然"取代了黑格尔的"精神"。恩格斯在《神圣家族》第六章第二节就指出费尔巴哈摧毁了黑格尔哲学的围墙，揭露了思辨体系的秘密，摧毁了作为"概念的辩证法"而为哲学家们所熟悉的"诸神的战争"，使人能用自己本身取代"无限的自我意识"，从而破除了观念史的羁绊，为理解人类史提供了新视角。正是费尔巴哈对人的感性特质的强调，使恩格斯在其唯物史观不断形成的过程中从现实入手对"人与历史的关系"作了如下表述："其实，正是人，现实的、活生生的人在创造这一切，拥有这一切并且进行战斗。并不是'历史'把人当做手段来达到自己——仿佛历史是一个独具魅力的人——的目的。历史不过是追求着自己目的的人的活动而已。"①

这一表达肯定历史是人的历史，由人来创造。在恩格斯看来，被"批判"所胡乱使用的"群众和精神的斗争"等范畴只不过是重新以"最可恶的形式"恢复了唯灵论，把历史看作自我意识在人世间的行走，而人被自我意识当作实现自己目的的手段和工具。与之相反，恩格斯认为历史是人在生活中创造出来的，是活生生的人在现实社会关系中生成了历史。这个结论是他自1842年11月到曼彻斯特"欧文-恩格斯公司"任职开始，深入英国工人阶级真实的生活中广泛收集第一手资料得出来的。联系恩格斯的社会调查研究和《神圣家族》中"批判"对工人持有偏见的反驳可知，他这里所说的"人"是指工人。还可得知，当时被恩格斯所重视的英国社会史是一部英国工业发展的历史，而创造这一历史的主体正是英国工人，并不是历史把工人当作手段，而是工人在工业领域所从事的物质生产劳动

---

① 《马克思恩格斯文集》第1卷，人民出版社，2009，第295页。

创造了历史。

一方面，为了反驳"批判"的唯心史观；另一方面，为了正面阐释他的唯物史观思想，恩格斯从以下方面对"绝对批判"进行了"第二次征讨"。

第一，在肯定费尔巴哈用"人"本身取代"无限的自我意识"之后，恩格斯并未停留于此，而是指出历史的本质正是人的活动，"历史不过是追求着自己目的的人的活动"。恩格斯把费尔巴哈的自然人解释为历史的人，即处于工业社会中从事工业活动的工人。这些在曼彻斯特和里昂等地工场中做工的人，通过生活于其中的生产活动满足自己的需要，通过具体的日常生活了解、衡量和估价自己，从而异常痛苦地感受到自己的创造活动与贫穷困苦处境的对立。然而，这种正在遭受"非人性的控制"的现实境遇还被"批判"痛骂为是作为"废物"的群众所应该承受的状况。无怪乎欣里克斯教授这样讥讽"群众"，"即使他们想要改变自己，也不可能做到这一点"①。然而，正是"批判"瞧不起的人创造着恩格斯所强调的历史诞生地。

第二，恩格斯从"人是本质、是人的全部活动和全部状况的基础"②出发揭示工人作为无产阶级的存在状况。与"批判"正好相反，"恩格斯并没有根据自己的思想去剪裁历史事实"③，而是把对历史的理解建立在对既有事实的亲身观察以及可靠分析的基础之上。他在直接接触工人的过程中，从造成他们生活疾苦的现象入手考察工人"无产"的原因。例如，从工人生产产品却不能重新购买自己的产品等现象出发探究无产阶级的历史境况，号召工人联合起来争取作为工人和人的双重需要。"批判"却在恩格斯重视的领域无视工人的存在，不把工人当作真正的人，而是抨击工人只关心自己的"思维"，只为索取报酬而活。在"批判"的眼里，工人只是抽象的存在物，只不过反映为谋生而存在的一种永恒的自然现象，于是低于"精神"的"群众"自然就要被"批判"所摒弃。

---

① 《马克思恩格斯文集》第1卷，人民出版社，2009，第296页。
② 《马克思恩格斯文集》第1卷，人民出版社，2009，第295页。
③ 舒小昀：《材料与社会调查分析——从材料角度分析〈英国工人阶级状况〉》，《马克思主义研究》2009年第7期。

第三，恩格斯认为无产阶级通过摆脱"精神"与"群众"的抽象斗争，就超越了"批判"对过去全部历史的把握。"批判"之所以要把过去全部历史的"目的"解释为"精神"与"群众"的斗争，是因为"精神"才是历史中真理性的东西，而"群众"只是"纯粹的无"。这样在把握历史时就只需要关注思维和意识，而不需要在意存在与生活。然而，这样的解读无视了历史中活生生的人的存在。问题的关键还在于，它无情地抹杀了两大阶级身上所存在的经济上的剥削与被剥削、政治上的统治与被统治、生活中的骄奢淫逸与贫穷困苦之间的差别，以至于不能用实际的行动和具体的方式消灭这种差别就无法使群众在存在中，"在生活中真正成其为人"[1]。

综观恩格斯在哲学问题上对费尔巴哈的褒誉和对"批判"的鞭挞，可以看出他对"批判"玩弄抽象哲学概念的否定，以及对费尔巴哈用"人"来结束哲学上无谓战争的肯定。虽然恩格斯充分肯定费尔巴哈对黑格尔"体系"秘密的揭露，但是他并没有止步于费尔巴哈人本学唯物主义，而是将"人的关系的现实丰富性""历史的惊人的内容""人的意义"[2] 转换为对英国工人状况的亲自调查、对资本主义发展影响的实证分析，表明恩格斯早已冲破思辨哲学的空谈泛论，自觉地把感性的人放到具体历史条件下的微观社会关系当中来研究。

## 二 恩格斯在《英国工人阶级状况》中对工人作为无产阶级存在的认识深化

恩格斯在完成所承担的《神圣家族》内容后，就返回巴门开始《英国工人阶级状况》的写作工作，一直持续到1845年3月。如果说恩格斯和马克思在不久前以哲学的方式通过批判思辨唯心主义为工人的独立运动扫清了理论上的障碍，那么接下来"他们将各自阐述自己对现代哲学和社会学说的态度"[3]。这就是马克思经由《关于费尔巴哈的提纲》、恩格斯经由

---

[1] 《马克思恩格斯文集》第1卷，人民出版社，2009，第273页。
[2] 《马克思恩格斯文集》第1卷，人民出版社，2009，第294页。
[3] 〔德〕弗兰茨·梅林：《马克思传》，樊集译，人民出版社，1965，第140页。

《英国工人阶级状况》，并最终汇合于《德意志意识形态》的对历史唯物主义"新世界观"初步系统的阐发。

其中，恩格斯在《英国工人阶级状况》中立足于经济批判对英国工人的社会苦难和道德败坏进行了细致描述和深刻剖析，然而这并非该书的主要价值，因为《神圣家族》同样对工人的悲惨处境发出了呐喊，并作了哲学上的批判。恩格斯的主要贡献在于，他通过对工人状况的实际考察不仅说明了资产阶级上升的历史必然性，而且指出了它灭亡的不可避免性；不仅指出工人成为无产阶级的历史原因，而且说明了它解放自己的世界历史意义。在无产阶级身上体现的历史辩证法正是《英国工人阶级状况》中唯物史观思想的集中呈现。

### （一） 工人成为无产阶级的原因

#### 1. 产业革命最重要的产物是英国无产阶级

产业革命发端于18世纪后半叶的技术革新。1764年，珍妮纺纱机的发明增加了织工的工资，使他们抛弃农业生产而专门织布，工场手工业开始取代农业。之后的资本家利用水力和机械发动改进棉花加工机，不仅在工农业领域制造了大量无产阶级，而且使工厂生产方式在棉纺业中牢牢占据统治地位。更为要紧的是，由于发明的日新月异，机器劳动在英国工业各主要部门都完胜手工劳动，一方面带来"资本和国民财富迅速增长；另一方面是无产阶级的人数更加迅速地增长"[①]。此外，工业的迅猛发展使水陆交通建设活跃起来，加速了资本的聚集效应。人类历史上的第一条铁路于1830年从利物浦开往曼彻斯特。蒸汽还让使用轮船的英国港湾成为世界货物贸易的集散地。产业革命彻底终断了工人变成有产者的可能，使工人作为无产者第一次真正成为绝大多数英国人中的稳定阶级。

#### 2. 作为产业革命的产物，大城市参与了工人阶级的"塑造"并成为他们成长的"见证人"

产业革命不仅形成了无产阶级，还催生出以工厂为中心的大城市，这就决定了每一个生活在大城市的人都被资本所支配。恩格斯以爱丁堡为

---

[①] 《马克思恩格斯选集》第1卷，人民出版社，2012，第92页。

例，指出为占有资本而进行的生产使"新市区里的贵族区的富丽堂皇和住在旧城的穷人们的肮脏贫穷也成了一个惊人的对比"①。在大城市，工人存在的物理空间是贫民窟，如伦敦著名的"乌鸦窝"，"贫穷、肮脏和恶劣的环境所给予他们的足以使德行败坏的影响"②。大城市不仅通过产业布局影响着工人的数量、构成和分布，还使工人被当作任意蹂躏的物件，使他们维持正常生活的手段下降到人类的最低阶段，从而把他们塑造成道德败坏的人。正因为工人在大城市无家可归，就促使他们不得不进行反抗，从而让大城市变成见证无产阶级发展壮大的社会空间。

3. 竞争加速工人向无产阶级的转变

产业革命使周边人口向大城市集中，不仅把失地农民变成无产者，然后把他们赶到大城市成为产业工人；而且把资本集中到少数人手中，使小资产阶级濒临破产。为了争夺生活资料，不仅在资产者之间存在竞争，而且工人彼此也在激烈竞争，表现为机器织工与手工织工之间的竞争，就是在手工织工之间也存在失业或低工资与有工作或高工资的竞争。竞争导致的低成本使"工人彼此间的这种竞争对于工人来说是现代各种关系中最坏的一面"③，造成"工人之间的竞争一般总是胜过争夺工人的竞争"④。加上资产所有者不以直接满足需要为目的而以赚钱为目的的生活资料的生产和分配所导致的商业危机，使工厂倒闭而让工人成为"过剩人口"，加剧了一切人反对一切人的战争。

恩格斯从资本主义生产方式入手对竞争的分析，揭示了工人在困苦状况中必然要反抗的社会原因。资产阶级理论家马尔萨斯却断言，工人总是多于现有生活资料所能养活的人，因此就要通过失业、贫困及其引起的疾病来消灭人口的"过剩"。这就让他远远不及恩格斯对问题分析的深度、穿透历史的厚度和认识上所取得的理论高度。

4. 爱尔兰移民使工资大大降低并造成工人阶级状况的恶化

恩格斯认为爱尔兰移民不仅极大地降低了英国工人的工资，还使工人

---

① 《马克思恩格斯全集》第2卷，人民出版社，1957，第314～315页。
② 《马克思恩格斯全集》第2卷，人民出版社，1957，第308页。
③ 《马克思恩格斯全集》第2卷，人民出版社，1957，第360页。
④ 《马克思恩格斯全集》第2卷，人民出版社，1957，第366页。

阶级状况急剧恶化。一方面，爱尔兰人为了挣高工资成批迁移到英格兰，用比其他人都低的工资排挤掉本地工人。根据宪章派托马斯·卡莱尔的调查，"不大文明的爱尔兰人不是凭着自己的长处，而是凭着自己的短处把本地的英格兰人排挤出去，占据了他们的位置"①。另一方面，低工资意味着生活水平和日常需要的低下，不仅破坏了城市工人区原有的生活环境，还恶化了英格兰工人的道德环境。恩格斯发现爱尔兰人不仅肮脏、酗酒，"还带来了英格兰从前所没有的赤脚走路的习惯"②。"爱尔兰人的那种正是在肮脏环境中才觉得舒服的性格"③给英格兰工人带来了生活和道德上的恶劣后果，尤其是在偷窃犯罪中，被卷入道德堕落漩涡里面的人"大多数是爱尔兰人或爱尔兰人的后代"④。

### （二）从无产阶级到工人运动

恩格斯通过对上述四个方面的考察，不仅对工人作为无产阶级存在的社会历史原因进行了实证分析，更为重要的是，在进行历史唯物主义的辩证分析过程中对资本主义生产方式进行了相当透彻的把握，进而指出"幸而这个阶级的生活状况给了他们一种实际的教育"⑤，"甚至还把工人置于英国全民族运动的前列"⑥。

产业革命、大城市、竞争、爱尔兰移民不仅导致工人成为无产阶级，而且造就了"英国无产阶级的状况所必需的"⑦工人运动。工人运动对工人作为无产阶级的塑造是通往人的解放的必经之路⑧。资产阶级对无产阶级压迫最深重、最残酷的时期就是《英国工人阶级状况》所描述的资本主义历史发展的早期。为了完成后来马克思在《资本论》中提出的资本原始积累过程，资产阶级利用国家政权和手中财富维护本阶级的利益。只有把

---

① 《马克思恩格斯全集》第 2 卷，人民出版社，1957，第 375 页。
② 《马克思恩格斯全集》第 2 卷，人民出版社，1957，第 350 页。
③ 《马克思恩格斯全集》第 2 卷，人民出版社，1957，第 313～314 页。
④ 《马克思恩格斯全集》第 2 卷，人民出版社，1957，第 308 页。
⑤ 《马克思恩格斯文集》第 1 卷，人民出版社，2009，第 427 页。
⑥ 《马克思恩格斯文集》第 1 卷，人民出版社，2009，第 427 页。
⑦ 《马克思恩格斯选集》第 1 卷，人民出版社，2012，第 105 页。
⑧ 刘秀萍：《作为"阶级"存在的工人：命运及其解放——重读〈英国工人阶级状况〉》，《马克思主义理论学科研究》2020 年第 4 期。

工人当作物件和自己的财产，资产阶级才能实现追求金钱的本性。工人"在这种状况下，无论是个人或是整个阶级都不可能像人一样地生活、感觉和思想"①，因此在"英国正进行着公开的社会战争"②，即通过工人运动对资产阶级的反抗。

恩格斯指出工人运动在产业革命开始不久就出现了。工人起初的反抗形式是单纯的犯罪，即通过暴力反抗对机器的使用。1844年6月的波希米亚印花布工骚动就是典型。这种斗争形式并未破坏作为整体的资本主义生产关系，导致所取得的局部胜利成为转瞬即逝的过往。1824年托利党基于政治斗争需要拉拢工人阶级，在其控制的寡头议会中通过了允许工人自由结社权利的法律，很快导致全英国各个劳动部门都成立了工会（trades-unions）。工会使工人作为一个整体力量与雇主谈判，竭力保护工人的待遇和工资不受侵害。然而，工会只能在个别的、局部的问题上起到一些作用，对工人罢工失败的支援往往显得无能为力。其中一个重要原因是当时的法律是资产阶级为工人准备的"鞭子"，法律是维护资产阶级利益的工具。于是无产阶级就要求制定能发出自己声音的法律，这就是宪章运动。它之所以成为工人反抗无产阶级最为集中的体现，是因为它使整个工人阶级首次向资产阶级政权发起了法律上的进攻，用无产阶级的法律取代资产阶级的法律。为了实现这一目标，"宪章派号召人民武装起来，有时甚至号召他们起义"③。虽然宪章运动后来由于资产阶级的围剿和工人政治斗争的不成熟而转入低潮，却充分体现出工人所具有的阶级意识与政治能动性，在英国工人运动史上留下了浓墨重彩的一笔。

在恩格斯看来，工人运动是对作为"奥吉亚斯牛圈"的大城市中非人状况的一种"清理"。工人不仅生活在肮脏的资本主义工业大城市中，与制造传染病的猪、牛等牲畜住在一起，这种生活还是充满了酗酒、卖淫、偷窃等道德堕落的罪恶世界；而且资产阶级非但不在道义上承担责任，还指责工人是由于自身恶习才造成了贫穷。恩格斯引用了资产阶级报刊《曼彻斯特卫

---

① 《马克思恩格斯全集》第2卷，人民出版社，1957，第500页。
② 《马克思恩格斯选集》第1卷，人民出版社，2012，第105页。
③ 《马克思恩格斯选集》第1卷，人民出版社，2012，第121页。

报》一位资产阶级太太的来信。她理直气壮地认为："我为慈善事业花了这么多钱，我就买得了不再受你们打扰的权利，而你们就得待在自己的阴暗的洞穴里，不要公开暴露你们的那副穷相来刺激我的脆弱的神经!"① 资产阶级在剥削的同时还尽量使工人远离自己。工人如果不彻底推翻这个伪善的世界，就只能自取灭亡。然而，这种对立愈尖锐，工人中的无产阶级意识也就愈发展。在英国工业的主要地带，同时也是宪章运动的中心——郎卡郡，尤其是在郎卡郡的曼彻斯特，这里的棉纺织工人已经成为英国工人运动的核心力量。英国工人运动表明无产阶级反抗资产阶级的历史态度。

《英国工人阶级状况》的最后一章指出，工人运动不单纯是工人的事业，更是全人类的事业。工人运动是无产阶级作为一个整体同作为当权者的资产阶级的斗争。尤其是商业危机会致使无产者按照几何级数增加起来，加速这两个阶级之间的斗争。工人运动的发展就取决于无产阶级的发展壮大。然而，无产阶级并不单纯是为自己争取解放。它所接受的共产主义思想愈多，它就愈超越报复的阶级局限性，而朝着比憎恨资产阶级更进一步的全人类事业发展。"在原则上，共产主义是超越资产阶级和无产阶级之间的敌对的；共产主义只承认这种敌对在目前的历史意义，而不承认它在将来还有存在的必要；共产主义正是要消除这种敌对。"② 可见，恩格斯已经看到，工人运动作为全人类解放事业的杠杆，其未来出路就在于使全体无产阶级共产主义化。这正是他和马克思在1847年12月合写《共产党宣言》核心思想的先声。

### 三 无产阶级理论的进一步发展及其现实意义

恩格斯在《神圣家族》第一章就曾用"订书匠"形容赖哈特，指出他虽指责文尼格尔对工人贫穷问题讨论不够却也陷入抽象思辨争论的"噗喳"③。恩格斯正是在批判这种不切实际的空论时，揭示出工人才是变革现

---

① 《马克思恩格斯文集》第1卷，人民出版社，2009，第479页。
② 《马克思恩格斯文集》第1卷，人民出版社，2009，第497页。
③ 恩格斯摘录赖哈特在《文学总汇报》评论中的话："它的话语像鸽子一样，噗喳！噗喳！"当赖哈特用"噗喳"指责文尼格尔时，殊不知也犯了"噗喳"的毛病。《马克思恩格斯全集》第2卷，人民出版社，1957，第11页。

实生活的真正力量。"意识"确实不能解决工人的贫困问题①，只有深入工人所从事的物质生产领域，才能正确揭示工人贫困的根源及其所处的社会地位和所要肩负的历史使命。这正是《英国工人阶级状况》的全部内容。《英国工人阶级状况》把《神圣家族》中作为无产阶级的工人存在实证化了。

（一）《英国工人阶级状况》对《神圣家族》作为"阶级"的工人进行了实证分析

首先，恩格斯通过深入物质生产领域探究英国工人阶级状况，从实证研究上继续对思辨唯心主义进行反驳。恩格斯从产业革命入手，以英国工人阶级为研究对象，对英国自1764~1845年的经济、政治、社会和道德等问题进行分析，尤其是从工人劳动对社会发展的决定性作用出发，指出工人的历史地位和使命问题，从而超越了当时盛行于西欧的观念论和人性论，让他从作为无产阶级的工人身上看到了未来发展出路。所以恩格斯在《英国工人阶级状况》序言中开门见山地强调："工人阶级的状况是当代一切社会运动的真正基础和出发点。"②

其次，从对历史唯物主义方法的具体使用来看，在《神圣家族》中，恩格斯对脱离现实生活的抽象思辨作了哲学批判；在《英国工人阶级状况》中，他对资产阶级剥削无产阶级的状况进行经济批判，从而独立通往历史唯物主义。马克思是通过《1844年经济学哲学手稿》把德国古典哲学的异化概念上升为异化劳动理论而通往共产主义；通过《神圣家族》《关于费尔巴哈的提纲》《德意志意识形态》批判历史上的唯心主义，尤其是德国的观念论而向历史唯物主义进发的。恩格斯的转变更多的是立足对资产阶级政治经济学的批判和对资本主义社会的现实分析。他在《国民经济学批判大纲》中就通过揭露资本主义生产方式的矛盾，提出变革现存社会关系的主张；继而在《英国工人阶级状况》中通过对英国工人阶级的实证研究，证实了无产阶级肩负的历史使命。

---

① 刘秀萍：《思想的剥离与锻造〈神圣家族〉文本释读》，中国人民大学出版社，2018，第356页。

② 《马克思恩格斯选集》第1卷，人民出版社，2012，第84页。

最后，恩格斯对无产阶级境况"完备的典型的形式"研究使他超越了在《神圣家族》中对费尔巴哈的评价，比马克思要更早地在理论上与费尔巴哈决裂。① 在《神圣家族》中，恩格斯还赞誉费尔巴哈用"自然的人"打败了"自我意识的人"；在《英国工人阶级状况》中，恩格斯就用"现实生活中活生生的工人"击溃了仍停留于概念层面的费尔巴哈的"抽象的人"，比马克思在《关于费尔巴哈的提纲》中对费尔巴哈的批判要早。《英国工人阶级状况》还使恩格斯更早地将理论重心转向对社会历史的实证研究。恩格斯在《国民经济学批判大纲》和《英国工人阶级状况》中从私有财产作为生产关系总和的高度论证了工人运动的必然性。事实也证明，他所倚重的工人运动在世界范围内不断推进了历史的前进，日益呈现自身所具有的世界历史意义。

**（二）无产阶级理论的进一步发展**

正是他和马克思以无产阶级作为推动社会历史发展的一条重要线索进行考察，才进一步在《共产党宣言》中阐发了"两个必然"思想，在《政治经济学批判〈序言〉》中论述了"两个决不会"思想，在《资本论》中通过揭示剩余价值规律对工人贫困和无产阶级的根源作了更深刻、更充分的解释和论证，使无产阶级理论更加科学化。

1. "两个必然"和"两个决不会"思想对无产阶级理论的进一步丰富

恩格斯和马克思在《神圣家族》中对工人存在现状的论述在《英国工人阶级状况》中被实证调查研究的科学方法所证实。1831 年和 1834 年法国的里昂工人发动了反抗阶级压迫的起义运动，1842 年英国的无产阶级通过宪章运动展开了独立的政治斗争，1844 年德国的西里西亚纺织工人爆发了打击工场主的革命活动。无产阶级作为一支独立的政治力量登上历史舞台。但是这三次起义均遭到资产阶级的残酷镇压而以失败告终，一个关键性原因是缺乏科学理论的指导。马克思、恩格斯在正义者同盟的请求下，将其改组为共产主义者同盟，《共产党宣言》作为党纲宣布了第一个国际

---

① 邓婕林：《恩格斯〈英国工人阶级状况〉的理论贡献》，《马克思主义理论学科研究》2020 年第 5 期。

性共产党的指导思想、理论观点和奋斗目标。它明确指出："一切社会的历史都是阶级斗争的历史"①,"资产阶级的灭亡和无产阶级的胜利是同样不可避免的"②,揭示了无产阶级在革命斗争的历史进程中推动人类社会从资产阶级社会到共产主义社会前进的历史发展规律。

在《政治经济学批判〈序言〉》中,马克思从生产力决定生产关系、经济基础决定上层建筑的原理出发论证了人类历史发展的一般规律。"无论哪一个社会形态,在它所能容纳的全部生产力发挥出来以前,是决不会灭亡的;而新的更高的生产关系,在它的物质存在条件在旧社会的胎胞里成熟以前,是决不会出现的。"③ 也就是说,资产阶级社会的生产力蕴含着解决阶级斗争的物质条件,无产阶级所能提出的任务就是在资本主义充分发挥其生产能力的基础上建立一个全新的社会形态——共产主义社会。这就需要对资产阶级社会的经济运动规律进行分析。

2.《资本论》使被遮蔽的资产阶级社会问题得到科学化论证

《神圣家族》曾指出无产阶级的"目标和它的历史使命已经在它自己的生活状况和现代资产阶级社会的整个组织中明显地、无可更改地预示出来了"④。恩格斯在《英国工人阶级状况》中并没有停留在仅仅使资产阶级社会所存在的阶级对立问题暴露出来,还通过对工人作为无产阶级的原因进行实证分析得出,资本主义私有制才是在社会中造成一个阶级无产的根本原因,从而明确了无产阶级革命意识及其所具有的政治能动性的来源。在《资本论》中,马克思揭示了资本家无偿占有工人剩余价值的秘密,暴露出资本家积累财富与工人生活赤贫之间关系的根源,从而为工作条件恶劣、生活状况贫困的工人阶级发声,展现了他关切底层群众疾苦的社会情怀,为认识和批判资产阶级社会的剥削现象打开了一扇全新的"窗户"。

国民经济学家们看到了自由竞争对创造社会财富的巨大意义,也看到了价值是劳动创造的,但是他们没有抓住劳动的二重性,即区分出抽象劳

---

① 《马克思恩格斯选集》第1卷,人民出版社,2012,第400页。
② 《马克思恩格斯选集》第1卷,人民出版社,2012,第413页。
③ 《马克思恩格斯选集》第2卷,人民出版社,2012,第3页。
④ 《马克思恩格斯文集》第1卷,人民出版社,2009,第262页。

动和具体劳动,也就找不到剩余价值存在的秘密。"资本只有一种生活本能,这就是增殖自身,创造剩余价值,用自己的不变部分即生产资料吮吸尽可能多的剩余劳动。"① 这样马克思就指出劳动力商品具有的特殊性,即其使用价值可以通过延续劳动时间或提高劳动强度来继续创造价值,这是其他一切商品都不具有的特性。他还在商品的流通环节和资本主义生产总过程中指出,生产的社会化与生产资料的私人占有之间的矛盾必将导致资产阶级社会运行模式的不可持续性。这是国民经济学达不到的高度,也为通过无产阶级运动促使社会主义从理想变成现实提供了科学论证。

没有马克思在《资本论》中对资本与劳动关系的分析和对资产阶级社会赖以运行的社会关系的科学揭示,建立在资本主义生产方式基础上的资产阶级社会的矛盾性、历史局限性和暂时性就无法被科学地揭示出来,全世界无产阶级联合起来进行反抗的斗争就没有科学的理论支撑,全人类联合起来走向自觉的历史进程将会大大推后。

**(三) 无产阶级理论的新时代意义**

在党的十九届六中全会通过的《中共中央关于党的百年奋斗重大成就和历史经验的决议》中,党中央立足21世纪中国人的现实生活提出的让广大人民群众过上美好生活的目标,就是要在解决绝对贫困人口问题的基础上实现国家富强和人民幸福。运用无产阶级理论分析和总结党的百年奋斗重大成就和历史经验,是马克思主义中国化研究的现实要求,对于坚持以人民为中心的发展思想、创造人民美好生活、实现中华民族伟大复兴具有重要的现实指导意义。

首先,坚持以人民为中心的发展思想是自觉运用无产阶级理论把握新时代中国社会主要矛盾的必然要求。运用无产阶级理论把握社会矛盾运动规律,我们才能更好地通过解决社会主要矛盾来实现人的解放和全面发展。在中国特色社会主义现代化建设的历史进程中,党的八大指出当时的主要矛盾是"人民对于建立先进的工业国的要求同落后的农业国的现实之

---

① 《马克思恩格斯文集》第5卷,人民出版社,2009,第269页。

间的矛盾"①，党的十一届六中全会指出社会主义改造完成后的矛盾是"人民日益增长的物质文化需要同落后的社会生产之间的矛盾"②，党的十九大报告指出新时代"我国社会主要矛盾已经转化为人民日益增长的美好生活需要和不平衡不充分的发展之间的矛盾"③。以人民为中心的发展思想始终是解决不同历史阶段社会主要矛盾的核心主张。正是由于发展思想是以人民为中心，我们才得以成功开辟出一条中国特色社会主义的崭新道路，使社会主义现代化建设充满生机活力。

其次，无产阶级理论抓住了创造历史的主体，创造人民美好生活就要坚持人民主体地位，带领人民不断为实现美好生活而奋斗。无产阶级理论把工人阶级从作为资产阶级社会的"背景"转变为"主角"，使整个资产阶级社会被迫开始正视作为一个阶级整体而存在的工人的状况，对新时代我国在解决贫困问题的基础上创造人民美好生活具有重要现实启示。党的十八大以来，全国脱贫攻坚战取得了历史性成就，"近一亿农村贫困人口实现脱贫，九百六十多万贫困人口实现易地搬迁，历史性地解决了绝对贫困问题，为全球减贫事业作出了重大贡献"④。人民向往的美好生活在解决绝对贫困问题和全面建设小康社会的进程中不断变成现实。

最后，新时代实现中华民族伟大复兴要继续坚持和发扬无产阶级理论。在近代中国，工人运动与无产阶级理论相结合，在1921年的7月孕育出了中国共产党，自从有了中国共产党，中国革命事业才抓住了近代社会帝国主义和中华民族、封建主义和人民大众之间的主要矛盾。中国共产党于1949年建立了以工人阶级领导的、以工农联盟为基础的人民民主专政的国家政权，实现了民族独立和人民解放，为社会主义国家的发展创造了条件。无产阶级理论使中国人看到不同于资产阶级世界的社会主义新世界。这个新世界不是贫穷的旧世界，"穷困潦倒的世界是从资产阶级的世界中释放出来的，是资产阶级世界的表达，是资产阶级世界的内在必然性，是

---

① 《建国以来重要文献选编》第9册，中央文献出版社，1994，第341页。
② 《十五大以来重要文献选编》中卷，中央文献出版社，2001，第979页。
③ 《习近平著作选读》第2卷，人民出版社，2023，第9页。
④ 习近平：《高举中国特色社会主义伟大旗帜　为全面建设社会主义现代化国家而团结奋斗——在中国共产党第二十次全国代表大会上的报告》，人民出版社，2022，第7~8页。

资产阶级世界外化了的本质,所以,穷困潦倒的世界依然内在于资产阶级的世界"①。实现中华民族伟大复兴,就是在全面建成小康社会的基础上,建设一个不同于资产阶级世界的社会主义新世界,进而在21世纪中叶全面建成社会主义现代化强国,把中国建成一个富强民主文明和谐美丽的社会主义现代化国家。

## 第三节 无产阶级运动:从社会历史到社会心理的反思——基于《神圣家族》与《乌合之众》的比较

党的十九届六中全会审议通过的《中共中央关于党的百年奋斗重大成就和历史经验的决议》明确提出:"党的最大政治优势是密切联系群众,党执政后的最大危险是脱离群众。"② 群众史观不仅是马克思主义的一个基本原理,而且是唯物史观得以形成的一个基本支柱,在《神圣家族》中首先得到系统阐发。在他们的这部早期著作里,不仅首次提出群众创造历史的历史唯物主义基本原理,奠定了他们一起投身无产阶级革命事业的思想基础,而且开启了他们长达40年的共同奋战和伟大友谊。古斯塔夫·勒庞(1841~1931)比马克思(1818~1883)小23岁,比恩格斯(1820~1895)小21岁。他不仅和马克思、恩格斯一样,一生的大部分时间都在经历欧洲工人运动的蓬勃发展,感受着无产阶级抗争的时代呼声,还比马克思、恩格斯更加关注群体社会心理对个人的影响,这使他在资产阶级启蒙运动之后开辟出一条与马克思、恩格斯不同的研究现实的人的路径。关注勒庞在《乌合之众》(1895年首次出版)中对群体社会心理的探讨有助于我们更好地把握马克思主义群众史观和无产阶级理论。因此,本书尝试将马克思、恩格斯与勒庞进行比较,将勒庞对无产阶级的现实观照与马克思、恩格斯的革命理论结合起来,推动对同一问题认识的不断深化,以期

---

① 〔法〕亨利·列斐伏尔:《日常生活批判》,叶齐茂、倪晓晖译,社会科学文献出版社,2018,第9页。
② 《中共中央关于党的百年奋斗重大成就和历史经验的决议》,人民出版社,2021,第66页。

为中国特色社会主义现代化建设提供思想指导,夯实新时代的群众观基础。

## 一 时代的历史呼声与理论同向

珍妮纺纱机于1764年在英国的出现拉开了人类历史上的第一次产业革命的序幕。这种棉花加工机带来了英国工业的巨大进步,也使英国无产阶级第一次成为社会上的一个稳定阶级。他们是创造社会财富的劳苦大众,却不能依靠自己的劳动改变无产的命运,在通往有产的道路被堵上之后,他们只能依靠自己的力量进行抗争才有可能获得解放。风起云涌的无产阶级运动不仅发生在英国,也以政治革命的面貌出现在19世纪的法国。

1. 无产阶级运动的历史呼声

马克思、恩格斯明确指出无产阶级的社会历史作用,很大原因是对以布鲁诺·鲍威尔为首的青年黑格尔派对当时一切群众活动怀有不屑一顾蔑视态度的批判。后者以《文学总汇报》为批判阵地,宣扬"精神"与"群众"的对立,认为"历史上的一切伟大的活动之所以一开始就是不合时宜的和没有取得富有影响的成效,正是因为群众对这些活动表示关注和怀有热情"[①]。这种把群众视为历史消极因素和试图一笔抹杀群众作用的做法引起了马克思、恩格斯的愤慨。马克思驳斥"绝对的批判"离开人的现实"利益"空谈历史,而且想用"思想""观念"取代"群众",却不知"历史活动是群众的活动,随着历史活动的深入,必将是群众队伍的扩大"[②]。恩格斯深入英国工人阶级的日常生活,通过亲身观察和可靠资料对马克思的观点进一步确证。他指出:"批判的批判什么都没有创造,工人才创造一切,甚至就以他们的精神创造来说,也会使得整个批判感到羞愧。"[③]马克思、恩格斯不仅反驳了利用"群众"这一对立面来鼓吹"精神"的做法,而且对群众创造历史的观点进行了正面阐述,表达了无产阶级运动的历史呼声。

---

① 《马克思恩格斯文集》第1卷,人民出版社,2009,第286页。
② 《马克思恩格斯文集》第1卷,人民出版社,2009,第287页。
③ 《马克思恩格斯全集》第2卷,人民出版社,1957,第22页。

勒庞在1895年对群体社会心理进行分析时，就已经历了普法战争、巴黎公社工人运动等重大历史事件。他基于对这些事变的观察，认为无产阶级正作为一种民主力量在欧洲迅速崛起。这是工业革命和技术发明给社会生活带来的一种全新变化。当古老的封建信仰和社会支柱不断坍塌后，在民主和社会主义观念的普及过程中，无产阶级成为无可匹敌的社会势力。因此他说，"我们就要进入的时代，千真万确将是一个群体的时代"[①]。在这一点上，他和马克思、恩格斯的看法是一致的。无产阶级不仅帮助资产阶级推翻了欧洲各君主国的专制统治，还成为能够撼动资产阶级地位的革命力量。这让勒庞感到，决定各民族命运的地方再也不是受资产阶级控制的国家议会，而是在作为无产阶级的大众心中。无产阶级一旦进入政治生活，势必要成为统治阶级，自己翻身做主人。

可见，勒庞和马克思、恩格斯一样都敏锐地感知到了这个时代的呼声。他们能够认识到无产阶级时代的到来，源自他们对当时社会问题的客观真实的思考。

2. 无产阶级时代的理论同向

马克思、恩格斯是在与当时充斥在德国思想界的唯心史观进行论战的过程中指出无产阶级的社会历史作用的。勒庞在很大程度上是对无产阶级运动为什么没有取得马克思、恩格斯所期待的革命胜利的现象进行描述和分析。不管是马克思、恩格斯还是勒庞，都看到了无产阶级运动的历史意义及其不足，旨在改变无产阶级在资产阶级历史中进行阶级斗争的被动局面。他们对无产阶级时代的到来都具有敏锐的洞察和精准的判断，从这一意义上来说，他们的理论内容虽各不相同，但都是对无产阶级时代的理论建构，具有理论上的同向性。

在不同侧重点上，马克思、恩格斯对"批判的批判"聚焦工人们的"思维"展开批判这一做法进行了专门回应。埃德加·鲍威尔认为工人的思维只顾及自己，只要转变这种思维，用"纯粹的思维"取而代之，就可以使他们摆脱屈辱地位。马克思指出工人只有用具体实际的方法消灭这种

---

① 〔法〕古斯塔夫·勒庞：《乌合之众》，冯克利译，中央编译出版社，2004，第2页。

思维与存在、意识与生活的差别，才能同时在精神和现实中都真正成为人。马克思不仅用革命的理论指引工人们"现实地改变自己的现实存在、改变自己存在的现实条件"①，还号召工人用革命的实践改变现实生活，这也是恩格斯对"历史不过是追求着自己目的的人的活动"②的现实总结，这里的人指的就是在物质生产活动中创造出资本主义工业历史的工人们。工人创造了这一切，却被埃德加归结为一种思维范畴。通过消灭自我异化的这些产物解放自己，是"群众的社会主义和共产主义"的现实要求。因此马克思明确指出，身为无产阶级并不在于它暂时提出了什么样的目标，而在于它在历史上有什么样的作为。无产阶级不消灭一切非人性生活条件就无法最终解放自己。"它的目标和它的历史使命已经在它自己的生活状况和现代资产阶级社会的整个组织中明显地、无可更改地预示出来了。"③

勒庞的关注点是无产阶级在集体革命中的破坏作用，这种破坏作用导致无产阶级革命无法在资产阶级社会中取得胜利。勒庞认为，"如果以为群体中的革命本能处在主导地位，那就完全误解了它们的心理"④。巴黎群众在1792年9月冲入监狱杀死了许多被囚禁的僧侣和贵族，就展现出群体的专横、偏执、野蛮和破坏性的本能。"九月惨案"不仅表明群众受到这种群体心理无意识的支配，而且暴露出群众完全缺乏基本的批判精神的问题。群众为什么无法辨认真假，或者对身边事物形成正确的判断？他认为，这是由于"群体所接受的判断，仅仅是强加给它们的判断，而绝不是经过讨论后得到采纳的判断"⑤。那么，是谁把意志强加到群体的身上？是具有实干家精神的群体领袖。他举出拿破仑让身边人为他自愿献身的例子，"拿破仑对和他接触过的所有人，都能产生这种神奇的影响"⑥，为他宣扬英雄史观作论证。他认为，"创造和领导着文明的，历来就是少数知识贵族而不是群体。群体只有强大的破坏力。他们的统治永远无异于一个

---

① 《马克思恩格斯文集》第1卷，人民出版社，2009，第274页。
② 《马克思恩格斯文集》第1卷，人民出版社，2009，第295页。
③ 《马克思恩格斯文集》第1卷，人民出版社，2009，第262页。
④ 〔法〕古斯塔夫·勒庞:《乌合之众》，冯克利译，中央编译出版社，2004，第27页。
⑤ 〔法〕古斯塔夫·勒庞:《乌合之众》，冯克利译，中央编译出版社，2004，第37页。
⑥ 〔法〕古斯塔夫·勒庞:《乌合之众》，冯克利译，中央编译出版社，2004，第96页。

野蛮阶段"①。

这就产生出一个争论，既然马克思、恩格斯已经在《神圣家族》中对所谓的英雄史观进行了彻底的哲学批判，为什么这一主张又在《乌合之众》中死灰复燃？无产阶级如何才能挣脱群体领袖强加在自己身上的误导性影响？无产阶级运动如何才能从自发走向自为，使自己真正成为解放自己的现实力量？

## 二 从自发走向自为的无产阶级运动

英雄史观没有认识到群众通过被组织起来，可以成为革命中的无产阶级。虽然马克思、恩格斯对英雄史观进行了哲学批判，但在革命实践中，理论仍需通过掌握群众才能变成物质力量。这里的掌握群众就是使群众具备理性的阶级意识，使其斗争从自发走向自为。如果群众缺乏组织和领导力量，则现实斗争中的群众就会呈现为勒庞所说的处于无意识的状态，处于无意识状态的群众就容易被英雄蛊惑，成为英雄实现个人抱负的牺牲品。这不仅是勒庞所看到的情况，还解释了为什么英雄史观仍然大行其道，也进一步确证了马克思、恩格斯为什么一定要提出无产阶级必须联合起来。

### 1. 英雄史观难以解决无产阶级运动的自发性问题

在勒庞所经历的政治事件中，英雄人物引起了他的关注。对于7岁的他来说，还不能明白1848年欧洲革命路易·波拿巴如何利用群众成为法兰西第二共和国总统，之后又如何摇身一变成为皇帝。在1870年的普法战争中，法国在色当战败以后拿破仑三世帝国轰然坍塌。面对外敌入侵，法国资产阶级的卖国举动引起了巴黎人民的愤慨。他们于1871年3月以人民公社的形式接手了国家政权，其中的资产阶级共和派改良主义者、蒲鲁东小资产阶级派、布朗基派等紧密合作，短暂地掌握了政权。勒庞看到了法国政权的频繁更迭，这让他看到了英雄对历史产生的影响。他不仅看到了拿破仑的名望对群众的影响力，而且也看到了闯入历史的布朗热。布朗热是

---

① 〔法〕古斯塔夫·勒庞：《乌合之众》，冯克利译，中央编译出版社，2004，第5页。

一位优柔寡断却好战的政治煽动家,"可以轻而易举地找到上万人,只要他一声令下,他们就会为他的事业牺牲性命"①。这位突然声名大噪的将军是如何做到的呢?

布朗热对自己的将军事业投入了持久的注意力。为了使法兰西第三共和国各种政治派别都支持自己的事业,他答应满足这些相互对立的派别的利益。虽然他本人毫无政治信仰,也没有真正支持过任何事业,然而不管是巴黎的群众还是《不妥协者报》《宇宙报》等报纸媒体,都把领袖地位赋予他,高呼着"复仇将军""希望将军",甚至街上的玩具、机械工具、烧酒都拿他的名字命名。勒庞认为,布朗热之所以成为群众的榜样,不仅有环境上的事前准备(各方势力都反对第三共和国政权),还有"断言法、重复法和传染法"②等领导技巧也发挥了至关重要的作用。他认为,一个断言越是简单明了就越有威力,再加上不断重复这个断言,不仅能让观念在头脑中生根,而且也会在重复中排斥对观念的异议,使之流行开来,在群众中产生强大的传染力,英雄的声望就此产生,"不管获胜意见的荒谬性是多么显而易见"③。

勒庞看到英雄的成功是建立在群众无意识的基础之上,这就是他对群众行为的直观感受。虽然英雄的名望是说服群众的一个基本要素,但这种名声会随着成功的消失而迅速消散。或许英雄昨天还受群众的拥戴,可是一旦失败,今天就会受到群众的羞辱。勒庞在《乌合之众》中通过对群众的描述指出,处于"乌合"状态的群众不能承担起马克思、恩格斯在《神圣家族》中所明确提出的历史任务。究其根源,他们受制于思想上的落后性,对残酷的剥削和极度的压迫只能是出于本能的、自发的暴动,同时他们所处于其中的底层社会地位导致他们在政治上毫无组织性,在对待革命前途的问题上瞻前顾后、畏首畏尾。马克思、恩格斯正是看到了这一点,才提出群众要想上升为无产阶级就要有为解放自己而进行斗争的理性阶级意识。

---

① 〔法〕古斯塔夫·勒庞:《乌合之众》,冯克利译,中央编译出版社,2004,第14页。
② 〔法〕古斯塔夫·勒庞:《乌合之众》,冯克利译,中央编译出版社,2004,第87页。
③ 〔法〕古斯塔夫·勒庞:《乌合之众》,冯克利译,中央编译出版社,2004,第91页。

## 2. 被激进主义束缚的无产阶级运动

群众具有理性的阶级意识，这是群众成为无产阶级的第一步。在马克思、恩格斯看来，群众只有能够有意识、有目的地展开革命，才能创造出历史和未来。因而他们批判黑格尔以绝对精神为前提的历史观时，指出群众不仅通过"生活本身的直接的生产"① 推动了资本主义初期自然科学和工业的发展，而且把历史的诞生地从"天上的迷蒙的云兴雾聚之处"拉回到"地上的粗糙的物质生产"② 活动当中，但是群众仍然身处资产阶级社会的底层，忍受着剥削和压迫，就是由于群众尚未形成理性的革命意识，才在政治活动中呈现非理性和无意识的激进状态。

群众必须通过形成理性的革命意识，避免出现革命活动中的非理性暴动和破坏情况。群众可以形成这种革命意识，原因就在于群众是从事物质生产活动的人，在物质生产活动中具有自组织性，而且群众的理性就集中体现在它对自身状况的有组织的反抗当中。但是如果群众被英雄所左右，尤其是环境的单一性会使个体获得一种可以逃避惩罚的集体心理，就会导致"孤立的他可能是个有教养的个人，但在群体中他却变成了野蛮人——即一个行为受本能支配的动物"③。勒庞揭示了个人从理性到非理性的变化过程，从反面说明群众必须被组织起来，才能摆脱对英雄的盲从，从而获得理性的革命意识，进而转变为无产阶级。

群众作为无产阶级不仅被组织起来为实现个性和自由而抗争，而且个人的阶级意识与无产阶级作为一个群体的心理是一致的。马克思、恩格斯不仅明确指出，群众的这种理性意识不是无意识，而是"消除现代生活实践中的非人性"④ 的意识，而且指出"这种非人性的最高表现就是货币制度"⑤，从而将无产阶级作为工人群体旨在消灭私有制的社会心理揭示和呈现出来。这样，群众的反抗活动必然会对资产阶级的社会秩序造成严重冲击。无产阶级运动就是要冲破旧秩序的统治范围。马克思在驳斥"批判"

---

① 《马克思恩格斯文集》第 1 卷，人民出版社，2009，第 350 页。
② 《马克思恩格斯文集》第 1 卷，人民出版社，2009，第 351 页。
③ 〔法〕古斯塔夫·勒庞：《乌合之众》，冯克利译，中央编译出版社，2004，第 10 页。
④ 《马克思恩格斯文集》第 1 卷，人民出版社，2009，第 308 页。
⑤ 《马克思恩格斯文集》第 1 卷，人民出版社，2009，第 308 页。

对法国大革命的理解时指出，要想使思想不仅超出旧世界秩序的思想范围，也超出旧世界秩序的范围，"就要有使用实践力量的人"[①]。这里的"人"就是以工人为主的群众为了在革命中冲破旧秩序的枷锁而有意识联合起来的无产阶级。

但是，如果群众不具备理性的阶级意识，也没有被有效地组织起来，就会在革命中呈现非理性、无意识和本能破坏的行为，使群众的革命运动被激进主义所束缚，要么只想通过暴力革命摧毁所有的一切，摧毁了旧世界却无法建立起更好的新世界；要么以激进之名迫使资产阶级与无产阶级妥协，最终达成无产阶级在资产阶级政治框架下的合作，背叛了革命的初衷和革命的道路。勒庞看到了无产阶级革命被激进主义束缚所带来的问题，但他并没有提出行之有效的解决措施，而马克思、恩格斯提出了无产阶级革命运动摆脱激进主义束缚的行动方案。

3. **以被组织起来的无产阶级运动防止革命机会主义**

陷入激进主义的无产阶级革命极容易被革命投机分子所利用。为了防止革命的机会主义，防止投机分子打着革命的旗帜出卖无产阶级的革命果实，马克思、恩格斯认为无产阶级不应对资产阶级抱有任何幻想，而是要将自身看作解放自己的领导者和主力军。作为无产阶级的群众可以通过被组织起来克服阶级调和论的蛊惑，就是因为无产阶级的联合不简单是个人的集合，这种联合被资产阶级社会的整个经济结构赋予了它必然要肩负的历史使命。马克思、恩格斯不仅指出群众创造了历史，而且指出群众的革命性是由其阶级性所决定的，即无产阶级不通过暴力革命解放全人类就无法真正解放自己。"英法两国的无产阶级中有很大一部分人已经意识到自己的历史任务，并且不断地努力使这种意识完全明确起来。"[②] 作为革命阶级，无产阶级与革命投机分子不同的是，他们从来不需要掩饰自己的阶级性和革命性，而且革命就是无产阶级的唯一出路，而革命的机会主义者只能被现存的政治力量所左右，他们维护的只是与自身利益有关的、眼前的、直接的利益，与解放无产阶级乃至解放全人类的利益无关。

---

① 《马克思恩格斯文集》第1卷，人民出版社，2009，第320页。
② 《马克思恩格斯文集》第1卷，人民出版社，2009，第262页。

马克思、恩格斯认为，只有被组织起来的无产阶级才组成了能够承担阶级斗争重任的阶级基础，而革命投机分子以及一盘散沙的群众并无法承担这样的历史重任，尤其是个人在一盘散沙的群体中往往会丧失个性。勒庞指出了其中的原因，无意识现象在群体中发挥着完全压倒性的作用，而这种群体无意识为个人提供了一个发泄欲望却又不必承担后果的环境。"群体是个无名氏，因此也不必承担责任。这样一来，总是约束着个人的责任感便彻底消失了。"[①] 群众的无组织性导致个人的有意识行为在群体中会被无意识行为取代。这也是马克思、恩格斯一再强调群众在革命过程中需要一个坚强有力的组织作为领导者的原因。

要想防止革命被机会主义者利用，群众就要被组织起来，成为真正的无产阶级，这就需要一个目标明确、领导有力的无产阶级政党。无产阶级政党就是在群众的革命运动中产生的。它不仅是组织群众的社会主体，而且是教育群众的社会主体。教育是为了培养工人的无产阶级意识，使其在斗争中具有无产阶级的主体意识和阶级立场。通过组织和教育，原本处于相互割裂和竞争状态的群众获得了归属感，成为能够对抗阶级压迫的觉醒力量。这就是马克思、恩格斯在1847年改组正义者同盟，使其成为能够担当组织无产阶级的政党——共产主义者同盟的真正目的。

### 4. 无产阶级理论对勒庞思想的重塑

无产阶级理论除了表达群众是历史的创造者这一论断外，还表达了无产阶级需要被组织起来，从自发走向自为，从资产阶级社会中的"群众"成为革命的"无产阶级"，在这一转型过程中需要一个坚强有力的党作为领导者。如果缺乏领导，则社会中的群众就可能呈现为勒庞所述的模样。1831年和1834年，法国里昂工人发起了反对资本主义剥削压迫的两次武装起义；1842年，英国工人在政治上发起了争取选举权的宪章运动；1844年，普鲁士王国所属的西里西亚掀起了纺织工人起义的运动。欧洲三大工人运动使无产阶级作为一支独立的政治力量登上了世界历史舞台，为论证无产阶级理论提供了丰富的实践素材。但三大工人运动最终遭到了西欧各

---

[①] 〔法〕古斯塔夫·勒庞：《乌合之众》，冯克利译，中央编译出版社，2004，第8页。

国资产阶级势力的围剿，根本原因就在于工人运动缺乏坚强的领导，以致群众的无产阶级意识没有被塑造起来。

马克思、恩格斯通过论证历史活动是群众的活动，旨在表明，群众作为无产阶级不仅已经登上了历史舞台，而且必然会在资产阶级社会的整个经济结构中确证自身的地位，从而明确自己所肩负的历史使命。也就是说，他们不仅看到勒庞所看到的把无产阶级革命当作具有现实生活内容的当下任务，而且看到了无产阶级革命的阶级性，因其阶级性而产生的有组织性和受教育性，从而对当时欧洲的无产阶级运动投入了政治上的指导、组织上的建设、理论上的研究和生活中的热情，为无产阶级理论的丰富和发展贡献了思想上的智慧和行动中的实践。

马克思说："从1789年开始的法国革命的生命史到1830年并没有结束"①，就说明他看到了勒庞没有看到的无产阶级革命的历史必然性，即虽然法国各阶级在资产阶级的大革命中纷纷登台表演，但无法改变这场革命运动的资产阶级性质——为了完成工业革命而继续展开的革命运动。只有当资产阶级革命的历史任务完成以后，无产阶级革命才能真正展开。在无产阶级革命中，群众不只是要解放自己，而且要解放与自己处于同样社会状况的全人类。这就是无产阶级革命的崇高理想，也是马克思、恩格斯根据资产阶级社会的具体历史现实对勒庞思想的重新塑造。

### 三　无产阶级政党：把群众组织起来的领导核心

在考察无产阶级革命时，不能把群众与群众的领导核心混为一谈。无产阶级政党作为把群众组织起来的领导核心，只有在认知层面充分认识到了群众的现实利益，并在革命实践中把群众的利益予以实现，才有可能真正有效地把群众组织起来。而且，无产阶级政党不能把自己的革命主张教条式地强加给群众，要通过系统的理论教育把对群众的要求转化为实现人的解放和自由全面发展的追求。

1. 无产阶级政党的历史出场

马克思、恩格斯以无产阶级理论作为无产阶级政党把握群众革命现实

---

① 《马克思恩格斯文集》第1卷，人民出版社，2009，第326页。

性的哲学方式。无产阶级理论的革命性体现在，这种"新世界观"指出了无产阶级革命是群众被组织起来以后不可阻挡的历史趋势。当无产阶级革命需要重新组织整个群众的反抗运动时，无产阶级政党就成为反抗阶级压迫的一种对立的社会组织形式。无产阶级政党从一开始成立就是指导无产阶级为实现自身解放而斗争的组织，培养革命群众的阶级意识就成为它必不可少的工作内容。如果没有无产阶级政党的领导，无产阶级运动就无法被有目的地组织起来，缺乏领导的无产阶级就无法自为地推进历史发展，进而促成无产阶级革命的成功。这是英雄史观没有看到的地方。

在布鲁诺·鲍威尔看来，"历史上的一切伟大的活动之所以一开始就是不合时宜的和没有取得富有影响的成效，正是因为群众对这些活动表示关注和怀有热情"[1]。英雄史观认为，只有把群众从历史事件中排除，并用英雄的历史取而代之，才不会出现不合时宜的历史活动。马克思、恩格斯批判这种历史只掌握在了拥有真理的"批判"手里，而"批判"自认为是英雄，却不能理解从事物质生产活动的群众在历史发展中的决定性作用，更不会理解创造资产阶级历史的群众时刻痛苦地感受着非人的遭遇，导致不用实际的、具体的行动消灭这种异化存在方式就无法真正成为人。

群众的历史遭遇呼唤无产阶级政党的出现。当无产阶级政党产生以后，烙在群众身上被剥削、压迫和奴役的阶级属性，同反抗这一命运的革命一样，也在无产阶级政党的组织下成为追求人的解放的一种现实力量。但在无产阶级政党发展壮大并成为社会的主导力量之前，群众是极容易被英雄所左右的，这在《乌合之众》中得到了体现。勒庞认为群众在革命中的冲动和易变完全是由于它易受暗示和轻信。"它的一个普遍特征是极易受人暗示"[2]，群众的这种期待被注意的状态为英雄提供了用武之地。英雄往往通过在公众集会上的演讲技巧暗示群众，激起群众情绪上的狂暴，而群众也会作出相应的夸张反应。英雄的名望越高，群众的反应就越强烈，所掀起的破坏性也就越大。英雄的"肆虐"恰好说明了无产阶级政党在领导和组织群众运动方面的缺失。群众只有在无产阶级政党的领导和组织

---

[1] 《马克思恩格斯文集》第1卷，人民出版社，2009，第286页。
[2] 〔法〕古斯塔夫·勒庞：《乌合之众》，冯克利译，中央编译出版社，2004，第15~16页。

下，才能真正洞察到自身的苦难中就包含着对资产阶级社会的否定性，才能在无产阶级革命中成为革命的主体力量。

2. 具有高度原则性的领导核心

马克思、恩格斯虽然没有在著作中明确指出无产阶级政党如何夺取政权和进行执政的具体内容，但在《共产党宣言》中通过阐发它的最近目标和最终目的，促使它成为发动群众开展革命的领导核心，而具有高度原则性是无产阶级政党区别于资产阶级政党①的显著标志。这里的高度原则性就是发动群众解放自己，通过无产阶级专政消灭阶级压迫，最终实现共产主义。无产阶级政党领导群众推翻资产阶级的统治，是实现人的自由、全面发展的必要条件。群众接受无产阶级政党的领导，是因为无产阶级政党是领导革命前进的组织条件，保证了革命行动的组织性和革命目的的正当性。如果无产阶级政党在现实生活中不能代表社会底层群众的利益，在群众运动的发展中不能代表无产阶级革命的要求，就无法实现自身所具有的高度原则性。

在群众运动中，无产阶级政党之所以能够发挥领导核心的作用在于以下三个方面。一是它清晰地把握了革命前进的方向，旨在从资产阶级的统治中开辟出一条实现"自由人联合体"的社会道路，无产阶级专政就是政治上的过渡形态。这表明，马克思、恩格斯当时就已经意识到，无产阶级政党不是一种永久的组织机构，而是为了革命和夺取政权所进行的一种制度上的准备、组织上的建构，是培养阶级意识的机构。二是使群众具有无产阶级的革命意识。阶级压迫在客观上为群众提供了培养阶级意识的条件，但群众要想具有革命意识，仍需要被组织起来，接受系统的革命理论熏陶。马克思、恩格斯作为无产阶级中的杰出知识分子就自觉承担起用理

---

① 在资产阶级社会，政党的主要目的是执政，争夺政权是政治事件的主要内容。资产阶级政党若没有资本作为选举的基础，就无法笼络选民。为了获得选票，运用经济手段围绕选民的公共福利做文章，以便达到蛊惑人心的效果。无产阶级政党从来不以执政为最终目的，执政只是为了解放人民、造福于民的政治手段。若不能真正消灭阶级社会中的剥削和压迫，无产阶级就无法实现人的解放，因此在无产阶级政党中，特别强调通过工人群众联合起来消灭强加在自己身上的异化统治，在真正成为人的有组织的革命运动中彻底解放自己。

论武装群众的历史重任。三是使群众的组织独立性成为开展无产阶级革命必不可少的条件，防止被资产阶级腐化。组织独立性建立在理论上对共产主义的信仰、政治上对完成无产阶级革命的责任感上，从而能够对资产阶级的各类组织保持高度的阶级警惕性。组织独立性能够唤醒被资产阶级遮蔽的阶级意识，防止群众中的"贵族"被资产阶级游说，变成资产阶级继续执政的政治盟友。

可见，无产阶级政党并非一个松散的、抹杀个性的组织，而是有系统纲领、有远大目标又有斗争计划和重视联合的组织。马克思、恩格斯在《神圣家族》出版的次年初就在布鲁塞尔建立了共产主义通讯委员会，紧接着就对小资产阶级的"真正的社会主义"和魏特林的"平均共产主义"进行了批判。之后更是通过共产主义者同盟、国际工人协会等无产阶级组织开展革命活动，联合各国无产阶级，传播共产主义理论。群众就在这些组织中反抗资产阶级的统治，展现出全世界无产者联合起来的真义。

3. 成立无产阶级政党的实践效应

在马克思、恩格斯的眼中，群众接受无产阶级政党的领导后上升为无产阶级并未丧失个性，而是更加重视通过联合把命运掌握在自己的手里。马克思、恩格斯正是看到了这一点，才在欧洲各国发动工人联合起来成立无产阶级政党。无产阶级不仅在欧洲各国成立组织、建立政党，还在革命中取得一个又一个的阶段性胜利，甚至在1917年的十月革命中使马克思主义学说变为国家现实。

无产阶级政党使群众运动从一国发展成为国际性的工人运动。19世纪50年代末，欧洲各地工人运动此起彼伏。英、法、德、意、波等国的工人代表在伦敦决定成立一个国际性的工人协会。1864年成立的第一国际就成为第一个国际工人联合组织。马克思作为创始人之一，为了把工人中的蒲鲁东派、拉萨尔派都联合起来，通过了一个"能使一切党派都满意的纲领"[①]。在它的领导下，欧美各国工人的思想认识和组织水平都得到了极大提高。第一国际就曾参与指导保卫巴黎公社的活动。在第一国际之后，各

---

① 《马克思恩格斯选集》第1卷，人民出版社，2012，第383页。

民族国家就步入群众性的社会主义工人政党的时代。

无产阶级政党发动工人群众实现了人类历史上的第一次无产阶级专政。法国工人在1871年3月18日掀起了推翻资产阶级反动统治的革命，成立了巴黎公社。这次人民自我管理的实践虽然短暂，却得到马克思、列宁等人的高度评价。马克思指出："它所采取的一些特殊措施只能表明通过人民自己实现的人民管理制的发展方向。"① 列宁也认为巴黎公社是具有"高度灵活的政治形式，而一切旧有的政府形式在本质上都是压迫性的"②。如果说巴黎公社使无产阶级理论变为现实，那么通过俄国十月革命，无产阶级政党建立了苏维埃政权，就为全世界的无产阶级革命开辟出一条全新的道路。

马克思在《路易·波拿巴的雾月十八日》中这样理解无产阶级政党领导的革命："每当某一个党派把革命推进得很远，以致它既不能跟上，更不能领导的时候，这个党派就要被站在它后面的更勇敢的同盟者推开并且送上断头台。"③当资产阶级革命已经不能代表无产阶级的利益时，无产阶级作为资产阶级曾经的同盟者必然会把革命继续向前推进。勒庞在其中看到了资产阶级革命中群众的激情，以及这种激情在无意识和非理性支配下所造成的"血腥、混乱和残忍"④。马克思也看到了这一点，他在《1848年至1850年的法兰西阶级斗争》中指出，群众既"能够做出轰轰烈烈的英雄业绩和狂热的自我牺牲，也能干出最卑鄙的强盗行径和最龌龊的卖身勾当"⑤。所以，马克思强调要通过无产阶级政党把群众组织起来，让无产阶级革命能够成为对付封建专制主义和资产阶级市侩主义的一种平民方式。中国共产党在马克思主义中国化进程中继承和发扬了无产阶级理论，使无产阶级革命在中国焕发出强大生命力。

4. 中国共产党的守正与创新

勒庞与马克思主义一样在五四新文化运动前后传入中国，二者都对中

---

① 《马克思恩格斯全集》第17卷，人民出版社，1963，第366页。
② 《列宁专题文集 论马克思主义》，人民出版社，2009，第227页。
③ 《马克思恩格斯选集》第1卷，人民出版社，2012，第691页。
④ 〔法〕古斯塔夫·勒庞：《乌合之众》，冯克利译，中央编译出版社，2004，第45页。
⑤ 《马克思恩格斯选集》第1卷，人民出版社，2012，第461页。

国历史进程产生了重要影响。勒庞在民国时期受到较多关注。尚志学会于1918~1922年主持出版了五本有关他的著作①。这与当时的时代背景有关。个人的独立、自由和解放成为那个时代知识分子较为看重的价值追求，而勒庞对群体与个体关系的处理引起了他们的关注。同时，勒庞对法国大革命的解读提供了分析辛亥革命的样本。再者，他对群体心理的研究为鲁迅等分析中国人的情感和观念提供了理论支撑。

与此同时，马克思主义也在中国迅速传播，并开始与中国工人运动相结合，在此背景下，中国共产党于1921年成立。作为典型的马克思主义使命型政党，中国共产党以群众为根基回应时代要求，通过动员群众开展无产阶级革命运动，终于在1949年结出了实践上的果实。新中国的成立从事实上肯定了无产阶级理论。

今天，我们不仅运用无产阶级理论与一切抹杀群众社会历史作用的观点作斗争，又认真借鉴勒庞对群体心理的分析审视一些社会问题。我们不但依靠群众实现了民族独立，推翻了"三座大山"，在当家作主中让人民彻底实现了解放，还在新时代努力让人民过上美好幸福的生活。在这一方面，勒庞的反思具有特殊的重要性。由此观之，只有将无产阶级理论与研究影响群众行为和心理变化的大众心理学说进行比较、相互借鉴，使其作为互为补充的思想用来分析和指导中国的社会现实问题，才能科学揭示历史发展中的群众作用，才能成为新时代中国特色社会主义的群众观基础。

---

① 林建刚：《勒庞思想在中国的传播及其影响》，《开放时代》2009年第11期。

# 第三章　历史唯物主义形成中的
## 承前启后阶段

　　从《1844年经济学哲学手稿》对国民经济学局限性的研究，到《神圣家族》对思辨唯心主义展开的彻底批判，再到《关于费尔巴哈的提纲》对旧唯物主义的扬弃，紧接着历史唯物主义就在《德意志意识形态》中正式"登场"，《神圣家族》在其中发挥了告别思辨唯心主义、踏上历史唯物主义"桥梁"的作用，这个"桥梁"也是历史唯物主义"大陆"的一部分。没有对思辨唯心主义批判的"破"就没有对历史唯物主义形成的"立"，这个"不破不立"既是逻辑上的必然，又是当时理论斗争的迫切需要。在历史唯物主义诞生的"前夜"，《1844年经济学哲学手稿》对"历史之谜的解答"成为《神圣家族》批判的"阿基米德支点"，使马克思、恩格斯通过批判"批判的批判"褪去"家族"的神圣光环。《关于费尔巴哈的提纲》是《神圣家族》对作为"奥吉亚斯牛圈"的思辨唯心主义批判的深化。经过上述批判，马克思、恩格斯扫清了《德意志意识形态》建立历史唯物主义"大厦"的理论障碍。要充分认识历史唯物主义作为科学理论形态所掀起的"哥白尼式的革命"，就要深入把握《神圣家族》批判思想发挥的从异化劳动理论到历史唯物主义的"桥梁"作用。

　　具体来说，马克思如何转向历史唯物主义一直存在若干理论争议。如何界定历史唯物主义形成的最后阶段，《关于费尔巴哈的提纲》是《神圣家族》的继续还是写作《德意志意识形态》的直接原因，《关于费尔巴哈的提纲》是"新世界观"的萌芽还是基本纲领？通过比较《神圣家族》和《关于费尔巴哈的提纲》可知：第一，历史唯物主义是在与同时代思想家的论战中逐渐形成的；第二，两者在历史唯物主义形成中的不同作用对于理解和把握历史唯物主义有重要理论价值，应当重视研究两者对历史唯物主义侧重点的不同强调；第三，历史唯物主义作为"历史科学"，通过融合辩证法和实践实现了世界观上的"哥白尼式革命"。《神圣家族》与《德意志意识形态》在历史唯物主义形成初期具有内在的关联性。马克思和恩格斯在《神圣家族》中通过对思辨唯心主义展开批判，扫清了建立历史唯物主义的理论障碍。他们不仅考察了资本主义社会人与人之间被异化的关系，而且在《德意志意识形态》中形成了生产关系的思想。他们已经深入"生产物质生活本身"当中来理解群众作为"使用实践力量的人"的历史作用。他们在历史唯物主义的形成中通过"生活"概念揭示出群众创造历史的基本动力问题。从对思辨唯心主义的批判到历史唯物主义的建立，从揭露异化的社会关系到生产关系思想的形成，从"使用实践力量的人"到"生产物质生活本身"，表明历史唯物主义已经成为科学的理论形态。

## 第一节　1844年前后马克思、恩格斯的批判思想

在对马克思、恩格斯早期文本的研究中，《神圣家族》虽处于历史唯物主义形成中的承前启后阶段，却是"一部未被给予足够重视的重要文本"[①]。究其原因，一是只把《神圣家族》视为一部在时间跨度和理论地位都具有过渡性质的文本。马克思、恩格斯分别在1844年前后写了《论犹太人问题》（1843年秋）、《〈黑格尔法哲学批判〉导言》（1843年底到1844年1月）、《国民经济学批判大纲》（1843年底到1844年1月）、《1844年经济学哲学手稿》（1844年4~8月）、《神圣家族》（1844年9~11月）、

---

① 刘秀萍：《思想的剥离与锻造〈神圣家族〉文本释读》，中国人民大学出版社，2018，第1页。

《关于费尔巴哈的提纲》(1845年春)、《德意志意识形态》(1845~1846年)等著作。在同一时期的文本中,《神圣家族》并未引起如《论犹太人问题》《〈黑格尔法哲学批判〉导言》《国民经济学批判大纲》《1844年经济学哲学手稿》《关于费尔巴哈的提纲》《德意志意识形态》的广泛影响。郝永平就认为《神圣家族》处于"从异化劳动理论向唯物史观的过渡"[1]。二是只从批判思辨唯心主义即"破"的立场看待《神圣家族》的历史地位,而没有看到它对历史唯物主义"立"的贡献,认为它无法与提出异化劳动理论的《1844年经济学哲学手稿》、作为"新世界观"基本纲领的《关于费尔巴哈的提纲》、形成历史唯物主义的《德意志意识形态》等相提并论[2]。

本书认为,在马克思主义发展史上,《神圣家族》在理论重要性上处于承前启后的位置。虽然此时的马克思并未使历史唯物主义成为科学的理论形态,但是他和恩格斯在《神圣家族》中已经论述了历史唯物主义的一些重要观点和基本原理。"过渡说"看到了这一点,但没有强调它在历史唯物主义形成中所发挥的承前启后的关键作用,没有充分把握《神圣家族》的理论使命。这里的承前启后不是简单的思想过渡,而是体现了历史唯物主义形成过程中具有内在关联的思想连贯性。没有对思辨唯心主义批判的"破"就没有对历史唯物主义形成的"立"。这个"不破不立"既具有逻辑上的必然性,又是当时理论斗争的迫切需要。可以说,对思辨唯心主义的批判是马克思、恩格斯必然要展开的理论环节。通过考察《神圣家族》批判思想的承前启后性,既可以把握历史唯物主义形成的关键性环节,又可以打通从《1844年经济学哲学手稿》到《德意志意识形态》的联系,呈现《神圣家族》在马克思主义发展史上的应有地位,参见表1。

---

[1] 郝永平:《从异化劳动理论向唯物史观的过渡——读〈神圣家族〉》,《内蒙古大学学报》(哲学社会科学版)1987年第2期。

[2] 唯物史观是马克思主义历史理论的核心。对2019年唯物史观的研究综述参见夏春涛《2019年历史理论研究综述》,《史学理论研究》2020年第2期。

表 1　1844 年前后马克思、恩格斯的批判思想梳理

| 文本 | 批判对象 | 批判性质 | 批判成果 |
| --- | --- | --- | --- |
| 《论犹太人问题》 | 布鲁诺·鲍威尔 | 对宗教异化的批判 | 政治解放和人类解放思想 |
| 《〈黑格尔法哲学批判〉导言》 | 德国社会现实 | 对德国社会缺陷的批判 | 马克思社会批判思想的最初阐发 |
| 《国民经济学批判大纲》 | 国民经济学 | 对私有制的批判 | 对资产阶级政治经济学的批判的奠基 |
| 《1844 年经济学哲学手稿》 | 国民经济学 | 对异化劳动和私有财产的批判 | 异化劳动理论 |
| 《神圣家族》 | 自我意识哲学 | 对思辨唯心主义的批判 | 群众史观、无产阶级历史作用 |
| 《关于费尔巴哈的提纲》 | 费尔巴哈 | 对旧唯物主义的批判 | "新世界观"的基本纲领 |
| 《德意志意识形态》 | 费尔巴哈、布鲁诺·鲍威尔和施蒂纳 | 对唯心史观的批判 | 历史唯物主义 |

通过表 1 梳理 1844 年前后马克思、恩格斯的批判思想，可以把马克思、恩格斯的批判主题归纳为在《论犹太人问题》和《〈黑格尔法哲学批判〉导言》中对哲学—宗教（社会问题）的批判①；在《国民经济学批判大纲》和《1844 年经济学哲学手稿》中对国民经济学的批判；在《神圣家族》和《关于费尔巴哈的提纲》中对唯心主义—旧唯物主义的批判，在《德意志意识形态》中通过上述批判完成了对历史唯物主义初步系统的阐发。

这一批判历程是在当时的理论斗争背景下展开的。19 世纪 40 年代，黑格尔阵营分裂为"左""右"两派②，围绕着宗教问题展开了哲学—宗

---

① 马克思在《论犹太人问题》中指责布鲁诺·鲍威尔在《犹太人问题》和《现代犹太人和基督徒获得自由的能力》中就宗教本身来谈宗教问题而看不到后者的世俗基础。他认为，犹太人的宗教解放本质上是在社会解放中消除宗教对人的异化。在《〈黑格尔法哲学批判〉导言》中马克思将宗教批判延伸到对德国社会现实的批判，首次指出无产阶级只有与哲学相结合才能实现彻底的解放。此时的他已经深入社会生活领域对人的解放展开探究。
② "黑格尔左派"（又称青年黑格尔派）因对黑格尔在哲学上维护正统基督教的不满而"出走"。这与"黑格尔右派"（又称老年黑格尔派）坚持用黑格尔哲学解释一切，甚至用正统基督教诠释黑格尔哲学的做法形成冲突。

教的斗争①。马克思、恩格斯也曾是青年黑格尔派成员,之所以会展开对哲学—宗教的批判,既受益于作为一阵思想"清风"的费尔巴哈的人本学唯物主义,又得益于他们对国民经济学的研究,从而逐步将批判视角转向对国民经济学的批判。他们更是在《神圣家族》中将上述批判思想包含其中,集中对"把一切外在的感性的斗争都转变成纯粹的思想斗争"②的思辨唯心主义展开批判。这种直截了当的"破"正是为了接下来旗帜鲜明的"立"。在紧随其后的《关于费尔巴哈的提纲》中,马克思就在批判费尔巴哈的基础上亮出自己的"新世界观",使对唯心主义—旧唯物主义的批判成为历史唯物主义诞生的"前夜"。

## 一 《1844年经济学哲学手稿》对"历史之谜的解答"成为《神圣家族》批判的"阿基米德支点"

马克思在《1844年经济学哲学手稿》中发现,工人在劳动中创造的财富与他作为人的价值贬值的程度成反比,这对他而言是亟须破解的"历史之谜"。他认为,人的异化背后是人的劳动的异化。他用异化劳动批判私有财产的本质,就使异化劳动理论通过把劳动创造财富的事实与劳动异化所造成的人的异化统一起来,成为解开"历史之谜"的"阿基米德支点"(Archimedean Point)。

首先,异化劳动理论解答了"历史之谜",为《神圣家族》的批判准备了唯物的批判基础。在对国民经济学的研究中,马克思发现劳动者在创造财富的同时却享受不到这些财富,自己作为人的价值反而日益贬损。马克思通过研究劳动异化的四种表现形式:人同自己的劳动产品相异化、人同劳动过程相异化、人同自己的类本质(自由自觉的活动及创造的对象世界)相异化、人同人相异化,指出异化劳动是形成私有财产的物质根源,在资本主义形成和发展初期具有一定的历史合理性。他同时也看到了异化劳动与人的对立所具有的历史过渡性。"共产主义是对私有财产即人的自

---

① 王兆星:《青年黑格尔派的形成及其宗教批判》,《武汉大学学报》(社会科学版)1988年第2期。
② 《马克思恩格斯文集》第1卷,人民出版社,2009,第288页。

我异化的积极的扬弃"①,"它是历史之谜的解答,而且知道自己就是这种解答"②。马克思认为共产主义是对"历史之谜的解答",正是由于它是消灭异化劳动、扬弃私有财产、实现人的价值的现实运动。张奎良就以人的价值和社会进步为双重坐标,认为马克思是站在客观历史的角度对解答"历史之谜"的异化劳动进行评价的③。该主张看到了用异化劳动理论表述和理解历史的重要理论价值。

其次,异化劳动理论成为《神圣家族》批判私有财产的"阿基米德支点"。在异化劳动中,工人同自己的劳动产品、劳动过程相异化,在劳动状态中以"无产"的状态与"有产"的资本家形成对立。后者通过占有和支配私有财产(本质是工人在异化劳动中创造的财富)实现对工人的剥削和压榨,因而也是人的自我异化。"有产阶级和无产阶级同样表现了人的自我异化。但是,有产阶级在这种自我异化中感到幸福,感到自己被确证,它认为异化是它自己的力量所在,并在异化中获得人的生存的外观。而无产阶级在异化中则感到自己是被消灭的,并在其中看到自己的无力和非人的生存的现实。"④ 在《1844年经济学哲学手稿》中,马克思只看到了工人在劳动中的异化,而在《神圣家族》中他已经能客观评价作为历史现象的异化问题,指出有产阶级同样是异化劳动的历史产物。这表明,此时的马克思已经开始历史地考察人的异化问题,而不再从抽象的人的本质出发理解历史进程中的异化现象。

最后,异化劳动批判使马克思关注工业即"生活本身的直接的生产方式"⑤。马克思虽然对私有财产持否定态度,试图从资本主义生产方式当中揭示其产生的根源,从而形成了异化劳动理论,解决了国民经济学家们没有回答私有财产如何形成的问题;但是布鲁诺·鲍威尔却连国民经济学的水平也没有达到,认为只要从历史运动中排除自然科学和工业就能达到对

---

① 《马克思恩格斯文集》第1卷,人民出版社,2009,第185页。
② 《马克思恩格斯文集》第1卷,人民出版社,2009,第185~186页。
③ 张奎良:《作为"历史之谜"的异化及其评价尺度——与俞吾金先生切磋》,《中国社会科学》2003年第4期。
④ 《马克思恩格斯文集》第1卷,人民出版社,2009,第261页。
⑤ 《马克思恩格斯文集》第1卷,人民出版社,2009,第350页。

历史现实的认识。马克思反问道:"难道批判的批判以为,它不把比如说某一历史时期的工业,即生活本身的直接的生产方式认识清楚,它就能真正地认清这个历史时期吗?"[1] 显然,"把历史同自然科学和工业分开,认为历史的诞生地不是地上的粗糙的物质生产,而是天上的迷蒙的云兴雾聚之处"[2],是把自我意识看成历史的推动力。为了反驳论敌要否定的主要原则即"粗糙的物质生产",马克思一再强调工业即"生活本身的直接的生产方式"才是历史的诞生地。这种表述除了关注到劳动之外其他物质因素的历史作用,还比异化劳动理论更加接近历史唯物主义,是《神圣家族》对《1844年经济学哲学手稿》中解答"历史之谜"的"阿基米德支点"的进一步延伸。

## 二 解开"神圣家族""神圣"之谜的《神圣家族》批判思想

《神圣家族》在1845年2月出版时,马克思借用名画[3]命名,暗讽布鲁诺·鲍威尔及其同伙用神话了的自我意识取代现实生活,把对现实的"批判"变成"纯粹的思想斗争",形成一个披着神圣"外衣"(自我意识)的与世隔绝的"神圣家族"。马克思通过批判想要变成超验存在的"家族",打算彻底清理黑格尔哲学中唯心方法的影响,扫清建立历史唯物主义的理论障碍。

第一,立足现实的、经验的分析方法批判抽象的、思辨的方法的"秘密"。马克思用"思辨结构的秘密"指称后一种方法:先从现实事物中抽象出实体概念,再用实体概念作为可以取代现实事物的本质概念,然后取代现实事物。他以"果实"和"果品"为例,思辨哲学家从具体"果实"中抽象出"果品"观念,将"果品"视为"果实"的本质体现,然后作

---

[1] 《马克思恩格斯文集》第1卷,人民出版社,2009,第350页。
[2] 《马克思恩格斯文集》第1卷,人民出版社,2009,第350~351页。
[3] "神圣家族"原本是15世纪意大利画家安得列阿·曼泰尼雅(Andrea Mantegna,1431~1506)名画的名字,画中画的是怀抱圣婴耶稣的圣母玛利亚、她的丈夫圣约瑟,以及圣以利沙伯、圣约翰、圣亚years等。马克思借这幅画讥讽布鲁诺·鲍威尔为耶稣,他的伙伴们为耶稣身边的信徒。这个以布鲁诺·鲍威尔为首的"家族"把"自我意识"神圣化,自以为能够超乎"群众"之上,把对现实生活的"批判"转换成"超验"的唯心说教,被马克思戏称为"神圣家族"。

为实体的"果品"就以主体的方式"把每一种果实全都消融于自身中,又从自身产生出每一种果实"①。"这种办法,用思辨的话来说,就是把实体了解为主体,了解为内在的过程,了解为绝对的人格。这种了解方式就是黑格尔方法的基本特征。"② 马克思彻底否定了思辨哲学家所进行的纯粹思辨活动,使《神圣家族》中对思辨哲学及其方法的批判,成为马克思在研究方法上由思辨向实证转向的集中表现③。

第二,立足贫穷贫困事实揭露异化的社会关系,起底作为"至尊的神"的自我意识。《神圣家族》是马克思超越自我意识哲学的直接结果。布鲁诺·鲍威尔认为,人和历史的存在都是为了证明自我意识的存在。对自我意识的无限推崇使他看不到"工业""生活"中被异化的社会关系,即从事生产劳动的工人创造的财富被资本家无偿拿走导致自己陷入贫困境地的对立关系。"对私有财产的最初的批判,当然是从那种体现私有财产充满矛盾的本质的最彰明较著、最触目惊心、最令人激愤的形式,即贫穷、贫困的事实出发的。"④ 马克思深入这一事实当中,揭露人与物背后人与人之间的异化关系,才彻底指出无产阶级要在消灭贫困中解放自己的历史使命。

第三,立足"现实的人"批判"自我意识的人",褪去了抽象本质永恒不变的"光芒"。"批判"试图把人本身变成自我意识的范畴,使人成为被自我意识统治的人而非"人的自我意识"。费尔巴哈通过"以自然为基础的现实的人"⑤,抛弃把人看作符合自我意识的"抽象的人",消解了无限自我意识的神圣性。然而,他又把人看作符合自然本质的"自然的人",使人成为另一种"抽象的人"。马克思从"生活本身"出发,在"粗糙的物质生产"中看到了"现实的人"。这使他超越了费尔巴哈不区分人与动物的局限性,更超越了《1844年经济学哲学手稿》中只从人与动物

---

① 《马克思恩格斯文集》第1卷,人民出版社,2009,第278页。
② 《马克思恩格斯文集》第1卷,人民出版社,2009,第280页。
③ 张智、刘建军:《〈神圣家族〉对思想政治教育理论的启示》,《中国人民大学学报》2016年第5期。
④ 《马克思恩格斯文集》第1卷,人民出版社,2009,第259页。
⑤ 《马克思恩格斯文集》第1卷,人民出版社,2009,第342页。

区分的立场来理解劳动的本质,以及只把"异化劳动"看作不符合一般劳动的"异化的人"的活动的做法。然而,"批判"不仅看不到"现实的人"的物质利益需要,看不到人的异化在有产阶级身上的体现,还鼓吹英雄史观。所谓的英雄只不过是自我意识的世俗化即"批判"想当然的"神圣"存在。在当代,马克思对抽象本质的批判已经凸显为"由对物的依赖性所造成的人的'物化'问题"①。人的"物化"现象成为影响当代人类生存和发展的一大难题。马克思立足"现实的人"批判一切"神圣形象"和"非神圣形象",为当代人类反思生存困境提供了理论支撑。

第四,立足市民社会考察犹太人与国家的关系,强调对市民生活内容的承认。在犹太人解放问题上,布鲁诺·鲍威尔将人看作宗教意义上的人而不是市民社会的人,所以他把犹太人解放等同于宗教解放。马克思通过回顾《德法年鉴》指出:"现代国家的自然基础是市民社会以及市民社会中的人"②,"对利己的市民个体的承认,也是对构成这些个体的生活状况的内容"③的承认;因此,人权并不是使人摆脱宗教,而是使人有信仰宗教的自由;人权并不是使人摆脱财产,而是使人有占有财产的自由;人权并不是使人摆脱牟利的龌龊行为,反而是赋予人经营的自由。国家要通过承认"市民个体"的人权维护自己的基础,因为国家是市民社会的产物,而不是相反。犹太人解放的实质就是获得市民生活中的人权。当国家无视市民生活的内容时,马克思认为犹太人应当通过政治解放获得人权。

## 三 《关于费尔巴哈的提纲》对作为"奥吉亚斯牛圈"的思辨唯心主义批判的深化

恩格斯在写于1886年的《路德维希·费尔巴哈和德国古典哲学的终结》中曾这样评价费尔巴哈对《神圣家族》写作的影响,费尔巴哈《基督教的本质》使"我们一时都成为费尔巴哈派了。马克思曾经怎样热烈地欢

---

① 孙正聿:《当代人类的生存困境与新世纪哲学的理论自觉》,《社会科学辑刊》2003年第5期。
② 《马克思恩格斯文集》第1卷,人民出版社,2009,第312页。
③ 《马克思恩格斯文集》第1卷,人民出版社,2009,第312页。

迎这种新观点，而这种新观点又是如何强烈地影响了他（尽管还有种种批判性的保留意见），这可以从《神圣家族》中看出来"①。《神圣家族》确实把费尔巴哈当作"批判的武器"对作为"奥吉亚斯牛圈"的思辨唯心主义展开了"武器的批判"，对费尔巴哈"种种批判性的保留意见"直到《关于费尔巴哈的提纲》中才得以展开。

一是《关于费尔巴哈的提纲》指出"费尔巴哈的唯物主义"没有从实践的高度对"思辨唯心主义"展开批判。《关于费尔巴哈的提纲》在第一条②就开门见山地指出费尔巴哈唯物主义的缺点，包括费尔巴哈在内的旧唯物主义的主要缺点是把"对象、现实、感性"理解为客体的或者直观的形式，而不是把它们当作主体的人的感性实践的对象。费尔巴哈把"主体与对象的关系"归结为感性关系具有理论进步性，但是却没有把它上升为实践关系，因为他把"主体与对象的关系"混淆成"主体与客体的关系"，从而无法理解实践就是对象的改变与主体的自我改变的一致，导致他无法抓住社会领域中"现实的人"，更无法从现实生活的实践出发对思辨唯心主义展开批判。马拥军就指出"费尔巴哈把主体与对象的思维关系归结为感性关系，这还不够；感性关系必须被进一步归结为实践关系"③，他还应继续指出，思辨唯心主义也有实践观点，就是片面强调主体的改变，但完全无视了现实的、感性的活动本身。《神圣家族》正是立足于感性的人的活动而超越了费尔巴哈对思辨唯心主义的批判。

二是《关于费尔巴哈的提纲》把《神圣家族》中"使用实践力量的人"作为"新唯物主义"的出发点。马克思在《神圣家族》中用"使用实践力量的人"批判布鲁诺·鲍威尔没有意识到"群众"在法国资产阶级革命中的历史作用还没有真正实现；只有在无产阶级革命时期，"群众"

---

① 《马克思恩格斯选集》第 4 卷，人民出版社，2012，第 228 页。
② 《关于费尔巴哈的提纲》第一条就指出唯心主义不知道现实的、感性的活动本身，"从前的一切唯物主义（包括费尔巴哈的唯物主义）的主要缺点是：对对象、现实、感性，只是从客体的或者直观的形式去理解，而不是把它们当做感性的人的活动，当做实践去理解"。《马克思恩格斯选集》第 1 卷，人民出版社，2012，第 133 页。
③ 马拥军：《作为"非哲学"的新唯物主义世界观的基本纲领——与鲁品越教授商榷》，《河北学刊》2018 年第 4 期。

才能作为"使用实践力量的人"成为历史舞台的主角。这是"群众"在历史领域实现人的本质的逻辑必然性。"正是人,现实的、活生生的人在创造这一切,拥有这一切并且进行战斗。并不是'历史'把人当做手段来达到自己——仿佛历史是一个独具魅力的人——的目的。历史不过是追求着自己目的的人的活动而已。"①恩格斯的这段话就指出,人可以通过实践("人的活动")使历史("环境")的改变与人("现实的人")的自我改变相一致。马克思在《关于费尔巴哈的提纲》中通过批判费尔巴哈进一步指出,人的本质就是在实践当中所形成的社会关系,"人的本质不是单个人所固有的抽象物,在其现实性上,它是一切社会关系的总和"②。马克思对"现实的社会关系"的强调,筑牢了在《德意志意识形态》中阐述历史唯物主义的一根理论"支柱"。

三是《关于费尔巴哈的提纲》从"人类社会或社会的人类"对《神圣家族》中的"市民社会"展开批判。如果说《神圣家族》还站在市民社会的立场批判宗教和自我意识哲学,那么《关于费尔巴哈的提纲》就已经从对市民社会的批判出发,指出"人类社会或社会的人类"是"市民社会"之后更高阶段的历史形态。《关于费尔巴哈的提纲》第十条指出"旧唯物主义的立脚点是市民社会,新唯物主义的立脚点则是人类社会或社会的人类"③。"旧唯物主义"只能达到对市民社会(被视为客观物质世界的一部分)的感性直观,而"新唯物主义"则强调在"现实的社会关系"的改变中理解社会,也就是把"人类社会或社会的人类"看作实践的产物。所以马克思认为就历史发展而言,重要的不是用不同的方式解释世界,而是在实践中改变世界。"实际上,而且对实践的唯物主义者即共产主义者来说,全部问题都在于使现存世界革命化,实际地反对并改变现存的事物。"④《德意志意识形态》中的这句话对《关于费尔巴哈的提纲》的最后一条做了最好的诠释。

---

① 《马克思恩格斯文集》第1卷,人民出版社,2009,第295页。
② 《马克思恩格斯选集》第1卷,人民出版社,2012,第135页。
③ 《马克思恩格斯选集》第1卷,人民出版社,2012,第136页。
④ 《马克思恩格斯选集》第1卷,人民出版社,2012,第155页。

## 四 《神圣家族》的批判扫清了《德意志意识形态》建立历史唯物主义"大厦"的理论障碍

经过上述批判，历史唯物主义在《德意志意识形态》中被表述为："这种历史观就在于：从直接生活的物质生产出发阐述现实的生产过程，把同这种生产方式相联系的、它所产生的交往形式即各个不同阶段上的市民社会理解为整个历史的基础，从市民社会作为国家的活动描述市民社会，同时从市民社会出发阐明意识的所有各种不同的理论产物和形式，如宗教、哲学、道德等等，而且追溯它们产生的过程。这样做当然就能够完整地描述事物了（因而也能够描述事物的这些不同方面之间的相互作用）。"①

这段话被视为历史唯物主义作为科学理论形态的经典表达。

首先，在世界观上，马克思、恩格斯通过《神圣家族》对思辨唯心主义的批判，廓清了《德意志意识形态》建立历史唯物主义的理论障碍。1844年前后，马克思、恩格斯正处于由思辨哲学向历史的唯物的生活世界观的转变时期。他们意识到，哲学并不是世界观的全部问题，人只有生活着才能思考哲学问题，只能把生活而非哲学作为世界观的出发点②。青年黑格尔派正是因为忽视了现实生活条件才会主张把历史说成自我意识历史的思辨哲学。马克思、恩格斯立足贫穷贫困的生活事实，强调通过消灭非人性的生活条件来达到对市民生活内容的承认，这就为《德意志意识形态》"从直接生活的物质生产出发"做好了理论铺垫。所以他们在《德意志意识形态》的第一卷第一章中首先"论证了研究现实的人的活动和他们的物质生活条件是科学历史观的前提"③。

其次，在方法论上，历史唯物主义的形成得益于马克思、恩格斯运用实证科学方法对抽象的思辨的方法的批判。在《神圣家族》中，马克思、恩格斯运用现实的经验的分析方法批判了"思辨结构的秘密"。这种向实

---

① 《马克思恩格斯选集》第1卷，人民出版社，2012，第171～172页。
② 马拥军：《唯物辩证法：现象学与诠释学的统一与超越》，《南京大学学报》（哲学·人文科学·社会科学）2019年第3期。
③ 《马克思恩格斯文集》第1卷，人民出版社，2009，第806页。

证方法的转变在《德意志意识形态》中被正式确立为科学的研究方法。"在思辨终止的地方，在现实生活面前，正是描述人们实践活动和实际发展过程的真正的实证科学开始的地方。"① 思辨唯心主义只能从思辨哲学出发，把世界理解为想象的主体的活动；旧唯物主义只能直观经验事实，把世界理解为毫无生气的物质世界。只有马克思、恩格斯从现实的人的生活实践出发，以实证科学的方式探究物质生活生产中的历史"奥秘"，从而"将物质生活的生产方式确定为历史中决定性的东西，不仅批判了唯心主义将观念的东西视为决定性的，而且批判了唯心主义的思辨方式，强调'实证科学'式地'描述人类实践活动和实际发展过程'"②。

最后，"从事实际活动的人"生产物质生活本身体现了历史唯物主义世界观与方法论的内在统一。马克思、恩格斯在《德意志意识形态》中从世界观和方法论上都完成了对思辨唯心主义的批判和历史唯物主义的建构，这表现在他们运用历史唯物主义世界观与方法论对待德国哲学和意识的态度上面："德国哲学从天国降到人间；和它完全相反，这里我们是从人间升到天国"③，"我们的出发点是从事实际活动的人，而且从他们的现实生活过程中还可以描绘出这一生活过程在意识形态上的反射和反响的发展"④，"不是意识决定生活，而是生活决定意识。前一种考察方法从意识出发，把意识看做是有生命的个人。后一种符合现实生活的考察方法则从现实的、有生命的个人本身出发，把意识仅仅看做是他们的意识"⑤。作为历史唯物主义的出发点，"从事实际活动的人"生产物质生活本身正是对"生活决定意识"的世界观及"符合现实生活的考察方法"的运用，体现了历史唯物主义世界观和方法论的高度统一。

综上可见，《神圣家族》的批判思想体现了马克思、恩格斯思想发展进程的一个关键阶段。在1844年上半年马克思在《1844年经济学哲

---

① 《马克思恩格斯选集》第1卷，人民出版社，2012，第153页。
② 王南湜：《〈德意志意识形态〉中的"异化"概念：马克思社会科学理论建构的原点》，《马克思主义与现实》2019年第6期。
③ 《马克思恩格斯选集》第1卷，人民出版社，2012，第152页。
④ 《马克思恩格斯选集》第1卷，人民出版社，2012，第152页。
⑤ 《马克思恩格斯选集》第1卷，人民出版社，2012，第152~153页。

学手稿》中通过阐述异化劳动理论超越了国民经济学,在下半年的《神圣家族》中就着手对思辨唯心主义展开批判。虽然马克思、恩格斯在思想的许多方面都实现了对费尔巴哈的超越,但此时的他们还是把费尔巴哈当作思想上的"同盟军",直到1845年春,在《关于费尔巴哈的提纲》中马克思才对费尔巴哈展开彻底批判。这就解释了为什么历史唯物主义会在同年秋天的《德意志意识形态》中隆重"登场"。从对国民经济学局限性的研究,到对思辨唯心主义展开彻底批判,再到对费尔巴哈的唯物主义的扬弃,《神圣家族》发挥了告别思辨唯心主义、踏上历史唯物主义"桥梁"的作用,这个"桥梁"是历史唯物主义"大陆"的前端部分。

其一,《神圣家族》批判思想是连接破解"历史之谜"的异化劳动理论与历史唯物主义的重要理论环节。俞吾金认为,在青年马克思思想的发展过程中,国民经济学研究维度的切入起到了极为重要的作用[1]。国民经济学只是把私有财产当作不证自明的前提,并未说明它是如何产生的,也未说明如何通过它产生出各种经济现象及其背后的规律。马克思在对国民经济学的研究中提出了异化劳动理论,用异化劳动分析私有财产产生的根源及其相互作用的关系,进而指出异化劳动是人的发展的一个特定阶段。在《神圣家族》中,他把异化劳动理论运用到对资产阶级社会普遍贫困状况的分析当中,指出"如果无产阶级不消灭它本身的生活条件,它就不能解放自己。如果它不消灭集中表现在它本身处境中的现代社会的一切非人性的生活条件,它就不能消灭它本身的生活条件"[2]。《神圣家族》对无产阶级"生活条件"的强调,表明马克思、恩格斯已经从抽象的观念批判走向了现实的生活批判。人类历史发展的推动力问题就在他们对现实生活的批判中被提了出来。

其二,对英雄史观的批判使群众史观作为历史唯物主义的内容在《神圣家族》中得到了最早论述。回答人类历史发展的动力问题表现出人们对

---

[1] 俞吾金:《从"道德评价优先"到"历史评价优先"——马克思异化理论发展中的视角转换》,《中国社会科学》2003年第2期。
[2] 《马克思恩格斯文集》第1卷,人民出版社,2009,第262页。

于解答历史之谜的自觉意识①。青年黑格尔派当然也有这种意识,但是却提供了错误答案。当布鲁诺·鲍威尔等人在1842年建立柏林的"自由人"组织时,就转向了反对唯物主义和共产主义的立场。他们更是在1843年12月~1844年10月期间,以《文学总汇报》为阵地否定群众推动历史进步的作用,鼓吹个别杰出人物创造历史的英雄史观。"绝对的批判摒弃群众的历史并打算用批判的历史取而代之。"②马克思、恩格斯提出"批判的批判什么都没有创造,工人才创造一切"③、"历史活动是群众的活动"④、无产阶级自己解放自己等思想,从社会领域对人类历史发展动力问题进行了初步明确的回答。他们随后就在《德意志意识形态》中从物质生产方式入手,形成了生产力—生产关系相互作用的思想,为科学理解历史发展动力问题提供了历史唯物主义的方法论支撑。

其三,历史唯物主义"新世界观的天才萌芽的第一个文献"⑤在《神圣家族》对思辨唯心主义的批判之后"呼之而出"。在清理完作为"奥吉亚斯牛圈"的思辨唯心主义之后,马克思立即着手对包括费尔巴哈在内的旧唯物主义展开清算。从批判思辨唯心主义(包括国民经济学)到批判旧唯物主义再到形成历史唯物主义,这就是从《神圣家族》到《关于费尔巴哈的提纲》再到《德意志意识形态》能够实现理论上质的跃迁的根本原因。换言之,没有对思辨唯心主义和旧唯物主义的"破",就没有对历史唯物主义"新世界观"的"立"。《神圣家族》和《关于费尔巴哈的提纲》的形成不仅表明马克思同唯心主义和旧唯物主义彻底划清了界限,为创立"新世界观"奠定了理论基础;而且《神圣家族》已经在强调"使用实践力量的人"时道出了社会生活的实践本质,《关于费尔巴哈的提纲》更是

---

① 李艳艳:《马克思、恩格斯历史发展动力观的理论超越及其当代启示》,《马克思主义研究》2019年第1期。
② 《马克思恩格斯文集》第1卷,人民出版社,2009,第286页。
③ 《马克思恩格斯全集》第2卷,人民出版社,1957,第22页。
④ 《马克思恩格斯文集》第1卷,人民出版社,2009,第287页。
⑤ 《马克思恩格斯选集》第4卷,人民出版社,2012,第219页。恩格斯在出版《路德维希·费尔巴哈和德国古典哲学的终结》时高度评价《关于费尔巴哈的提纲》"作为包含着新世界观的天才萌芽的第一个文献,是非常宝贵的"。《马克思恩格斯选集》第4卷,人民出版社,2012,第219页。

围绕历史唯物主义最基本和首要的观点——实践观点对费尔巴哈展开批判,并在《德意志意识形态》中把实践观点进一步贯穿于社会历史领域,成为历史唯物主义的直接起源。

其四,《神圣家族》的批判促使"现实的个人、他们的活动和他们的物质生活条件"在《德意志意识形态》中作为历史唯物主义的"一整块钢"确立下来。《神圣家族》开篇就批判思辨唯心主义用"自我意识"取代"现实的人";指出"追求着自己目的的人的活动"形成了人类历史;从普遍贫困的社会状态中得出改变生活条件的必然性。这既超越了费尔巴哈只强调自然人的抽象人本主义,又超越了唯心主义片面强调主体的改变的实践观点,还超越了旧唯物主义只会对物质生活条件的感性直观。马克思、恩格斯此时还是分别从三个方面展开论述。随着对人与自然、人与人关系的深入把握,他们逐渐认识到这三个方面是作为一个整体而存在的,对它们之间相互作用的认识也只能从作为整体的各个部分的关系进行把握。这种整体性思想终于在《德意志意识形态》中得到明确表达,全部人类历史的前提既不是纯粹的思维也不是纯粹的存在,而是现实的个人的活动所展开的生活:"这是一些现实的个人,是他们的活动和他们的物质生活条件,包括他们已有的和由他们自己的活动创造出来的物质生活条件。因此,这些前提可以用纯粹经验的方法来确认。"[1] 对人的生活的整体性把握正是历史唯物主义作为科学理论形态在世界观和方法论上所掀起的一场"哥白尼式的革命"。

## 第二节 《神圣家族》和《关于费尔巴哈的提纲》中的历史唯物主义

历史唯物主义从一些重要观点的提出到成为科学理论体系,并不是马克思早期的某一部论著就能完全涵盖的,而是在与同时代思想家的论战当中逐渐形成的,其理论成果就反映在《神圣家族》《关于费尔巴哈的提纲》《德

---

[1] 《马克思恩格斯选集》第1卷,人民出版社,2012,第146页。

意志意识形态》等文本当中。通过对《神圣家族》和《关于费尔巴哈的提纲》的比较研究，不仅可以澄清马克思转向历史唯物主义的一些争论，而且可以从方法论高度揭示马克思形成历史唯物主义所经历的理论跨越，还能在对文本的关联分析中避免因脱离文本形成的历史语境而对其做出过高或过低的评价。例如，《神圣家族》就在历史唯物主义形成过程中处于一个非常特殊的关键阶段，却长期不受重视。《关于费尔巴哈的提纲》却意外获得了学术界的青睐，被视为历史唯物主义形成过程中的一个重要文本。然而，《神圣家族》正是马克思、恩格斯实现对黑格尔辩证法进行系统反思和超越的一部重要理论著作，如果没有《神圣家族》的面世，很难想象他们在形成历史唯物主义之前经历了什么样的思想转变。《关于费尔巴哈的提纲》是在《神圣家族》的基础上对"新世界观"的继续阐发。马克思、恩格斯在与同时代人论战的《神圣家族》《关于费尔巴哈的提纲》中融合辩证法与实践，最终在《德意志意识形态》中初步系统阐发了他们的"新世界观"。

## 一 马克思转向历史唯物主义的若干理论争议

目前对马克思在何时形成历史唯物主义存有争议。这些争议主要集中在《神圣家族》《关于费尔巴哈的提纲》《德意志意识形态》等马克思的早期著作中。随之带来的问题是上述三部论著之间是一种怎样的思想关系，尤其是《关于费尔巴哈的提纲》在《神圣家族》与《德意志意识形态》之间扮演了什么角色？《关于费尔巴哈的提纲》到底是强调实践的社会维度还是历史维度？是"新世界观"的基本纲领还只是萌芽？上述问题都可以视为如何看待历史唯物主义形成的子问题，本质上都是对马克思在何时转向历史唯物主义、怎样转向历史唯物主义的探讨。

1. 如何界定历史唯物主义形成的最后阶段？

在如何看待历史唯物主义形成的问题上，一种观点认为应当对《神圣家族》予以高度重视。姜海波从《神圣家族》是马克思早期思想演变的最后阶段[1]肯定了它对形成历史唯物主义的理论贡献，但没有看到马克思早

---

[1] 姜海波：《马克思、恩格斯〈神圣家族〉研究读本》，中央编译出版社，2017，第72页。

期思想的演变还存在于《关于费尔巴哈的提纲》当中。刘秀萍认为马克思在《神圣家族》中建立了不是从观念和精神出发的"新哲学"架构,并用"新唯物主义""现代唯物主义"等称谓自己的哲学形态[1]。该主张看到历史唯物主义已经在《神圣家族》中开始形成,但拔高了它的理论重要性,因为历史唯物主义的核心理论和系统阐释并未在《神圣家族》中展开和完成。

另一种观点认为《关于费尔巴哈的提纲》在历史唯物主义形成中的作用不容忽视。张一兵等认为《关于费尔巴哈的提纲》以实践概念确立了马克思新唯物主义哲学创立的起点标志[2]。该看法充分肯定了实践在形成历史唯物主义中的理论重要性,但是还应进一步指出历史唯物主义最为核心的概念是《德意志意识形态》中的"物质生产"。孙伯鍨认为实践是人与自然界、社会的关系活动[3],从而超越了把实践限定于某种具体活动的局限性。

笔者认为,历史唯物主义在形成过程中经历了《神圣家族》对辩证法的反思,以及《关于费尔巴哈的提纲》对实践观的阐释。但是,历史唯物主义并没有在这两个文本中正式形成。在历史唯物主义形成之前,唯心史观大行其道,要么鼓吹辩证运动的观念史,要么只承认物质形态的自然史。马克思之所以会在此提出历史唯物主义的某些重要观点和理论,正是为了批判唯心史观。因此,这两个文本是历史唯物主义形成的"黎明期"。

2.《关于费尔巴哈的提纲》是《神圣家族》的继续还是写作《德意志意识形态》的直接原因?

《神圣家族》正式出版后立即在当时引起争论。一种观点认为,《关于费尔巴哈的提纲》是《神圣家族》的继续,不仅是对《神圣家族》争论的回应,而且通过超越费尔巴哈继续清算了思辨唯心主义。"马克思关于

---

[1] 刘秀萍:《思想的剥离与锻造〈神圣家族〉文本释读》,中国人民大学出版社,2018,第429页。

[2] 张一兵、姚顺良、唐正东:《实践与物质生产——析马克思主义新世界观的本质》,《学术月刊》2006年第7期。

[3] 孙伯鍨:《马克思的实践概念——纪念〈关于费尔巴哈的提纲〉写作150周年》,《哲学研究》1995年第12期。

费尔巴哈的提纲乃是他在前一时期（从1843年借助于费尔巴哈转向唯物主义到1845年初《神圣家族》的发表）提出的诸原理（辩证唯物主义和共产主义世界观）的进一步发展和总结；这个提纲也提出了新的问题，表述了辩证唯物主义和历史唯物主义的新思想。"① 在苏联学者的解读中《关于费尔巴哈的提纲》是对《神圣家族》的一种延续。陶伯特在编 MEGA² I/5 的过程中，通过考证《记事本》第51页紧挨着《关于费尔巴哈的提纲》第一条上面的四行笔记，也认为《关于费尔巴哈的提纲》与《神圣家族》发表以后的反响有关②。

另一种观点认为，《关于费尔巴哈的提纲》是写作《德意志意识形态》的直接原因，是后者的"思想大纲"。理由是，马克思已经完成对思辨唯心主义批判的任务，而对费尔巴哈的批判则是在《关于费尔巴哈的提纲》和《德意志意识形态》中共同实现的。巴加图利亚认为，马克思在1845年春与恩格斯见面后，向他表达了大致形成的新唯物主义想法，而《关于费尔巴哈的提纲》就是这一新世界观的第一个萌芽文件，于是他们决定共同正面阐发这个新世界观，《德意志意识形态》是这一努力的成果③。

以上两种观点都有一定道理，但都不全面，因为它们没有客观反映出历史唯物主义形成的一个完整理论过程。历史唯物主义的形成是建立在反思、借鉴黑格尔辩证法和费尔巴哈唯物主义的基础之上，缺少了对其中任何一个方面的理论超越，历史唯物主义都不可能真正形成。《神圣家族》只完成了对思辨唯心主义的理论超越，而对费尔巴哈的超越是通过《关于费尔巴哈的提纲》对实践的正面论述，最终在《德意志意识形态》中对历史唯物主义的初步系统阐发完成的。《关于费尔巴哈的提纲》不仅是《神圣家族》的继续，也是《德意志意识形态》的思想纲领，反映了历史唯物主义的形成是一个没有间断的理论过程。

---

① 〔苏〕纳尔斯基等主编《十九世纪的马克思主义哲学》上卷，金顺福等译，中国社会科学出版社，1984，第201页。
② 转引自鲁克俭《〈关于费尔巴哈的提纲〉的写作原因及其再评价》，《马克思主义与现实》2008年第5期。
③ 转引自鲁克俭《〈关于费尔巴哈的提纲〉的写作原因及其再评价》，《马克思主义与现实》2008年第5期。

### 3.《关于费尔巴哈的提纲》是"新世界观"的萌芽还是基本纲领?

恩格斯在1888年发表《关于费尔巴哈的提纲》时,称它"作为包含着新世界观的天才萌芽的第一个文献,是非常宝贵的"①,这句话引发了学界热烈讨论。有学者认为《关于费尔巴哈的提纲》是新唯物主义世界观的基本纲领②,也有学者认为它仅仅包含了"新世界观"的萌芽③。这场争论的实质是《关于费尔巴哈的提纲》中的"实践"概念是否具有社会性和历史性。"纲领说"一般持肯定态度;"萌芽说"却给出了否定回答,但也肯定了实践萌发"新世界观"的理论重要性。这就表明,"实践"概念是形成历史唯物主义的前件要素,这已成为一般共识。

需看到,对"实践"概念进行不同解读的实质是确证《关于费尔巴哈的提纲》反映了什么样的唯物史观。鲁品越认为它确立了以社会关系为核心的唯物史观④。该看法确实把握住了《关于费尔巴哈的提纲》的社会关系维度,但是缺失了从历史维度的解读。马拥军则认为,它把实践理解为是环境改变与人的自我改变相一致,是从历史维度⑤对人类实践活动中的矛盾进行阐发的。不管是强调实践的社会维度还是历史维度,都直指《关于费尔巴哈的提纲》对"新世界观"的阐发。然而,上述争论并未揭示出马克思是如何在方法论上清算唯心史观,从而跨越了形成历史唯物主义的思想障碍。

在《神圣家族》中,马克思、恩格斯批判思辨唯心主义因袭黑格尔的辩证法却片面发展了辩证法的做法。通过清算作为"奥吉亚斯牛圈"的思辨唯心主义,他们彻底清理了残存在自己世界观当中的黑格尔唯心痕迹。

---

① 《马克思恩格斯文集》第4卷,人民出版社,2009,第266页。
② 马拥军:《作为"非哲学"的新唯物主义世界观的基本纲领——与鲁品越教授商榷》,《河北学刊》2018年第4期。
③ 有学者认为《关于费尔巴哈的提纲》中的"实践"概念仅仅是一个包含了主体能动性的抽象的实践概念,而不是一个现实的实践概念。刘福森:《新世界观的"纲领"还是"萌芽"?——对马克思〈关于费尔巴哈的提纲〉的重新理解》,《西南大学学报》(社会科学版)2016年第3期。
④ 鲁品越:《马克思主义哲学原生态基本纲领——〈关于费尔巴哈的提纲〉系统化新解》,《河北学刊》2018年第1期。
⑤ 马拥军:《作为"非哲学"的新唯物主义世界观的基本纲领——与鲁品越教授商榷》,《河北学刊》2018年第4期。

在此之后的《关于费尔巴哈的提纲》中，马克思进一步对包括费尔巴哈在内的旧唯物主义展开批判。因为费尔巴哈的唯物主义把辩证法排斥在外，导致他看不到因人而形成的历史从而在历史观上陷入唯心主义。为什么马克思之前的这些哲学家都戴上了唯心史观的"有色眼镜"？因为他们割裂了实践与辩证法。马克思在方法论上把辩证法与实践相结合，才看到人通过扬弃自身而形成的历史活动。这就为《德意志意识形态》研究人与自然的关系在资产阶级社会的特殊历史规定及其运动规律规划了方向。马克思、恩格斯正是从交往和生产力入手分析私有制下的商品经济所呈现出来的特殊历史规律，才正式宣告了历史唯物主义的诞生。

## 二 《神圣家族》和《关于费尔巴哈的提纲》在历史唯物主义形成中的作用

《神圣家族》和《关于费尔巴哈的提纲》在历史唯物主义形成中处于不同阶段，分别有各自的作用。对这两个文本在历史唯物主义形成中的作用进行比较和关联分析，对于理解历史唯物主义具有不容忽视的意义。前者从对黑格尔辩证法的反思中把握资产阶级社会物质资料的生产方式，反驳了思辨唯心主义的世界观；后者把唯物主义对"物"的直观提升到了人的实践的高度，关注到社会关系中环境（物质生活条件）的改变对变革社会的重要作用，二者把形成历史唯物主义的"问题域"极大地向外拓展了。

1. 《神圣家族》从对辩证法的反思中把握物质资料的生产方式

黑格尔终其一生都在论证绝对精神的辩证实现过程。他在《逻辑学》中将绝对精神否定自身的活动看作不断向前发展的过程，把否定性视为辩证法的内核，把辩证法视为"唯一能成为真正的哲学方法""唯一真正的方法"[①]；在《历史哲学》中，他将这种"辩证法"适用于对历史的分析，认为历史不过是绝对精神不断扬弃自身的辩证发展过程，"精神的这个发

---

① 〔德〕黑格尔：《逻辑学》上卷，杨一之译，商务印书馆，1966，第36～37页。

展过程，自身就是一个不断扬弃自身前一阶段的辩证发展过程"①。绝对精神在黑格尔这里是客观存在的具有普遍性的精神。然而，他的得意门徒布鲁诺·鲍威尔却用自我意识取代绝对精神，把这种实证分析的辩证法片面化为纯粹主观的辩证法，导致辩证法不仅无视自然，更无视了"以自然为基础的现实的人"②。

在布鲁诺·鲍威尔看来，自我意识可以通过否定天空、大地之类的自然存在而消灭万物与自身的差别，从而把自己确立为绝对的东西。这样，自我意识之外的一切就成为由它产生的东西，它就成了唯一的存在。自我意识还靠自己的这种想象把除它之外的东西都变成暂时之物、虚假之物，而把自己视为能够独立存在、发展并具有人格性的神秘精神。马克思认为，这种思辨否认精神的现实物质基础，导致它看不到立足于自然之上的人的物质生活对于精神而言的基础性、优先性和首要性。所以马克思批判被视为"真理"的自我意识"不去接触住在英国地下室深层或法国高高的屋顶阁楼里的人的粗糙的躯体，而是'完完全全'在人的唯心主义的肠道中'蠕动'"③。

马克思在批判"批判的批判"时已经指出，在资产阶级社会中从事物质资料生产方式的人才是历史的创造者，从而抓住了辩证法的唯物主义基础。思辨唯心主义之所以把辩证法引向歧途，是因为看不到资本主义社会化大生产才是推动资产阶级历史发展的社会动力。这一特定的社会历史条件使马克思自觉深入粗糙的物质生产中，找到了资产阶级扬弃封建专制统治的奥秘。故而他才讥讽道："难道批判的批判以为，它不把比如说某一历史时期的工业，即生活本身的直接的生产方式认识清楚，它就能真正地认清这个历史时期吗？"④ 在此，马克思表现出把辩证法建立在物质的经验的基础之上的深刻认识，使他超越了黑格尔的辩证法水平。

2.《关于费尔巴哈的提纲》从对费尔巴哈的超越中把握历史唯物主义

在《神圣家族》中，恩格斯充分肯定费尔巴哈的理论贡献。"是谁揭

---

① 〔德〕黑格尔：《黑格尔历史哲学》，潘高峰译，九州出版社，2011，第55页。
② 《马克思恩格斯文集》第1卷，人民出版社，2009，第342页。
③ 《马克思恩格斯文集》第1卷，人民出版社，2009，第285～286页。
④ 《马克思恩格斯文集》第1卷，人民出版社，2009，第350页。

毁了概念的辩证法即仅仅为哲学家们所熟悉的诸神的战争呢？是费尔巴哈。"① 费尔巴哈不满意青年黑格尔派的辩证法，就在对思辨唯心主义的批判中把辩证法排斥在外，这也成为他不能辩证对待历史运动的原因。

比起思辨唯心主义，费尔巴哈的唯物主义确实具有理论进步性。可是他只会直观自然，把人也纳入纯粹自然的范畴，因而"只是从客体的或者直观的形式去理解"②"对象、现实、感性"③，"而不是把它们当做感性的人的活动，当做实践去理解"④。马克思正是立足于实践改造了费尔巴哈的唯物主义，使《关于费尔巴哈的提纲》成为正视"现实的人"及其感性活动的提纲。

不仅如此，实践的提出还表明马克思将辩证法运用到了唯物主义上面。一个典型分析是，他深入社会历史领域探究人在生产劳动中滋生出来的异化现象，尤其是宗教异化。马克思在《关于费尔巴哈的提纲》第四条举例费尔巴哈看到了宗教异化，却不理解宗教异化的根源只能到宗教的世俗基础上去寻找，"只能用这个世俗基础的自我分裂和自我矛盾来说明"⑤。费尔巴哈没有用实践的动态眼光把握宗教的世俗基础即《神圣家族》中的世俗社会，更没有从它的自我的"分裂"和"矛盾"即世俗社会的自我矛盾运动中考察宗教产生的社会根源。马克思指出，世俗社会的矛盾运动才会产生人对宗教的情感需要，由此就决定了宗教只能通过世俗社会的矛盾运动来加以消灭。这就是第三条所说的"革命的实践"。这里的"革命"指的就是实践的辩证法及其彻底的批判性。

由此可见，马克思强调的实践概念是从一定的社会关系中概括出来的历史性概念，要放在具体的社会历史条件当中才能准确界定它的现实内容。这就为他在《德意志意识形态》中从资产阶级社会的物质生活条件出发考察社会交往和生产力提供了辩证唯物主义的哲学基础。

---

① 《马克思恩格斯文集》第1卷，人民出版社，2009，第295页。
② 《马克思恩格斯选集》第1卷，人民出版社，2012，第133页。
③ 《马克思恩格斯选集》第1卷，人民出版社，2012，第133页。
④ 《马克思恩格斯选集》第1卷，人民出版社，2012，第133页。
⑤ 《马克思恩格斯选集》第1卷，人民出版社，2012，第138页。

3. 历史唯物主义建立在融合辩证法和实践的基础之上

马克思在1844年前后正处于世界观的转型期,或者也可以说成思想上的裂变期,表现在通过清算思辨唯心主义彻底告别了唯心世界观,通过扬弃旧唯物主义扫清了前进路障。然而马克思非常清楚,当时的最大敌人莫过于观念论,所以《神圣家族》开门见山地指出:"现实人道主义在德国没有比唯灵论或者说思辨唯心主义更危险的敌人了"①,这是对它无视社会现实的真实评价。此时,马克思借助费尔巴哈对他形成"新世界观"起到很大帮助。恩格斯事后回忆说:"我们一时都成为费尔巴哈派了。马克思曾经怎样热烈地欢迎这种新观点,而这种新观点又是如何强烈地影响了他(尽管还有种种批判性的保留意见),这可以从《神圣家族》中看出来。"②但是在《关于费尔巴哈的提纲》中,马克思不再对费尔巴哈有所保留。他从现实这一前提出发,把辩证法与实践统一到现实社会关系当中,从唯心史观的"地基"上清理出历史唯物主义的"地盘",历史唯物主义的"新世界观"就诞生于这一清理的过程中。

## 三 《神圣家族》和《关于费尔巴哈的提纲》对历史唯物主义侧重点的强调

《神圣家族》和《关于费尔巴哈的提纲》都属于历史唯物主义"新世界观"的建构阶段,但各有侧重。考察历史唯物主义的形成应重视研究这一建构过程中各自的侧重点。

1. 历史唯物主义形成中的共同立足点

"现实的人"是《神圣家族》和《关于费尔巴哈的提纲》共有的核心概念,是二者形成历史唯物主义的共同立足点。

马克思在《神圣家族》中批判黑格尔"把人变成自我意识的人,而不是把自我意识变成人的自我意识"③时,指出"现实的人"就是"生活在

---

① 《马克思恩格斯文集》第1卷,人民出版社,2009,第253页。
② 《马克思恩格斯选集》第4卷,人民出版社,2012,第228页。
③ 《马克思恩格斯文集》第1卷,人民出版社,2009,第357页。

现实的对象世界中并受这一世界制约的人"①。马克思使用"对象世界"的术语表明，他仍然受到费尔巴哈的影响，还没有彻底超越抽象的人的看法②，故而有学者认为，要想真正理解费尔巴哈对马克思的影响，就要充分估价"现实的人"的概念及其意义③。费尔巴哈的"现实"是指自然，只有借助于自然，人才能存在④，故而他没有看到社会状态中活生生的人。马克思指出，爱尔维修在费尔巴哈止步的地方把唯物主义运用到了社会生活领域："感性的特性和自尊、享乐和正确理解的个人利益，是全部道德的基础。人的智力的天然平等、理性的进步和工业的进步的一致、人的天然的善良和教育的万能，这就是他的体系中的几个主要因素。"⑤可以看出，爱尔维修摒弃了抽象的道德批判；在对人的认识上，他从现实生活入手考察人，认为人本身具有不可被取代的价值是因为人可以被环境和教育所塑造，可以通过教育使人的发展与社会的进步相一致。爱尔维修对社会环境的强调使他比费尔巴哈更加接近历史唯物主义，可惜他却忽视了人与环境的互动关系。这才有了《关于费尔巴哈的提纲》第三条对爱尔维修的批判，"关于环境和教育起改变作用的唯物主义学说忘记了：环境是由人来改变的，而教育者本人一定是受教育的"⑥。

紧接着，马克思道出了立足"现实的人"的基本立场："环境的改变和人的活动或自我改变的一致，只能被看做是并合理地理解为革命的实践。"⑦也就是说，现实的人与环境在实践中呈现一种辩证的关系，二者处于矛盾统一体当中，人在改变环境的同时也自我改变了。

有了这个基本立场，马克思才在第四条批判费尔巴哈不能从实践的辩证法理解宗教异化，在第五条指出他的症结是只能直观（看到感性对象）而看不到实践（人的感性活动），进而在第六条提出"人的本质不是单个

---

① 《马克思恩格斯文集》第 1 卷，人民出版社，2009，第 357 页。
② 张智：《〈神圣家族〉对思想政治教育理论的启示》，《中国人民大学学报》2016 年第 5 期。
③ 吴晓明：《马克思早期思想的发展逻辑》，上海人民出版社，2016，第 175 页。
④ 〔德〕费尔巴哈：《费尔巴哈哲学著作选集》下卷，荣震华等译，商务印书馆，1984，第 113 页。
⑤ 《马克思恩格斯文集》第 1 卷，人民出版社，2009，第 333 页。
⑥ 《马克思恩格斯选集》第 1 卷，人民出版社，2012，第 134 页。
⑦ 《马克思恩格斯选集》第 1 卷，人民出版社，2012，第 134 页。

人所固有的抽象物，在其现实性上，它是一切社会关系的总和"①。这句话包含两个方面：其一，费尔巴哈没有看到人与人之间的关系才是人的本质的体现，这是因为他没有深入具体的历史进程当中考察人，只是从与宗教对立的层面归纳人，把神看作人的本质的异化，因而陷入了对人的本质的抽象论述；其二，费尔巴哈所理解的本质是"类"（人类），即没有现实差别的人与人之间的绝对统一，而没有看到人类社会的矛盾问题（当然也看不到人与环境的矛盾问题）。马克思不仅早在《1844年经济学哲学手稿》中就看到自然界（环境）只有在社会中才能使人成为人②，还在《神圣家族》中通过批判资产阶级社会非人性的生活条件③指出了人类社会存在的矛盾冲突，进而在《关于费尔巴哈的提纲》中强调通过改变作为总和的社会关系实现"现实的人"的解放。

2. 历史唯物主义形成中的各自侧重点

马克思在《神圣家族》中从"使用实践力量的人"出发阐发了群众史观，而在《关于费尔巴哈的提纲》中通过强调"革命的实践"自觉把握住了资本主义历史发展进程。从"使用实践力量的人"到"革命的实践"表明，历史唯物主义所强调的"一切社会关系的总和"在现实性上正是"使用实践力量的人"的"革命实践"的历史产物。

马克思在《神圣家族》中论证群众在法国革命中的历史作用时指出，历史由群众创造的根据在于群众就是"使用实践力量的人"④。对于任何社会形式的认识都应该被放到特定的历史背景当中去理解，对于法国革命时

---

① 《马克思恩格斯选集》第1卷，人民出版社，2012，第135页。
② "自然界的人的本质只有对社会的人来说才是存在的；因为只有在社会中，自然界对人来说才是人与人联系的纽带，才是他为别人的存在和别人为他的存在，只有在社会中，自然界才是人自己的合乎人性的存在的基础，才是人的现实的生活要素。只有在社会中，人的自然的存在对他来说才是人的合乎人性的存在，并且自然界对他来说才成为人。因此，社会是人同自然界的完成了的本质的统一，是自然界的真正复活，是人的实现了的自然主义和自然界的实现了的人道主义。"《马克思恩格斯文集》第1卷，人民出版社，2009，第187页。
③ "在无产阶级的生活条件中集中表现了现代社会的一切生活条件所达到的非人性的顶点……如果无产阶级不消灭它本身的生活条件，它就不能解放自己。如果它不消灭集中表现在它本身处境中的现代社会的一切非人性的生活条件，它就不能消灭它本身的生活条件。"《马克思恩格斯文集》第1卷，人民出版社，2009，第262页。
④ 《马克思恩格斯文集》第1卷，人民出版社，2009，第320页。

期的资产阶级社会的认识同样如此。群众作为最主要的社会力量参与了这场革命，却为何没有改变革命的资产阶级性质？因为这场革命是由资产阶级领导的，必然使革命体现出资产阶级的性质和利益。群众只有从所谓的"群氓"转变为无产阶级，认识到不消灭一切非人性的生活条件就无法解放自己，才能在资产阶级社会重新发动"环境的改变和人的活动或自我改变的一致"的"革命的实践"，即无产阶级革命，从而在改变世界中解放自己。

这就是马克思所期待的无产阶级通过"革命的实践"对历史发展进程的自觉把握。在这里，"实践"的内涵不再局限于人与自然界的互动关系，已经延伸到《神圣家族》中人与社会的互动关系，即对自然科学和工业生产活动的强调，以及无产阶级反抗压迫的阶级斗争运动。在《关于费尔巴哈的提纲》中，"实践"已经不是某种具体的活动所能涵盖，而是涉及人与自然、人与人（社会）之间矛盾运动的辩证关系概念。所以，其第十一条的"改变世界"是指这个"世界"作为"革命的实践"的产物，是"使用实践力量的人"的感性活动的产物；而"解释世界"只是把这个世界当作认识的感性对象，止步于理论领域进行辩护而在现实面前显得苍白无力。这正是"新世界观"不同于以往种种"旧世界观"的根本所在。

3. 历史唯物主义的生活世界观

历史唯物主义"新世界观"的两块理论"地基"是辩证法和实践，在《神圣家族》和《关于费尔巴哈的提纲》中通过"现实的人"的实践，即"使用实践力量的人"的"革命的实践"充分融合在一起，同样也通过"生活"这一历史唯物主义范畴体系最为突出的概念得到了确证。马克思、恩格斯确实在《神圣家族》中通过"生活"概念发现了生活条件对于无产阶级而言的历史意义；在《关于费尔巴哈的提纲》中把实践提升到人类社会生活特质的高度进行理解[①]，才有了《德意志意识形态》中从生活入手对历史唯物主义的专门表述。

"这种历史观就在于：从直接生活的物质生产出发阐述现实的生产过

---

① 苗启明：《从人类学哲学视域对马克思〈关于费尔巴哈的提纲〉的新理解》，《思想战线》2018年第6期。

程，把同这种生产方式相联系的、它所产生的交往形式即各个不同阶段上的市民社会理解为整个历史的基础，从市民社会作为国家的活动描述市民社会，同时从市民社会出发阐明意识的所有各种不同的理论产物和形式，如宗教、哲学、道德等等，而且追溯它们产生的过程。这样做当然就能够完整地描述事物了（因而也能够描述事物的这些不同方面之间的相互作用）。"①

这段话从两层意思体现了辩证法与实践在社会历史领域的有机融合。一是对"生产物质生活本身"的规律揭示，即通过对物质生产与交往方式的辩证分析，重新确证市民社会对政治国家的决定作用，把决定历史发展的根本推动力归结为"生产物质生活本身"；二是对市民社会运动机制的揭示，即通过对市民社会与意识形态的辩证分析，找到了解释各种观念形态的现实的历史的基础，即市民社会。其中，"生产物质生活本身"对于"市民社会"而言处于更为基础的层次，乃是推动历史发展的根本动力。市民社会是以"生产物质生活本身"为基础的生活领域，在其中产生出各种观念形式的范畴。这就是物质生产方式起决定作用、生活决定意识的历史唯物主义基本原理的成熟表达，标志着马克思、恩格斯在"新世界观"上所实现的革命性变革。

## 四 《神圣家族》和《关于费尔巴哈的提纲》对历史唯物主义的独特贡献

在《神圣家族》和《关于费尔巴哈的提纲》中，历史唯物主义保留了"辩证法"批判性的合理内核，同时又立足于现实生活和人的实践研究人类社会的历史发展规律，从而使自身呈现出辩证的、实践的、历史的唯物主义的内在逻辑体系。在对苏联用辩证唯物主义与历史唯物主义二分法的批判中，国内学界逐渐达成了历史唯物主义、辩证唯物主义与实践唯物主义"三位一体"的全新认识。这种认识的核心要义在于，历史唯物主义不是辩证唯物主义在历史领域的应用，而是内在地包含了辩证法和实践，因

---

① 《马克思恩格斯选集》第 1 卷，人民出版社，2012，第 171～172 页。

此历史唯物主义就是辩证的、实践的唯物主义,是把辩证唯物主义和实践唯物主义包含于自身之内的唯物主义。这是历史唯物主义在世界观上所掀起的那场"哥白尼式的革命"。

1. 《神圣家族》通过批判思辨唯心主义凸显历史唯物主义的革命性

马克思在《神圣家族》中揭露思辨唯心主义历史观的本质是"绝对的批判摒弃群众的历史并打算用批判的历史取而代之"[①]。这种历史观之所以无视真正的历史,归根结底是它所使用的方法的"不接地气"以及必然会带来的掩饰性。思辨唯心主义自带神秘主义色彩,用充满神秘感的自我意识取代一切现实,所以《神圣家族》着力对思辨唯心主义掩盖社会现实矛盾的做法进行批判。在马克思、恩格斯看来,这种历史观不仅从来没有接触到生活,更没有对真实的历史产生过任何作用。马克思、恩格斯不仅要立足于现实对人类历史进行客观的把握,还要实际地影响这个历史进程。

于是,马克思、恩格斯就要把辩证法改造成唯物的辩证法,因为只有唯物辩证法才能对人类社会的历史问题有一个本质的认识。这个认识的"出发点是从事实际活动的人",过程是"发展着自己的物质生产和物质交往的人们,在改变自己的这个现实的同时也改变着自己的思维和思维的产物",结论是"不是意识决定生活,而是生活决定意识"[②]。《德意志意识形态》中概括的历史唯物主义的经典表述对《神圣家族》中的批判进行了升华,把辩证法的出发点扬弃为"现实的人",将历史发展的辩证过程扬弃为"现实的改变"和"人的改变"的一致,将历史的最终指向扬弃为在消灭异化中实现人的解放。这就显现出历史唯物主义的革命性,即历史唯物主义通过把历史解读为是人的解放活动的产物,促使辩证法实现于自身之内。

2. 《关于费尔巴哈的提纲》通过实践指认人类社会问题凸显历史唯物主义的科学性

《关于费尔巴哈的提纲》不仅通过实践实现对思辨唯心主义和直观唯物主义的双重超越,而且还显现历史唯物主义指认人类社会问题的勇气。

---

① 《马克思恩格斯文集》第1卷,人民出版社,2009,第286页。
② 《马克思恩格斯选集》第1卷,人民出版社,2012,第152页。

在第一重超越上，马克思通过实践即对人的感性活动的现实把握，克服了局限在观念领域解释世界时无法克服的根本缺陷。在第二重超越上，马克思立足实践解决人类社会问题，确立了从人出发改变世界的视角，超越了费尔巴哈的感性直观，在对人类社会问题的指认中自觉地投身到对现实生活的变革和无产阶级的革命实践当中。

马克思不仅看到实践、人与生活的关系，还在《德意志意识形态》中进一步把"现实的人""感性活动""生活条件"确立为历史唯物主义的"一整块钢"，"这是一些现实的个人，是他们的活动和他们的物质生活条件"①，正是这些前提实现了历史唯物主义对过去一切唯心史观的革命。历史唯物主义不仅通过"现实的个人"在超越抽象人本主义中确证了自己的"人学"基础，而且通过"他们的活动"确证了自身的现实存在形式，更通过"他们的物质生活条件"体现出对历史发展进程的自觉把握②，从而显现出科学性，即它以一种具有整体性的全新世界观把辩证法与实践融合于自身之内，进而直指人类社会问题。可以说，观照现实是历史唯物主义作为科学理论形态的必然要求。

3. 作为"历史科学"掀起的"哥白尼式的革命"

不管是《神圣家族》还是《关于费尔巴哈的提纲》都深入经验的现实研究社会历史问题，运用实证分析方法探寻真实的历史。真实的历史往往具有千差万别的可能性。只有深入具体历史的现实境遇当中，客观描述历史进程的各种发生机制，才有可能把握住历史前进的规律。这就是《神圣家族》从物质生产方式入手对资本主义经济本身进行的分析，以及《关于费尔巴哈的提纲》立足革命的实践对资本主义世界的改变。这就为《德意志意识形态》运用实证分析方法对资本主义社会特殊经济运动规律的分析铺平了道路。"在思辨终止的地方，在现实生活面前，正是描述人们实践活动和实际发展过程的真正的实证科学开始的地方。"③ 这种转向一旦完

---

① 《马克思恩格斯选集》第 1 卷，人民出版社，2012，第 146 页。
② 邹诗鹏：《实践唯物主义与唯物史观的相通性——基于〈关于费尔巴哈的提纲〉与〈德意志意识形态〉的探讨》，《马克思主义与现实》2015 年第 4 期。
③ 《马克思恩格斯选集》第 1 卷，人民出版社，2012，第 153 页。

成，历史唯物主义就不会是一种"历史哲学"①，而只能是"一门唯一的科学，即历史科学"②。

按照列宁的话来说，这门"历史科学"之所以具有彻底性，是因为马克思"抛弃了所有这些关于一般社会和一般进步的议论，而对一种社会（资本主义社会）和一种进步（资本主义进步）作了科学的分析"③。历史唯物主义所深入的现实就是资本主义社会的历史进步性，以及对它所做的实证考察和批判性分析。这样历史唯物主义才能不断扬弃自身的社会形态，实现由理想到科学、由理论到实践、由不成熟到成熟的过渡，完成世界观上的"哥白尼式的革命"。

通过《神圣家族》和《关于费尔巴哈的提纲》的比较研究可知，马克思转向历史唯物主义经历了一个世界观的上升过程，目的是扬弃对世界进行观念论的解释，而呼吁立足实践改变世界。用改变世界替代和超越解释世界，标志着"新世界观"上的"哥白尼式的革命"的确立，"也标志着马克思所引发并完成的哲学范式的革命性重建"④。从方法论的高度把握这一过程，就能完整呈现出双重马克思形象，即与唯心史观进行斗争的马克思形象以及建构"新世界观"的马克思形象。

也只有在《神圣家族》和《关于费尔巴哈的提纲》的对比中才能尽可能客观、真实地揭示马克思形成历史唯物主义的完整历程。这就要求我们既要重视基于文本的文献学研究的成果，又要用对历史唯物主义的思想研究引领对马克思与同时代人论战的文献事实的整理工作，从而发挥文献事

---

① 马拥军认为，"人的全部生命活动包括知、情、意三个方面，哲学围绕思维与存在的关系问题展开，只涉及知识论世界观；宗教则围绕情感与存在的关系问题展开，涉及情感世界观；伦理学围绕意志与存在的关系问题展开，涉及意志论世界观"，马拥军：《唯物辩证法：现象学与诠释学的统一与超越》，《南京大学学报》（哲学·人文科学·社会科学）2019年第3期。历史唯物主义不仅是站在哲学层面对以往的知识论世界观的扬弃，而且作为"历史科学"还是对情感世界观和意志论世界观的扬弃。也就是说，历史唯物主义不仅要科学地解释世界，更重要的是要现实地改造世界。这是历史唯物主义作为"历史科学"的必然使命。
② 《马克思恩格斯文集》第1卷，人民出版社，2009，第516页。
③ 《列宁选集》第1卷，人民出版社，2012，第13页。
④ 何中华：《解释世界和改变世界：是补充还是超越？——再读马克思〈关于费尔巴哈的提纲〉第11条》，《天津社会科学》2019年第3期。

实在理论研究中所起的佐证作用。更为重要的是，用思想连贯性视角对待《神圣家族》和《关于费尔巴哈的提纲》，不仅能打破文本研究之间的壁垒，更能用历史唯物主义形成的完整视角引领文本研究。

就现实观照而言，历史唯物主义虽产生于 19 世纪中叶，却对新时代中国特色社会主义建设具有现实指导意义。首先，在新时代，通过考察《神圣家族》《关于费尔巴哈的提纲》如何处理"唯心"与"唯物"的世界观之争，对把握我国当下意识形态领域的现实问题具有重要启示。其次，通过考察《神圣家族》《关于费尔巴哈的提纲》对历史唯物主义基本观点和原理的阐发，尤其是用融合辩证法与实践的方法论指导社会主义现代化建设，才能从改变世界的方法论高度深化对中国特色社会主义的理解，即要夺取新时代中国特色社会主义伟大胜利，就要决胜全面建成小康社会，实现"两个一百年"奋斗目标，这正是在当代中国对改变世界的深刻诠释。

## 第三节 《神圣家族》和《德意志意识形态》中的历史唯物主义

《神圣家族》和《德意志意识形态》在马克思主义发展史上具有重要的历史地位，它们在历史唯物主义形成初期具有内在的关联性。在《神圣家族》中，马克思、恩格斯完成了对思辨唯心主义的批判。在《德意志意识形态》中，马克思、恩格斯建立了整个历史唯物主义的理论大厦。尝试用思想连贯性的视角来对待马克思主义发展史中的这两个文本，可以看出，马克思、恩格斯的历史唯物主义思想在《神圣家族》《德意志意识形态》等著作中，经历了一个由理想到科学、由理论到实践、由不成熟到成熟的过程。这样来理解历史唯物主义的建立，既不会对马克思主义形成的标志产生争论，也不会把早期的马克思和成熟期的马克思对立起来，而会把马克思主义理解为，一直是从人的现实生活出发，以人的自由和全面发展为目的的历史唯物主义。这样既能从人的物质生产实践出发对生产力与生产关系、经济基础与上层建筑的辩证关系进行分析，展示了历史唯物主义的科学性；又能运用"生活"概念对相关的马克思主义经典著作进行连贯性解读，重塑了历史唯物主义的整体性。

## 一 历史唯物主义形成的争论

马克思主义到底是什么时候形成的？学术界虽然众说纷纭，但普遍认为，历史唯物主义的形成预示着马克思主义的诞生。

一种观点认为，《神圣家族》标志着历史唯物主义的形成。

杨耕认为，应重新审视《神圣家族》中唯物主义的历史形态和历史唯物主义的理论空间。马克思关于法国唯物主义两个派别、近代唯物主义发展史以及唯物主义与形而上学关系的论述，真正显示出该文本的内在价值。[①] 他认为，真正终结"形而上学"并高扬人的主体性的是历史唯物主义。该主张看到了《神圣家族》通过梳理历史唯物主义的发展脉络对思辨唯心主义展开批判的价值，但并未在"破"的基础上对历史唯物主义的"立"展开论述。傅敏智和曾鸣以《神圣家族》作为马克思主义诞生的标志，其理由是，《神圣家族》是在马克思主义诞生的历史条件已经具备，马克思、恩格斯成为唯物主义者和共产主义者以后合写的第一部革命理论著作。[②] 该主张看到了《神圣家族》对历史唯物主义基本原理的初步阐释，但并未认识到马克思和恩格斯写作本书的主要目的是对思辨唯心主义的系统批判。此时的马克思、恩格斯还处于唯物史观的形成过程中，还不是真正意义上的马克思主义者。王长里认为应重新分析《神圣家族》在历史唯物主义形成中的地位。他提出，马克思通过对"现实的人"的分析接近了生产关系这一历史唯物主义的基本原理；马克思第一次提出了生产方式的概念，接触到生产力在社会发展中的决定作用的思想；马克思从物质生产的历史作用深刻论证了人民群众的历史作用，阐明了人民群众是历史的创造者这一历史唯物主义基本原理。[③] 该主张分析了《神圣家族》已经深入人民群众的社会生产和生活当中来探讨社会发展的物质基础的思想，预示

---

[①] 杨耕：《重新审视唯物主义的历史形态和历史唯物主义的理论空间——重读〈神圣家族〉》，《学术研究》2001年第1期。

[②] 傅敏智、曾鸣：《马克思主义诞生的标志是〈神圣家族〉》，《湖南师范大学社会科学学报》1991年第7期。

[③] 王长里：《〈神圣家族〉和历史唯物主义的形成》，《江西社会科学》1983年第5期。

了历史唯物主义的萌芽。但是,《神圣家族》并未从生产力与生产关系、经济基础与上层建筑之间的辩证关系来展开历史唯物主义的论述。因此,该主张认为历史唯物主义已经在《神圣家族》中形成,有失偏颇。

另一种观点认为,《德意志意识形态》创立了历史唯物主义。

王贵贤和孙碧云认为《德意志意识形态》中不但"费尔巴哈"章有系统的历史唯物主义思想,而且在第二卷通过对"真正的社会主义"批判,首次运用了历史唯物主义的基本原理。这就证伪了《德意志意识形态》并非历史唯物主义诞生地的观点。[①] 该主张从文献学和理论内容的双重角度出发论证将历史唯物主义作为科学社会主义理论基础的科学性,但是应看到马克思和恩格斯在《神圣家族》中对费尔巴哈思想和社会主义的批判之中就体现着历史唯物主义的思想成分。陈永盛认为《德意志意识形态》不仅突出了生产是历史唯物主义的逻辑起点这一重要哲学特质,而且通过对生产的剖析实现了对劳动分工与社会历史发展的关系以及生产力与交往形式间矛盾等历史唯物主义重要原理的揭示。[②] 该主张探究马克思生产思想的历史唯物主义意蕴,但是仅仅是从马克思的经济学理论出发对历史唯物主义的揭示,没有提升到辩证法的高度来体现历史唯物主义的科学性。王天民和巩瑞贤认为,《德意志意识形态》指明了历史的现实根基,即现实的人在客观的生产活动中创造的感性存在;剖析了历史的存在状态,即以联系、发展、矛盾的形式呈现;论证了历史的理想模态,即无产阶级引领的,消灭了分工和阶级、生产力高度发达、交往普遍化的共产主义社会。[③] 该主张阐述了《德意志意识形态》中的历史唯物主义的核心要义,但是没有明确提出历史背后的生活动因,没有突出历史唯物主义中的生活维度。宗玛丽把《德意志意识形态》作为马克思主义诞生的标志,认为"没有《德意志意识形态》首次阐明的马克思主义的基本思想,就没有马克思和

---

[①] 王贵贤、孙碧云:《历史唯物主义与"真正的社会主义"的批判——基于 MEGA² I /5〈德意志意识形态〉第二卷的考察》,《山东社会科学》2018 年第 12 期。

[②] 陈永盛:《理解〈德意志意识形态〉中生产思想的历史唯物主义意蕴》,《江汉论坛》2018 年第 8 期。

[③] 王天民、巩瑞贤:《论历史唯物主义的三重论域——基于〈德意志意识形态〉文本解读》,《湖北社会科学》2018 年第 1 期。

恩格斯从 1846 年开始的指导工人运动的实践；没有马克思主义的形成和指导工人运动的实践，就没有《共产党宣言》这个无产阶级政党的行动纲领。所以，《德意志意识形态》应为马克思主义形成的标志"①。该主张看到了《德意志意识形态》对唯物史观第一次系统的阐释，但马克思主义基本思想并不是在这本论著中才开始有的，也不是在此书中就彻底成熟完善了，简单对它贴标签有失公允。

还有一种观点认为，《共产党宣言》才正式宣告了马克思主义的诞生。国际共运史编写组认为《共产党宣言》才正式标志着马克思主义的诞生，"标志着马克思主义的哲学、政治经济学、科学社会主义的体系已经具体形成，是第一个无产阶级政党的雏形——'共产主义者同盟'的政治纲领性文件"②。该主张看到了《共产党宣言》的发表所开辟的划时代的历史意义，但没有注意到，早在它之前马克思和恩格斯就已经用唯物史观来指导工人运动了。此时，马克思、恩格斯已经是马克思主义者了。他们共同完成的《共产党宣言》应是马克思主义成熟时期的代表作之一，才会一问世就产生了巨大的思想威力。汤剑波和谢坚认为，《共产党宣言》站在历史唯物主义的高度揭示资本主义生产方式的辩证运动，共产主义通过克服资本主义生产方式的内在矛盾，对无产阶级的解放做出承诺。③ 该主张看到《共产党宣言》用历史唯物主义的方法分析资本主义的生产方式，表明历史唯物主义在此之前已经形成。李恩来和靳书君认为，《共产党宣言》在马克思主义中国化中具有首要地位，从马克思主义关于"实践"概念的中国化演变可以看出，马克思主义话语中国化的过程是一个从无到有、从生活化到理论化、从不成熟到成熟的逐步完善的过程。④ 该主张在《共产党宣言》发表 171 年之际指出它在马克思主义中国化的首要地位，但至今

---

① 宗玛丽：《〈德意志意识形态〉应为马克思主义形成的标志》，《社会科学辑刊》1981 年第 6 期。
② 本书编写组：《国际共产主义运动史——从马克思主义诞生到十月社会主义革命胜利》上册，吉林人民出版社，1978，第 55 页。
③ 汤剑波、谢坚：《历史唯物主义视阈中的现代性体验——〈共产党宣言〉现代性维度之解读》，《社会科学辑刊》2007 年第 6 期。
④ 李恩来、靳书君：《马克思主义"实践"概念中国化的演变与影响——以〈共产党宣言〉的汉译本为线索》，《思想理论教育》2019 年第 2 期。

仍未对它在整个马克思主义发展史中的地位进行研究和概括。

关于马克思主义形成问题的争论，其实就是对历史唯物主义到底是什么时候形成的问题的争论。从历史唯物主义的设想、提出、发展和成熟的过程来看，它并不是在马克思、恩格斯的某一本著作中，或者在马克思主义思想的某一个发展阶段就可以涵盖的。马克思和恩格斯在批判性地借鉴和发展了人类思想文化领域的一切优秀文化成果的基础上，尤其是对德国古典哲学、英国古典政治经济学和英法空想社会主义的吸收，以及对19世纪上半叶自然科学成果研究的基础之上，才逐渐形成了历史唯物主义、马克思主义政治经济学和科学社会主义的思想。所以，单单以马克思主义经典作家的某一时期的某一本著作来界定历史唯物主义是从何时开始形成的，马克思主义是什么时候诞生的，都会不可避免地陷入片面化的理解当中。只有从马克思、恩格斯正处于哲学世界观转变期的一系列著作中来考察历史唯物主义的产生过程，才能对马克思主义思想如何由理想到科学、由理论到实践、由不成熟到成熟有一个正确的理解和把握。

其实，早在1844年4~8月流亡巴黎时所写的《1844年经济学哲学手稿》中，马克思就认为历史的目的是实现人道主义，是为了实现人的解放。只不过此时的马克思还深受费尔巴哈人本学唯物主义的影响，对人道主义的理解还没有完全脱离抽象的论证，但是他已经看到了资本主义私有制对现实生活中作为感性的人的人性摧残。人作为类本质只不过是生命被私有财产所异化的物质表现形式，这就是人在当时社会的真实本质。马克思论述道："这种物质的、直接感性的私有财产，是异化了的人的生命的物质的、感性的表现。私有财产的运动——生产和消费——是迄今为止全部生产的运动的感性展现，就是说，是人的实现或人的现实。"[①] 马克思认为，资本主义私有制把不道德发展到了人类历史上的一个新阶段。他这样的看法是建立在费尔巴哈把人当成感性的人的基础上，所以他看到了身处底层社会的产业工人在感性生活中的非人一面。然而费尔巴哈的问题是，

---

① 《马克思恩格斯文集》第1卷，人民出版社，2009，第186页。

他把人只理解为直接的感性存在者，没有从人身处于其中的社会关系的高度来研究人的本质，更不会从被异化了的人与人之间的关系出发来分析资本主义的历史局限性。

马克思和恩格斯在 1844 年 9～11 月合作撰写《神圣家族》时，用费尔巴哈的思想作为武器对以青年黑格尔派为首的思辨唯心主义展开了彻底的清算。这意味着，马克思、恩格斯已经在反思曾经作为青年黑格尔派成员的自己的思想，把世界观由思辨唯心主义转向了能揭示群众通过实践创造历史的唯物主义。他们认为，被青年黑格尔派所否定的群众在资本主义的物质生产中创造着人类的历史。《神圣家族》正是要为群众创造历史提供科学的理论指导。所以，马克思和恩格斯才说："批判的武器当然不能代替武器的批判，物质力量只能用物质力量来摧毁；但是理论一经掌握群众，也会变成物质力量。理论只要说服人［ad hominem］，就能掌握群众；而理论只要彻底，就能说服人［ad hominem］。"①《神圣家族》在 1845 年 2 月出版以后，立刻发挥了理论武器的批判作用，在国际社会的工人运动中产生了很大的历史推动作用。

紧接着，马克思和恩格斯就于 1845～1846 年夏合作撰写了系统阐述唯物史观的《德意志意识形态》。虽然这本著作在马克思和恩格斯生前并未完全发表，直到 1932 年才完全出版，却被公认为是在马克思主义发展史上对唯物史观的第一次系统、科学的论述。

所以从《神圣家族》和《德意志意识形态》中对历史唯物主义的相关论述出发，分析对马克思、恩格斯世界观转向产生重大影响的理论，以及他们是如何在对这些思想进行批判和扬弃的基础上最终成为坚定的马克思主义者，就很有必要。

## 二　从对思辨唯心主义的批判到历史唯物主义的建立

对于历史唯物主义的形成和发展而言，思辨唯心主义无疑是最大的理论"敌人"了。马克思、恩格斯在合写《神圣家族》时，就以唯物主义的

---

① 《马克思恩格斯选集》第 1 卷，人民出版社，2012，第 9～10 页。

战斗姿态对青年黑格尔派发起了进攻。他们在该书的"序言"部分开宗明义地指出:"现实人道主义在德国没有比唯灵论或者说思辨唯心主义更危险的敌人了。思辨唯心主义用'自我意识'即'精神'代替现实的个体的人,并且用福音书作者的话教诲说:'叫人活着的乃是灵,肉体是无益的'。"① 青年黑格尔派认为,"自我意识"即"精神"才是整个人类社会历史的发源地,对于在现实生活中作为个体的人而言,他存在的目的只不过是为了证明"自我意识"的存在。这正是唯物主义与唯心主义在理论体系、思想范畴和基本原理产生不同看法的关键所在。

青年黑格尔派继承了黑格尔的"绝对精神"的思想,把绝对精神的客观唯心主义发展为"自我意识"的主观唯心主义。青年黑格尔派认为,"人所以存在,历史所以存在,是为了使真理达到自我意识"②。换言之,人存在的目的和历史存在的意义都不具有哲学上的理论自洽性,而是为了服务于自我意识,自我意识具有自成目的性的独立价值,人和历史只不过是为了证明自我意识的存在而存在从而具有价值的。这种把自我意识主体化、绝对化的做法,无疑是对黑格尔关于"绝对精神"辩证法理解的片面化和极端化。黑格尔虽把绝对精神看作世界的本源,是世界展开自身的发展过程及其规律性的体现,但他并没有将绝对精神置于世界之上,只不过颠倒了世界与绝对精神的主次关系。

然而,青年黑格尔派作为黑格尔的忠实信徒,却是一个蹩脚的学生,自以为掌握着所说的真理,把自己作为历史的代言人,无视群众在推动历史进步中的作用。他们以"批判"自居,把群众当作没有自我意识的物质,而把掌握真理的他们看作自我意识在人世间的体现,这种唯心主义的英雄史观正迎合了资产阶级急于改造物质世界的理论需求。但是,马克思、恩格斯对这种群众什么都没有创造的观点极为不满,因为作为群众的产业工人不仅创造了资本主义社会的物质财富,而且使资本主义的生产力超越了以往社会的总和,但是这些底层的群众却在资本主义私有制的钳制下变成了一无所有的劳动力商品,成为消极的历史因素。与此相对,"批

---

① 《马克思恩格斯文集》第 1 卷,人民出版社,2009,第 253 页。
② 《马克思恩格斯文集》第 1 卷,人民出版社,2009,第 284 页。

判"却认为,有产阶级才是社会财富的真正生产者,是推动社会进步的积极力量,并"宣告自己是历史的唯一创造因素"[①]。

可见,马克思、恩格斯在《神圣家族》中是通过揭露和批判思辨唯心主义关于谁来创造历史的谎言,从而揭示群众通过物质财富的生产而推动历史不断进步的积极作用。他们在《德意志意识形态》中,不仅发展了群众创造历史的唯物史观的思想,而且深入物质生产本身当中来研究群众的生活过程,对历史唯物主义进行系统的论述,"这种历史观就在于:从直接生活的物质生产出发阐述现实的生产过程,把同这种生产方式相联系的、它所产生的交往形式即各个不同阶段上的市民社会理解为整个历史的基础,从市民社会作为国家的活动描述市民社会,同时从市民社会出发阐明意识的所有各种不同的理论产物和形式,如宗教、哲学、道德等等,而且追溯它们产生的过程。这样做当然就能够完整地描述事物了(因而也能够描述事物的这些不同方面之间的相互作用)"[②]。

这段话表明,马克思和恩格斯从两个方面进一步发展了唯物史观。第一,他们从直接生活的物质生产出发研究了生产力与交往形式的关系,发现市民社会的交往形式在影响和改变着社会的生产力;第二,他们通过这种交往形式论证了人民群众与人类历史、市民社会与政治国家、社会存在与社会意识的关系。人民群众通过直接生活的物质生产创造了人类历史,市民社会才是政治国家的现实基础。他们还从市民社会出发指出了社会意识的来源问题,这正是社会存在决定社会意识的历史唯物主义基本原理的阐释。

除了历史产生的根本动力问题,历史的目的也是《神圣家族》与《德意志意识形态》的共同关注点。马克思、恩格斯在《神圣家族》中将历史的目的理解为,无产阶级肩负了必须自己解放自己的历史使命。"问题不在于某个无产者或者甚至整个无产阶级暂时提出什么样的目标,问题在于无产阶级究竟是什么,无产阶级由于其身为无产阶级而不得不在历史上有什么作为。它的目标和它的历史使命已经在它自己的生活状况和现代资产

---

[①] 《马克思恩格斯文集》第1卷,人民出版社,2009,第262页。
[②] 《马克思恩格斯选集》第1卷,人民出版社,2012,第171~172页。

阶级社会的整个组织中明显地、无可更改地预示出来了。"① 这里所说的历史使命就是，"如果无产阶级不消灭它本身的生活条件，它就不能解放自己。如果它不消灭集中表现在它本身处境中的现代社会的一切非人性的生活条件，它就不能消灭它本身的生活条件"②。在撰写《德意志意识形态》之时，马克思、恩格斯把历史的目的定义为，生产力的不断解放不仅是一种人道主义的完成，更是人的劳动的解放、自由的实现和全面的发展。人只有在不断摆脱自我异化的过程中才能实现个体的自由和解放。他们批判了当时的哲学家们仅仅把历史看成人的自我异化的过程的观点，"哲学家们在不再屈从于分工的个人身上看到了他们名之为'人'的那种理想，他们把我们所阐述的整个发展过程看做是'人'的发展过程，从而把'人'强加于迄今每一历史阶段中所存在的个人，并把'人'描述成历史的动力"③。他们从物质生产、现实生活、市民社会、交往形式、意识形态等历史唯物主义的关键词入手，从生产力和生产关系辩证运动的整体论证中构建了历史唯物主义的脉络，宣告了历史唯物主义的形成。

### 三 从揭露异化的社会关系到生产关系思想的形成

马克思和恩格斯在合写《神圣家族》的时候，还深受费尔巴哈人本学唯物主义的影响。他们以费尔巴哈为理论武器对思辨唯心主义展开批判，还未从根本上形成历史唯物主义的整体理论框架。在关于历史观的根本问题上，此时的他们正处于对费尔巴哈的扬弃和对青年黑格尔派的彻底否定阶段，正在向着历史唯物主义的科学体系不断接近。在《德意志意识形态》中，马克思、恩格斯论证了群众创造历史的唯物史观，把唯物史观运用于对资本主义社会现实的具体分析当中，唯物史观成为历史唯物主义形成的观念基础。这说明马克思和恩格斯先形成了唯物史观，后建立了历史唯物主义的理论大厦。

思辨唯心主义一直停留在对人的抽象议论的层面。作为青年黑格尔派

---

① 《马克思恩格斯文集》第 1 卷，人民出版社，2009，第 262 页。
② 《马克思恩格斯文集》第 1 卷，人民出版社，2009，第 262 页。
③ 《马克思恩格斯选集》第 1 卷，人民出版社，2012，第 210 页。

的马克思、恩格斯，也曾一度沉迷于其中。在《1844年经济学哲学手稿》中，马克思开始了观念上的转向，由对抽象的人的关注转变为对现实生活中活生生的人的研究。他开始看到在被异化的社会关系当中人与人之间的关系。他以劳动为中介，发现资本家对工人的剥削是通过异化劳动来实现的。工人作为劳动力商品，本身不占有任何生产资料，只能在劳动中处于被动的地位，由于生产资料被资本家所占有，工人就要接受资本家的压榨和统治，工人不仅不能随意支配自己生产出来的劳动产品，而且不能任意决定自己的劳动过程，就连自己本身也作为劳动力商品为资本家所有。这样，工人在劳动中就被异化为非人的存在，不仅同自己生产的劳动产品相异化，而且同自己的劳动过程相异化，劳动对工人而言成为一种支配自己的异己的力量。此时，马克思虽然看到了资本主义生产方式中的具体的人，但对物质资料生产的理解还不系统。在《神圣家族》中，马克思和恩格斯对这一问题的看法更加深入。他们直接深入群众的生活条件当中考察他们普遍贫困生活的根源，这样就从社会物质生产实践的现实基础层面来理解资产阶级与无产阶级之间的矛盾，从而超越了费尔巴哈仅停留在纯粹感性的层面对人的研究，从社会历史领域开始研究人与物背后的人与人之间的关系。

在《神圣家族》中，马克思、恩格斯直接对被异化的社会关系进行批判。但是，他们并没有从一切社会关系当中划分出生产关系。他们虽然在异化劳动中考察具体的人的生活状态，但是并没有在资本主义的生产关系中来研究人，也没有把这种生产看作社会的生产，更没有从作为物质生产实践的人出发来研究生产力与生产关系之间的关系，因而仍然没有科学地把握住人的本质问题。只有在《德意志意识形态》中，他们才正式使用"生产关系"的概念，才在这一科学概念的基础上论证生产力与生产关系、经济基础与上层建筑的辩证运动，才真正解决了关于人的本质的问题。马克思、恩格斯认为："应当确定一切人类生存的第一个前提，也就是一切历史的第一个前提，这个前提是：人们为了能够'创造历史'，必须能够生活。但是为了生活，首先就需要吃喝住穿以及其他一些东西。因此第一个历史活动就是生产满足这些需要的资料，即生产物质生活本身，而且，这是人们从几千年前直到今天单是为了维持生活就必须每日每时从事的历史活动，是一切历史的基本条件。"① 这表明，人们进行物质资料的生产，首先是为了满足人们的日常生活需要，这是决定人类生存和发展的物质基础，也是历史唯物主义的理论基石。在解决了人之所以存在的本质问题后，他们进一步从人的现实性出发，论证由物质生产实践所决定的社会生活；由无产阶级普遍贫困的生活所决定的阶级对立；由资本主义社会的阶级性所决定的无产阶级革命；由无产阶级的历史使命所决定的人类历史的发展方向。这样，马克思和恩格斯就建立起了历史唯物主义的整个理论体系。

此时的马克思、恩格斯不仅通过《神圣家族》反思曾经作为青年黑格尔派的自己的观念，而且在《德意志意识形态》中彻底反思费尔巴哈人本学唯物主义的思想，已经自觉地从生产力和生产关系的矛盾运动来论证无产阶级的社会地位和历史使命，形成了科学的唯物史观。列宁认为，马克思和恩格斯在此时的思想成熟程度也是历史唯物主义超越以往理论而达到的一个新的高度，因此也是马克思主义的唯物史观在理论上的重大突破。列宁从唯物史观形成的重要性出发，高度评价了马克思、恩格斯对创立历史唯物主义的贡献："发现唯物主义历史观，或更确切地说，彻底发挥唯物主义，即把唯物主义运用于社会现象，就消除了以往的历史理论的两个主要缺点。第一，以往的历史理论，至多是考察了人们历史活动的思想动机，而没有考究产生这些动机的原因，没有摸到社会关系体系发展的客观规律性，没有看出物质生产发展程度是这种关系的根源；第二，过去的历史理论恰恰没有说明人民群众的活动，只有历史唯物主义才第一次使我们能以自然史的精确性去考察群众生活的社会条件以及这些条件的变更。"②

列宁这段话告诉我们，生产关系思想的形成说明马克思、恩格斯从被异化的社会关系中告别了对人的类本质的抽象论述，然后深入研究现实的人如何通过物质生产而形成一切社会关系的总和，这成为其对人的本质的认识发生转变的分水岭。这一转变在马克思和恩格斯从《神圣家族》到

---

① 《马克思恩格斯选集》第 1 卷，人民出版社，2012，第 158 页。
② 《列宁选集》第 2 卷，人民出版社，1972，第 586 页。

《德意志意识形态》的撰写中是一个认识上不断推进的过程，这一过程就是"发现唯物主义历史观"的过程。第一，《神圣家族》发现了"人们历史活动的思想动机"背后的物质根源，但直到在《德意志意识形态》里，才从物质生产的过程中分析生产力与生产关系的辩证运动，才从群众生活的现实中分析市民社会与意识形态的辩证关系，才真正科学地揭示了社会前进的客观规律性。第二，《神圣家族》明确指出，人民群众才是历史的真正创造者，但只有到了《德意志意识形态》阶段，他们才系统阐发了历史发展的现实基础是人民群众。人民群众不是"与历史进程没有任何联系的附带因素"①，而是肩负着"不仅反抗旧社会的个别条件，而且反抗旧的'生活生产'本身、反抗旧社会所依据的'总和活动'"②。至此，马克思和恩格斯对群众创造历史的观点进行了系统、科学的论证。

## 四 从"使用实践力量的人"到"生产物质生活本身"

在《神圣家族》中，马克思和恩格斯通过批判思辨唯心主义，提出了历史唯物主义的一个核心论点：群众创造历史的根本依据在于群众正是"使用实践力量的人"。在第六章"绝对的批判的批判或布鲁诺先生所体现的批判的批判"之"绝对批判的第三次征讨"的"（c）对法国革命的批判的战斗"部分，马克思批判布鲁诺·鲍威尔认为"法国革命是一种还完全属于18世纪的实验"③。1789年7月14日，在法国爆发了推翻波旁王朝封建君主统治的资产阶级革命。布鲁诺·鲍威尔认为，这场"法国革命所产生的思想并没有超出革命想用暴力来推翻的那个秩序的范围"④。然而，马克思却认为布鲁诺·鲍威尔的定性并没有从实质性上改变法国革命所具有的世界历史意义，"这场革命产生了超出整个旧世界秩序的思想范围的思想"⑤。因为在法国革命中，无产阶级的革命原则已经作为一种"思想"正式登上历史舞台。虽然从本质上来说，这场革命是资产阶级性质的革

---

① 《马克思恩格斯选集》第1卷，人民出版社，2012，第173页。
② 《马克思恩格斯选集》第1卷，人民出版社，2012，第173页。
③ 《马克思恩格斯文集》第1卷，人民出版社，2009，第319页。
④ 《马克思恩格斯文集》第1卷，人民出版社，2009，第319～320页。
⑤ 《马克思恩格斯文集》第1卷，人民出版社，2009，第320页。

命，但是无产阶级在帮助资产阶级推翻封建专制统治时，成为改变旧世界秩序的一股重要力量。马克思已经看到无产阶级在这场革命中的作用，才说"思想永远不能超出旧世界秩序的范围，在任何情况下，思想所能超出的只是旧世界秩序的思想范围。思想本身根本不能实现什么东西。思想要得到实现，就要有使用实践力量的人"①。

虽然群众对革命怀有极大的热情，并表示了热烈的关注，但是在法国革命中，无产阶级还不是"使用实践力量的人"。法国革命的政治"思想"也并没有体现无产阶级的现实利益。在这个具有世界历史意义的舞台上，资产阶级为了实现自己的统治，不得不把自己的利益混同为群众的利益，以获得广大人民群众的支持。他们一方面用自由、民主和平等的政治口号欺骗处于社会底层的群众；另一方面又千方百计地粉饰自己的阶级利益。这说明，在法国革命中，资产阶级为了实现自身利益，在革命的"思想"中进行了掩饰性的欺骗，把无产阶级的政治需求也纳入其中。但是这并非表明，这场革命的政治原则和利益取向是为了无产阶级。无产阶级虽然参与其中，掀起了革命的风潮，但是在革命的思想、原则和利益中并没有体现无产阶级的主张，无产阶级也没有作为革命的领导者成为这段历史的主人。也就是说，法国革命对无产阶级而言是一场"不合时宜"的革命。他们作为"使用实践力量的人"的历史作用还没有得到真正的实现，只有随着无产阶级队伍的不断壮大，体现无产阶级"思想"的理论已经形成，不消灭一切非人性的生活就无法解放自己的时候，无产阶级才会真正成为"使用实践力量的人"。

直到马克思和恩格斯合写《德意志意识形态》时，才真正深入"生产物质生活本身"当中来理解群众作为"使用实践力量的人"的历史作用。虽然费尔巴哈的人本学唯物主义对马克思、恩格斯世界观的转变产生了决定性的影响，但是他们没有从费尔巴哈作为类本质的人的抽象论证来理解人的本质，而是从现实生活中人的感性活动出发来进行研究，从而用对现实的感性的人的研究来取代一切绝对的抽象的研究。这里的感性活动就是

---

① 《马克思恩格斯文集》第1卷，人民出版社，2009，第320页。

指作为人类物质生活形式的生产活动。人类在进行物质生产活动的过程中，不仅使自己脱离了纯粹的动物属性，生产了物质生活本身，而且还建立了属人的生活世界和人类发展的历史。因此马克思、恩格斯这样说："个人怎样表现自己的生命，他们自己就是怎样。因此，他们是什么样的，这同他们的生产是一致的——既和他们生产什么一致，又和他们怎样生产一致。因而，个人是什么样的，这取决于他们进行生产的物质条件。"① 这段话表达了历史唯物主义的重要逻辑：对"使用实践力量的人"的研究，就是对其"生产物质生活本身"进行研究，对后者的研究揭示了人类历史发展的秘密。换言之，人在生产物质生活本身的过程中，展开了自己的感性的实践活动，而这种实践力量就是历史本身在现实生活中的表达。

从"使用实践力量的人"到"生产物质生活本身"的转变，表明马克思和恩格斯的唯物史观已经建立，成为合格的历史唯物主义者。他们断言，人类历史的产生和发展的第一个前提，既不是绝对抽象的观念，又不是纯粹客观的自然界，也不是只具有动物属性的人，而是从事着"生产物质生活本身"的人，这样的人才能被称为"使用实践力量的人"。可见，对历史的探究必须返回到群众生产物质生活的实践当中进行考察，这样就从历史唯物主义的进路解决了对人类历史进行研究的方法论问题。

## 五　历史唯物主义形成中的"生活"发现

不管是通过揭露异化的社会关系对思辨唯心主义展开彻底的批判，还是关注"生产物质生活本身"，从一切社会关系当中划分出生产关系，马克思和恩格斯最终的落脚点都是为了论证"使用实践力量的人"创造了历史。不管是在《神圣家族》还是在《德意志意识形态》中，他们在论证人的本质时，都强调了"生活"对于人而言的意义，从而使"生活"概念在历史唯物主义的形成中占有了特殊的重要性。

在《神圣家族》中，马克思和恩格斯不仅仅是对思辨唯心主义进行批判，而且还指出了无产阶级必须承担的历史使命的问题。此时，他们已经

---

① 《马克思恩格斯选集》第1卷，人民出版社，2012，第147页。

发现了生活条件对于无产阶级而言的历史意义。资本主义私有制一方面使资产阶级成为财富的占有者，成为能够得到自我满足的一方；另一方面却使无产阶级成为生活贫困的存在者，成为只能自我否定的一方。无产阶级在非人性的生活条件中没有感觉到自己是"使用实践力量的人"，没有获得作为人而享有的生存和生活的外观，必然产生属于人的东西被剥夺的愤慨感，这是无产阶级由于它的人的本性与作为对这种本性的全面否定的生活状况发生矛盾之后，必然会产生的反抗。无产阶级的历史使命已经由它自己的生活状况决定了。

在《德意志意识形态》中，马克思和恩格斯论证了无产阶级如何围绕其生活需要展开物质生产实践的活动，从而揭示出群众通过物质生产创造历史的基本动力问题。他们在第一卷第一章中就指出："现实的人的活动和他们的物质生活条件是科学历史观的前提，指出这种历史观就在于：从直接生活的物质生产出发来考察现实的生产过程，并把同这种生产方式相联系的、它所产生的交往形式理解为整个历史的基础，同时由此出发来阐明意识的各种理论产物和形式，如宗教、哲学、道德等等，并追溯它们的产生过程。"[1]

这段话可以从以下五点来理解。第一，"活着"不等于"生活着"，"现实的人"是"使用实践力量的人"，通过生产自己不可或缺的物质生活资料而得以存在，从而使自己与动物区别开来；第二，研究人存在的意义必须从"生活"入手，即必须从自己的物质生活需求出发来理解生产活动。这既是人类独一无二的类特征，又是研究历史的出发点；第三，人在现实的生活中形成了人与人之间的交往关系，从而必须在特定社会关系当中来研究具体的人，才能揭示出人所具有的社会属性；第四，物质生活在人类历史的发展中起着决定性作用，是现实的人与社会的存在、人类的活动与自然的存在相统一的基础；第五，社会存在决定社会意识。唯物史观与唯心史观的区别就在于，前者是从物质生产实践出发来解释各种理论形态，而后者却从观念的范畴出发来解释人的实践活动。

---

[1] 《马克思恩格斯文集》第1卷，人民出版社，2009，第806页。

"生活"的发现表明,历史唯物主义已经成为科学的理论形态。马克思和恩格斯通过《神圣家族》描述了无产阶级普遍贫困的生活状态,通过《德意志意识形态》揭示出"生产物质生活本身"是人类历史的第一个前提,这里的"生活"就是"使用实践力量的人"的现实生活。人的实践性在其进行物质生产的活动中被完全表达出来。人在从事物质生活的生产,同时是人在创造着历史。也就是说,对生产的考察就是对人的现实生活的考察,也就是对人的历史进行考察。从这一论证来看,马克思、恩格斯借用了"生活"这一范畴来引出了"历史"的定义。对人类历史发展的研究,也就是对在现实生活中从事物质生产实践的人的研究,这被归结为是对人类社会的"生产关系"的研究。这样就能把握住一个根本问题:为什么历史唯物主义一开始就必须从"现实的人的活动和他们的物质生活条件"入手来对人类社会的现实问题进行考察。

长期处于普遍贫困生活境遇中的人,他们的出路在哪里?对于这个问题,马克思和恩格斯从由资本主义私有制所决定的生产力与生产关系的矛盾运动出发,揭示了人类历史继续发展的客观规律,即根植于普遍贫困生活中的底层群众必然要通过阶级反抗实现自身的解放的规律,从而科学回答了这一问题,这在马克思之后撰写的《资本论》中得到了更加系统的回答。《资本论》通过科学地回答"谁偷走了剩余价值",讨论了无产阶级贫困生活的根源,在资本主义私有制下,商品和货币形式所掩盖的阶级统治造成了无产阶级的普遍贫困,无产阶级为了摆脱非人性的生活条件,必然要在与资产阶级的斗争中实现自己的自由和解放。

至此,马克思主义关于实现人的解放的三个层次就完整地建立起来了。第一,在《神圣家族》中,消除底层群众普遍贫困的生活是实现人的解放的第一个层次;第二,在《德意志意识形态》中,通过消除人与物背后的人与人之间的不平等的人身依附关系,是实现人的解放的第二个层次;第三,在《资本论》中,无产阶级通过夺取政权消灭资本主义私有制,用共产主义来取代资本主义,从而真正实现人的自由而全面的发展。这表达了马克思和恩格斯作为真正的马克思主义者,在实现人的解放问题上的立场和态度。

# 第四章 从实现乌托邦精神到形成共产主义理论

　　莫尔的《乌托邦》立足英国社会现实批判私有制。马克思、恩格斯在《神圣家族》中提出"群众的共产主义",驳斥了"批判的社会主义"对社会主义的形而上学建构。探究"群众的共产主义"的社会历史规定性及其对社会历史发展规律的把握,不仅能呈现它对莫尔乌托邦精神的具体发展,还能在与蒲鲁东小资产阶级的社会主义、"真正的社会主义"等社会主义思潮进行区分的前提下,初步阐明科学社会主义由空想到科学的原因。"群众的共产主义"表现出把握历史、反思现状、面向未来的乌托邦精神,这种精神与新时代中国特色社会主义实践相结合,要求通过坚持"以人民为中心的发展思想",揭示中国特色社会主义比资本主义更高的现实规定性。新时代中国特色社会主义既契合乌托邦精神,又符合社会历史发展的客观规律,自身的先进性由此得到强有力的论证。乌托邦精神反映了共产主义思想。马克思对共产主义的科学认识经历了一个不断发展的过程。在《1844年经济学哲学手稿》中,马克思就指出共产主义是扬弃私有财产的人道主义;在《神圣家族》中,马克思通过分析无产阶级的历史作用,甄鉴了"批判的批判所主张的社会主义同群众的社会主义和共产主义的区别",奠定了"革命唯物主义的社会主义的基础";形成历史唯物主义的《德意志意识形态》指出"实践的唯物主义者即共产主义者";《共产党宣言》阐发了共产主义理想;《资本论》揭示了资本主义私有制自我否定规律,对实现共产主义进行了系统的科学论证。马克思还矢志不渝地投身革命实践，使共产主义理论在实践中不断得到检验，不仅影响了整个资本主义世界，而且使社会主义在国家领域实现了从无到有，还在中国特色社会主义中从理论转化为实践、从真理转变为科学，显示出共产主义理论深刻的现实影响力。

## 第一节 《神圣家族》中的乌托邦精神

从马克思、恩格斯生活的年代追溯社会主义的起源，还没有一本书能像托马斯·莫尔的《乌托邦》那样具有广泛影响力。习近平总书记于2016年5月17日在全国哲学社会科学工作座谈会上就提到《乌托邦》对建设社会主义的深远影响。[①] 重新审视这部伟大作品给我们留下的宝贵遗产，尤其是对比马克思、恩格斯首次合写的《神圣家族》，不仅有助于思考社会主义为什么能成为资本主义的参照面，还有助于回答马克思、恩格斯为什么会将社会主义视为社会变革的未来方向。

在《乌托邦》一书中，拉丁语Vtopia是莫尔根据希腊语虚构出来的，是指"不存在的地方"，借以暗讽亨利八世统治的残暴无道。英语中的Utopia就由拉丁语Vtopia转化而来，象征着人们心目中的理想之地。乌托邦一词具有两层含义：其一是指现实中不存在的地方，其二是指与现实相对的理想之地。后世在借鉴乌托邦一词时主要是从乌托邦所具有的精神品格这一方面来阐发的。尤其是在《神圣家族》中，马克思、恩格斯用"群众的共产主义"[②] 彻底反思私有制造成的人的异化现象，通过对社会主义历史规定性的阐释，寄希望于通过进一步发展自然科学和工业来解放人。它以一种通过建立共产主义公有制来解放无产阶级的理论思想形式，自觉表达了马克思、恩格斯对"批判的社会主义"[③] 的反思和对未来发展趋势的判断。马克思、恩格斯生前既否认自己是乌托邦主义者，更没有提出任何具体的乌托邦方案，而是用乌托邦精神批判资本主义，用具有更高生产

---

① 习近平：《在哲学社会科学工作座谈会上的讲话》，人民出版社，2016，第20页。
② 《马克思恩格斯文集》第1卷，人民出版社，2009，第273页。
③ 《马克思恩格斯文集》第1卷，人民出版社，2009，第273页。

力水平的社会主义超越资本主义的构想来表达人们对未来的向往。在这个特定的意义上,社会主义是作为资本主义的对立参照物出现的。社会主义所具有的揭示无产阶级的社会历史规定性和把握社会历史发展规律的精神,表明其本身就是对乌托邦精神的继承、丰富和发展。

## 一 "群众的共产主义"的社会历史规定性

莫尔在《乌托邦》中立足于英国的社会现实,通过批判带有封建性质的资本主义对人的否定,为人能追求一种更加美好的未来提供了一种可能性。马克思、恩格斯在《神圣家族》中指出"批判的社会主义"用观念阐释现实生活过程,以自我意识的绝对性抹杀了社会主义在历史运动中对现实的人的关注。"群众的共产主义"着眼于英法等国的工人运动,描绘了无产阶级实现人的解放的现实运动,不仅成为资产阶级社会运动的现实产物,更体现着人的自我超越的乌托邦精神。

### 1.《乌托邦》立足英国的社会现实

以往有相当多的学者主要从正面论述莫尔的《乌托邦》对人类社会发展的理论贡献。从辩证法的观点来看,这种正面描写现实生活中不存在的地方的背后其实是莫尔对现实的不满和批判。他不仅控诉英王对内鱼肉百姓,用严刑酷法镇压百姓,频频草菅人命,而且指出英国对外扩张地盘,妄图称霸他国的野心,从而对封建专制统治进行无情鞭挞。然而,他最担心的还是农民被资本野蛮掠夺及由此带来的一系列严重社会后果。他以当时的英国圈地运动为例,描述了农民如何被迫失去家园,又被政府定为盗匪、朝不保夕的情况,从而对尚处于历史上升期的资本主义原始积累的血腥发家史进行批判。为了否定"羊吃人"的无情现实,他描述了一个理想社会,在这个世界里,作为资本的金银并不能给人带来神圣的荣誉,其他地方视财如命的人是不能理解"乌托邦人就是这样用尽心力使金银成为可耻的标记"①。

《乌托邦》成为追溯社会主义思想的理论源头,在于它用英国的社会

---

① 〔法〕托马斯·莫尔:《乌托邦》,戴镏龄译,商务印书馆,1960,第67页。

现实批判了日常生活中不合理的地方，并能主动超越这种不合理性。对带有封建性质的资本主义社会的否定与对拥有最完美的国家制度和理想盛世的向往，是乌托邦精神的一体两面。乌托邦精神的批判本性首先在于对资本否定人的反思和批判，这在莫尔对资本原始积累在农村工业化中引起的农民贫困问题上得到了充分体现。因而他对乌托邦的描写不是纯粹幻想出来的，而是有着充分的历史根据。乌托邦更是对人要过更加美好未来生活的一种表达，这是乌托邦精神所具有的第二个批判本性，即它是对人的生命所具有的独特发展性的自觉表达。它源于人的自我超越的生命本性，旨在否定一切与人的生存和发展不相适应的社会因素，否定一切无视人实现自我价值、促进自我发展、推动自我解放的异化力量，不断追求着能够实现人的自我超越和自我解放的现实力量。

乌托邦精神的核心是批判，批判现实生活中非人性的、不合理的表象存在，并提供一种与现实不同的具有可能性的美好未来的想象。这种想象被赵汀阳称为"可能生活"，"生活的意义在于创造性去生活并且创造可能生活"①。"可能生活"通过人的创造性表达着对未来的美好向往，而社会主义是一种把哲学话语通过实践语言予以言说的词语。莫尔之所以有资格被称为乌托邦社会主义的鼻祖和最具代表性的人物，就是因为《乌托邦》揭示了人们本来能够拥有的可能的美好生活，这种生活体现了人本身的目的，而资本主义却无法提供这样的生活，只有作为它的对立面的社会主义通过超越它的历史局限性才能为人提供这样的生活。这是社会主义具有的一个特殊的精神品格，这个品格的集中表现就是它的乌托邦精神。如何继承社会主义的乌托邦精神就成为事关社会主义先进性论证的关键所在。

2. "批判的社会主义"用观念阐释现实生活过程

如果说社会主义在莫尔的《乌托邦》中还具有理想的性质，那么到了"批判的社会主义"这里就成了为自我意识服务的抽象词语。莫尔的乌托邦社会主义虽无法实现，却具有特定社会的经验基础，是对当时的英国甚至是欧洲社会非人性现实的批判。然而，"批判的社会主义"不仅无视英

---

① 赵汀阳：《论可能生活——一种关于幸福和公正的理论》，中国人民大学出版社，2004，第26页。

法等国工人阶级被剥削的现实,还指出要从思维层面改造工人,通过消除工人头脑中被雇佣的想法诱使他们放弃反抗的企图。这种试图用观念解释甚至改造现实生活过程的做法,无视工人的社会存在,满足不了工人的现实需要,究其根源是因为,它无视现实社会历史的具体规定性,从而失去了实践的价值和理想的意义。

"批判的社会主义"从四个方面与乌托邦精神背道而驰。首先,"批判的社会主义"只看到了人的"精神性",而没有看到人的"物质性",把工人遭受的一切苦难都归结到他们的思维中,认为工人感受到被剥削是因为被这种被剥削的思想祸害,只要消除了这种思想自己就不再是被剥削者,没有认识到工人的地位是由其所处社会的生产方式决定的。其次,"批判的社会主义"是以自我意识为最终立足点,从而窒息了社会主义面向现实的批判性。社会主义并非一种完美的理想状态,也不会在这种永恒的状态中被实现,被臆想出来的社会主义只有在"批判"的头脑中才能存在,这就是"批判的社会主义"。它看不到社会只能在现实的批判中才能变得更好。再次,"批判的社会主义"幻想自我意识的永恒在场,通过把自我意识神圣化无视现实生活,贬低人的物质生产活动。马克思却非常重视物质生活的"在场",指出社会主义之所以值得向往,就是因为它能"在群众的存在中、在生活中真正成其为人"①。最后,"批判的社会主义"以自我意识的绝对性抹杀了社会主义在历史运动中的具体性。社会主义不是一个超越具体历史条件的永恒领域,而是人在现实生活中不断生成历史的具体活动,以一种绝对的、抽象的思维方式框定社会主义反而是对辩证法的背离。

总之,"批判的社会主义"对现实的人及其物质生活的无视,对人所创造的历史的消解,不仅窒息了社会主义的自我反思和自我超越属性,而且在以自我意识消解人的生活实践时,使社会主义的乌托邦精神失去了赖以存在的现实基础。

### 3. 在工人运动中发展出来的"群众的共产主义"

"群众的共产主义"是与"批判的社会主义"相对立的概念,它并非

---

① 《马克思恩格斯文集》第 1 卷,人民出版社,2009,第 273 页。

如后者那样是一种超历史的、神圣的、永恒的存在，而是在英法等国工人运动中发展出来的一种现实运动，是工人要求现实地改变自己非人性生活条件的实际行动。"群众的共产主义"的提出，表达了马克思、恩格斯对现实存在的反思意识和所具有的批判自我意识哲学的理论追求。

其一，"群众的共产主义"通过人的物质生产活动，指出社会主义的发展动力不是自我意识而是物质资料的生产方式。历史是自我意识史，这是"批判的社会主义"的历史主张，而"群众的共产主义"认为，要从自然科学和工业中，尤其是从资产阶级社会的物质"生活本身的直接的生产方式"[①]中思考历史的动力问题。那种"把历史同自然科学和工业分开，认为历史的诞生地不是地上的粗糙的物质生产，而是天上的迷蒙的云兴雾聚之处"[②]的认识是一种无视社会历史规定性的唯心史观。

其二，"群众的共产主义"超越了"批判的社会主义"的绝对化思维方式，从而超越了对问题进行抽象概念讨论的方式，直面现实社会历史的具体规定性。"批判的社会主义"是绝对化思维方式在社会领域的体现，消解了工人与企业家、意识与生活之间的矛盾，使共产主义思想丧失了具体的现实指向性而沦为一种纯粹空想的社会主义，丧失了具有社会历史规定性的乌托邦精神，而"群众的共产主义"的现实性就在对资产阶级社会罪恶现实的控诉和无产阶级的运动中被体现出来。马克思在驳斥"批判的社会主义"时，用"群众的共产主义"否定"批判的社会主义"，从而否定了社会主义的空想性和抽象性，使它不断在资产阶级社会历史的具体展开中具有了现实生活的理想追求和丰富内容。

其三，"群众的共产主义"通过关注无产阶级的存在状况，体现了改变现实的革命属性。无产阶级是"群众的共产主义"所具有的社会历史规定性的直接的、具体的体现。正是由于现代资产阶级社会中的阶级冲突不可调和，无产阶级运动才能成为实现"群众的共产主义"的现实运动，而不是纯粹观念的运动。所以，马克思才要求克服"批判的社会主义"对工人状况的消极默认，避免无产阶级在思辨哲学家们鼓吹要实现"利益"先

---

① 《马克思恩格斯全集》第 2 卷，人民出版社，1957，第 191 页。
② 《马克思恩格斯文集》第 1 卷，人民出版社，2009，第 351 页。

要改变"思想"的宣传中漠视资产阶级社会中非人性的现实,避免在生活中陷入被动僵化的局面。这样就能理解,为什么马克思要在《神圣家族》中号召无产阶级从改变非人性的生活条件入手,使自己成为解放自己的现实力量。

其四,马克思提出"群众的共产主义"的最终目的仍是实现人的解放。就"群众的共产主义"的本质而言,其本身就是现代资产阶级社会历史运动的结果,就是对人类发展的社会历史规定性的集中表达。"批判的社会主义"以肯定、接受和维护既定的现实为己任,而"群众的共产主义"以否定、批判和超越现实生活为己任,以追求比现实生活更加人性化的状态为己任,使人的人格尊严得以建立,使"人是目的"的追求得以确立。这是乌托邦精神在"群众的共产主义"中的集中表达。

## 二 "群众的共产主义"对社会历史发展规律的把握

马克思、恩格斯对社会主义由空想到科学的分析是在《神圣家族》《哲学的贫困》《德意志意识形态》《共产党宣言》《社会主义从空想到科学的发展》等诸多文本中实现的。在《神圣家族》中,他们使用"群众的共产主义"驳斥"批判的社会主义"对社会主义的形而上学建构,还利用历史唯物主义的方法,即用现实生活阐发社会主义的思想;在《哲学的贫困》中,马克思揭示了蒲鲁东小资产阶级的社会主义维护资本主义私有制的局限性;在《德意志意识形态》中,马克思、恩格斯通过研究生产力与交往形式的关系,开始用生产力的发展解释社会主义的论题,并对德国"真正的社会主义"展开清算;在《共产党宣言》中,他们直接指出这种德国社会主义无视社会生产力发展的客观基础,丧失了从空想到科学的实践意义;之后,恩格斯在《社会主义从空想到科学的发展》中指出社会主义不是按照某一种学说就能"立即解放全人类"[1]的。社会主义是通过与掌握先进生产力的无产阶级结合在一起来对社会历史发展规律进行深刻把握的。

---

[1] 《马克思恩格斯选集》第3卷,人民出版社,2012,第778页。

1. "群众的共产主义"拒斥对社会主义的形而上学建构

莫尔在《乌托邦》中正视人在资本主义社会中的苦难，进而寄希望于使人超脱苦难的理想社会的建构。"批判的社会主义"只关心"在思维层面解放工人的"① 社会模式，完全无视工人在现实生活中的苦难，这种主张"教导"工人依靠个体观念的转变向不合理的现实生活妥协，不仅无视群众在感性的物质生产实践活动中对历史的创造，更为要命的是直接无视工人在现实生活中的苦难。当工人认识到现实生活与自我意识之间不可调和的冲突，并因为实际的屈辱而团结起来抗争时，这种哲学就向工人灌输要在自我意识中改变自己的存在，而不是在现实生活中改变自己的存在的观念。既然要在自我意识中进行自我改变，就不能只在思维中顾及自己，只想为改变自己的报酬而反抗，因此他们批判道，"当今工人的思维只顾及自己，也就是说，他只是为他个人而索取报酬"②。基于这样的认识，自然就看不到工人索取报酬背后的客观需要，以及决定着这种客观需要的社会历史发展规律。

"批判的社会主义"的症结在于，它将具体的现实以及人在这种现实中的客观需要视为一种抽象观念的外化，进而用抽象观念否定人的现实需要，把推动历史发展的动力归结于自我意识这种抽象观念。从这样一种形而上学的角度对现实生活中的问题本身进行批判，暴露出"批判的社会主义"的错误假设：推进历史进程的是自我意识，就决定了它只能提出承认现实生活的解决方案，即使这种现实生活不合理，也只能通过改变自我观念使之与现实生活相符合。这就完全忽略了社会历史发展的客观性，看不到人通过自身的感性实践活动发展自己和创造历史的规律。

在当时的马克思、恩格斯看来，工人的意识与存在之间的张力是资本与劳动关系的异化所导致的必然结果，而非纯粹思辨的幻想，这在《1844年经济学哲学手稿》中得到体现。工人自我异化的这种现状及其克服，只能在他们通往"群众的共产主义"的道路上加以实现。马克思、恩格斯指

---

① 韩蒙：《什么是"群众的社会主义"——论马克思与恩格斯初次合作的思想契机》，《哲学研究》2021 年第 4 期。
② 《马克思恩格斯文集》第 1 卷，人民出版社，2009，第 273 页。

出，实现社会主义不可能停留在观念层面，诉诸对社会主义的形而上学建构，必须对现实的人及其苦难生活进行关注，诉诸能改变不合理现实的工人运动。这正是乌托邦精神在对未来的展望中所催生出来的社会主义运动。社会主义绝不是超历史的、抽象的观念活动，而是工人在反抗异化的实践活动中形成的解放自身之路。于是，乌托邦精神就在"群众的共产主义"对"批判的社会主义"的批判中从一种对未来的向往转向对社会历史的现实建构。

2. "群众的共产主义"立足社会历史发展规律否定私有制

马克思、恩格斯能用"群众的共产主义"取代"批判的社会主义"对人的遮蔽，在于他们明确指出私有制对人的异化，以及不废除私有制就无法解放人的社会历史发展规律。在《神圣家族》中，他们发展了莫尔对社会主义的认识。社会主义就是消灭私有制及其弊端的社会。莫尔看到财产私有是社会的万恶之源，而建立理想社会的前提是消灭私有制，建立物质生产资料充足、财产公有和按劳分配的公有制社会。马克思、恩格斯认识到莫尔批判私有制的重要意义，所以才说"在对当时历史条件的这种总的论述的背景上，托·莫尔个人是作为自己时代之子出现的"[1]。

然而，他们并没有停留在理论批判的层次，而是深入社会现实当中考察工人的具体生活条件，才首次明确地指出了无产阶级实现"群众的共产主义"的历史使命。这个历史使命就是通过消灭一切非人性的生活条件解放人。这表明他们已经看到，莫尔描述的"羊吃人"社会的背后所呈现的问题是，私有财产运动造成了无产阶级"非人性的生活条件"[2]。在这一点上，他们是同情蒲鲁东小资产阶级的社会主义的。蒲鲁东在《什么是财产？》中对私有财产的批判和对社会底层贫困问题的关注，赢得了马克思、恩格斯的肯定性关注。但是，蒲鲁东小资产阶级的社会主义并非要消灭私有制，而是改善工人的物质生活条件"使工人阶级厌弃一切革命运动"[3]。在这一点上，蒲鲁东连莫尔因憎恨私有制对人的掠夺而主张废除它的理论

---

[1] 《马克思恩格斯全集》第38卷，人民出版社，1972，第79页。
[2] 《马克思恩格斯文集》第1卷，人民出版社，2009，第262页。
[3] 《马克思恩格斯选集》第1卷，人民出版社，2012，第430页。

高度都无法企及。

马克思、恩格斯认为，蒲鲁东小资产阶级的社会主义只想要资产阶级的物质生活条件而不想要这些条件必然会引发的阶级对抗，不仅是一种奢望和空想，也不符合社会历史发展的客观规律。因为无产阶级与私有财产之间的矛盾构成了现代资产阶级社会矛盾运动的两个对立面，无产阶级不消灭私有财产就无法解放自己，换言之，废除私有制为无产阶级追求未来提供了一种可能性。无产阶级"直接被无法再回避的、无法再掩饰的、绝对不可抗拒的贫困——必然性的这种实际表现——所逼迫而产生了对这种非人性的愤慨"[1]，体现着无产阶级对渴望改变生存现状的需要，以及对未来发展的觉醒与憧憬。这是无产阶级不消灭私有制所造成的"非人性"就无法解放自己的内在推动力，也是不断推动人类走向自由与解放的现实力量。

3. 实现"群众的共产主义"的阶级力量

莫尔构想出来的社会主义在资本主义尚未充分发展出来之前是无法实现的，历史还未走到这一步。莫尔生活在资本主义历史发展的上升期，社会生产力的发展尚不能支撑他的社会主义构想，但他所揭露出的社会问题，所提出的超越现存世界的社会主义构想，在日后资本主义矛盾愈演愈烈的情况下，愈发具有启示意义。后世的无产阶级革命也通过批判和超越现存社会而具有了超越当下的乌托邦精神。

在马克思、恩格斯看来，"群众的共产主义"并非在一般意义上的无产者与有产者之间的对立基础上发展起来的，而是在现代资产阶级社会中无产阶级与资产阶级之间的阶级对抗的基础上形成的。这是因为，前者的对立广泛地存在于人类社会的任何一种私有制形态当中，并不能构成建立社会主义的直接阶级基础，无产阶级无法在这种对立中拥有阶级意识，工人也不会自动上升为无产阶级；而在后一种对立中，无产阶级在阶级斗争中接受无产阶级政党的领导和无产阶级理论家的教育，被有组织地发动起来参与反抗活动，从而体现出无产阶级在现代资产阶级社会中的独特社会

---

[1]《马克思恩格斯文集》第1卷，人民出版社，2009，第262页。

历史规定性。"真正的社会主义"①从来都是在没有任何具体的社会历史规定性中来讨论人的,其根源在于,当时的德国并不具备像英国和法国那样的阶级对立的社会结构,只能用德国哲学的方式对待英法的无产阶级运动,所以就无法把握社会历史发展的客观规律。

无产阶级掀起了代表人类普遍利益的社会主义运动。之所以"把这种具有世界历史意义的作用归之于无产阶级"②,是因为无产阶级并非如"真正的社会主义"只醉心于把社会主义的标语、口号和公式翻译成黑格尔式的德语,而是"在它自己的生活状况和现代资产阶级社会的整个组织中"③实现它的目标和历史使命。无产阶级掀起的社会主义运动是现代资产阶级社会历史发展的自然结果,其登上人类社会的舞台有其历史规定性。也就是说,社会主义运动不是现阶段历史条件下批判现实的理想性的解决方案,而是社会历史进程不断运动发展的结果,其中蕴含着无产阶级解放自己的主体性力量。

可见在《神圣家族》中,马克思、恩格斯已经以社会主义者的身份在认识社会主义运动了。社会主义者强调对现实的改变,从而超越了乌托邦主义者的空想性。社会主义运动具有的历史意义在于,人生存于其中的社会需要一种与之相适应的理解方式和建构方式,以一种反思社会问题和建设未来社会的实际行动对人的生存和发展进行自觉观照。"群众的共产主义"作为社会主义运动的发展方向的意义在于,它把人的物质生产实践活动确立为现实生活中人的根本存在方式,既克服了"真正的社会主义"无视社会发展的客观规律而通过概念的抽象普遍性来讨论问题的弊端,同时也克服了以往认识、描述和论证社会主义时所具有的空想性,对社会主义之于人的意义进行了更为透彻地揭示。

---

① 马克思、恩格斯在《德意志意识形态》中批判了"真正的社会主义",它不同于《神圣家族》中"批判的社会主义"。二者的区别在于,"批判的社会主义"维护资本主义,反对社会主义思想,代表人物是布鲁诺·鲍威尔和埃德加·鲍威尔等人;"真正的社会主义"批判资本主义,宣扬"社会主义"思想,所谓"真正的"只不过是用德国哲学概念"转述"了法国社会主义思想,代表人物是莫泽斯·赫斯、卡尔·格律恩等人。二者的共同点是均使用德国哲学概念反对无产阶级革命运动。
② 《马克思恩格斯文集》第1卷,人民出版社,2009,第261页。
③ 《马克思恩格斯文集》第1卷,人民出版社,2009,第262页。

这就是社会主义运动中的乌托邦精神:"表征着人在其历史有限性中不断面向未来生成的可能性"①,即人在面对自己的历史局限性时,能够不断超越这种局限性而向未来的可能性进军,创造出能够满足自身需要的全新生活条件,这也是实现"群众的共产主义"的基本路径。无产阶级作为"群众的共产主义"的主力军,就成为消灭私有制所造成的非人性生活条件的根本力量。

无产阶级是社会主义运动的主力军,它的历史使命有二。其一,对以观念形态存在的各种社会主义进行批判,其功能在于消解抽象的、独断的观念对人的现实生活的遮蔽,重新解放人的思想,通过人的思想解放实现人与社会的全面发展。其二,对支配人的私有财产及其运动进行反抗,其功能在于揭露统治人们现实生活、使人的生命存在陷入贫困状况的现实力量,通过消灭私有制重新使人在生活中获得人的外观。消灭私有制的社会主义运动同样也被看作人对自我发展的一种超越,在这种实现人的自我超越中实现社会主义对资本主义的超越。被马克思、恩格斯寄予厚望的"群众的共产主义"正是这样的社会主义,它在不断面向未来中把握社会历史的客观发展规律,彰显自身的本质属性。

### 三 "群众的共产主义"与新时代中国特色社会主义实践

把握历史、反思现状与面向未来,是《神圣家族》在论述"群众的共产主义"时体现出来的重要精神品格。新时代中国特色社会主义通过满足人民对美好生活的向往来实现"群众的共产主义"。习近平新时代中国特色社会主义思想是社会主义在中国发展进入新的历史方位的标志性成果。在马克思主义中国化的实践中,在中国共产党的百年奋斗中,在第二个百年对人类社会进步发展做出新贡献的赶考之路上,习近平新时代中国特色社会主义思想通过不断揭示中国特色社会主义比资本主义的更高现实规定性,坚持"以人民为中心的发展思想",使新时代中国特色社会主义既合乎乌托邦精神,又符合社会历史发展的客观规律。

---

① 贺来:《乌托邦精神与哲学合法性辩护》,《中国社会科学》2013年第7期。

1. "群众的共产主义"的乌托邦精神与马克思主义中国化

"群众的共产主义"通过继承乌托邦社会主义的理想性成分，通过揭露"批判的社会主义"的虚假性，超越了蒲鲁东小资产阶级社会主义的局限性，其与马克思、恩格斯后来对"真正的社会主义"的批判，都指出社会主义是现代资产阶级社会历史发展的必然结果，展现了把握历史、反思现状与面向未来的精神品格。中国特色社会主义是马克思主义理论与中国实际国情相结合的产物，在世界上最大的（无产阶级）政党——中国共产党的带领下，让人民步入了过上美好生活的新时代。从实现乌托邦精神的层面来看，中国特色社会主义作为实现中国人对美好生活向往的集中表达，是广大人民群众追求理想性存在、在把握社会历史发展规律中实现更好发展的自觉理论表达。

首先，科学把握历史是新时代中国特色社会主义具有先进性的第一个精神品格。马克思、恩格斯在《神圣家族》中通过指出"批判的社会主义"对现实的无视，以及论证"群众的共产主义"对人的解放两个方面对科学把握历史进行了理论阐述。"批判的社会主义"无视无产阶级与有产阶级之间矛盾的不可调和性，以及由这一矛盾所导致的无产阶级在阶级意识上的觉醒和实践上的联合与反抗。随着资本主义生产社会化的不断发展，废除私有制的无产阶级运动为两大阶级之间的斗争提供了日益充足的历史条件。资本主义经济危机造成的统治危机，也不断促使无产阶级对现存私有制进行反思，自觉为建立未来能够实现人类普遍利益的社会蓝图而努力。"群众的共产主义"作为马克思、恩格斯对未来社会发展的指向成为无产阶级的"不二"选择。"人们对美好未来的追求与向往，与对现实的批判与超越，是乌托邦追求的一体两面。"① 乌托邦精神就在无产阶级的这种追求中促使社会主义实现由空想到科学、由理论到现实、由一国到多国、由落后到先进的发展。

在中国，毛泽东思想创造性地将马克思列宁主义运用到中国革命和建设实践中，实现了马克思主义中国化的第一次历史性飞跃，实现了社会主

---

① 龚群：《乌托邦精神与乌托邦方案》，《探索与争鸣》2016 年第 10 期。

义从无到有的发展。邓小平理论、"三个代表"重要思想和科学发展观回答了如何建设中国特色社会主义的一系列问题，形成了中国特色社会主义理论体系，实现了马克思主义中国化新的飞跃。在百年未有之大变局的复杂历史条件下，习近平总书记提出了一系列原创性的关于治国理政的新理念、新思想和新战略。党的十九大报告指出："经过长期努力，中国特色社会主义进入了新时代，这是我国发展新的历史方位。"[①] 党的十九届六中全会报告指出，党领导人民在一百年来"创造了新时代中国特色社会主义的伟大成就"[②]。新时代中国特色社会主义通过科学把握历史，标示了中国发展新的历史方位。习近平新时代中国特色社会主义思想作为当代中国马克思主义和二十一世纪的马克思主义，实现了马克思主义中国化新的飞跃。

其次，实事求是地解决现实问题是新时代中国特色社会主义具有先进性的第二个精神品格。蒲鲁东小资产阶级的社会主义厌弃革命，"真正的社会主义"无视现实，只有"群众的共产主义"是通过解决工人非人性的生活条件来实现人的解放的。从观念到生活的转变要求从现实出发，重视人的实践活动，尤其是物质生产实践活动，这揭示出以物质生活条件为基础的社会历史发展的一般规律，回答社会主义让人过得更好的现实根据，确立过上合乎人性生活的现实前提，这种实事求是地解决现实问题的做法正是新时代中国特色社会主义具有先进性的又一个深层根据。立足"群众的共产主义"建构和发展出来的社会主义，事实上整体地改变了19世纪以及之后的人类社会发展方向。一方面使资本主义发展遭遇了空前挑战，给它向前的每一步都打上了反思的烙印；另一方面使社会主义思想家关注处于社会底层的群众，使他们以作为批判的社会角色出现时对不合理的现实进行否定，作为社会建设者的角色出现时继续推动社会主义运动的发展。

习近平新时代中国特色社会主义思想作为马克思主义中国化新的飞跃

---

① 《习近平谈治国理政》第3卷，外文出版社，2020，第8页。
② 《中共中央关于党的百年奋斗重大成就和历史经验的决议》，人民出版社，2021，第2页。

的重大成果,"是中华文化和中国精神的时代精华"①,因为它实事求是地对新时代党和国家面临的一系列重大理论和现实问题进行了回答,继承了"群众的共产主义"反思现状的乌托邦精神。习近平总书记就"新时代坚持和发展什么样的中国特色社会主义、怎样坚持和发展中国特色社会主义,建设什么样的社会主义现代化强国、怎样建设社会主义现代化强国,建设什么样的长期执政的马克思主义政党、怎样建设长期执政的马克思主义政党等重大时代课题"②进行了有效回答,在彰显马克思主义强大生命力的同时,形成了在党的第二个百年征程中实现中华民族伟大复兴的科学指导思想。

最后,面向未来是新时代中国特色社会主义具有先进性的第三个精神品格。"批判的社会主义"、蒲鲁东小资产阶级的社会主义、"真正的社会主义"均无法正确把握不合理的社会现实,仅靠私有财产掠夺无产阶级的有产阶级也不能成为代表未来社会发展方向的根本力量。只有敢于消灭一切非人性生活条件的无产阶级,才真正实现了从"资本限定工人"到"无产阶级限定资本"的转变。"群众的共产主义"作为从根本上改写资本主义整体框架的全新社会类型,要求彻底反思一切不合理的现实,并通过解放人来实现对美好未来的承诺和行动。因此,"群众的共产主义"所抱有的这一信念,就不是脱离社会主义发展的客观历史规律及其体现的必然性趋势的"空想",相反,它是以对社会主义前进的自觉把握为前提的、关于人的不断解放和自由全面发展的科学理论体系。

习近平新时代中国特色社会主义思想是社会主义在中国发展进入新的历史方位的标志性成果,在为民族谋复兴、为人民谋幸福的基础上,提供了一种为世界谋大同、为人类谋进步的全新的声音。习近平总书记提出的新时代中国特色社会主义,"创造了人类文明新形态"③。中国的现代化道路没有走西方主要资本主义国家的现代化模式。资本主义虽然开启了人类

---

① 《中共中央关于党的百年奋斗重大成就和历史经验的决议》,人民出版社,2021,第26页。
② 《中共中央关于党的百年奋斗重大成就和历史经验的决议》,人民出版社,2021,第25～26页。
③ 《中共中央关于党的百年奋斗重大成就和历史经验的决议》,人民出版社,2021,第64页。

历史向世界历史转变的进程，却以帝国主义列强的面目对内奴役和剥削无产阶级，对外侵略和进行殖民扩张，其现代化之路充满了血腥和暴力。中国的现代化道路是中国共产党领导人民在全面建成小康社会的基础上，建设"富强民主文明和谐美丽的社会主义现代化强国"①之路，在开辟发展中国家现代化的全新模式中代表了未来的发展方向。此外，习近平总书记提出推动构建人类命运共同体，既是落实国际多边主义的重要举措，更通过弘扬全人类的共同价值引领人类进步的潮流，为解决长期困扰人类的重大问题贡献了中国的智慧和方案，不断推动着人类社会的发展进步。

2. 新时代伟大实践是乌托邦精神的彰显

用科学把握历史的态度，实事求是解决现实问题的品格，自信面向未来的精神风貌推进新时代中国特色社会主义伟大实践，已经成为这一实践永不干涸的精神之源。

首先，新时代中国特色社会主义实践是在马克思主义中国化的实践中开辟出来的正确道路。对中国特色社会主义体现的乌托邦精神的理解，是建立在马克思主义指导中国现代化实践的基础之上的。中国特色社会主义不仅立足于批判资本主义社会的资本弊端，而且批判西方资本主义对像旧中国这样落后的国家在生存和发展上曾造成的威胁，因而乌托邦精神在马克思主义中国化的实践中，就由追求人的解放的思想拓展到了实现民族独立的层面。可见，中国特色社会主义不是从资本主义的内部来认识社会主义，而是从消解现代性的弊端来批判资本主义的。"群众的共产主义"就是马克思主义创始人在探讨现代性造成的社会问题时提出的核心议题，不仅指导着当时社会主义运动的形成和发展，而且成为新时代中国特色社会主义先进性的深层根据。社会主义在中国是充分发动群众创造历史的过程，这个过程推动了社会主义运动与中国人实现民族独立和人民解放的结合；中国特色社会主义在新时代的伟大实践，使中华民族伟大复兴与建设社会主义现代化强国能够有机结合，让乌托邦精神在中国的现代化道路上具有了变革现实的物质力量，对中国乃至整个人类文明都产生了深远的

---

① 习近平：《高举中国特色社会主义伟大旗帜　为全面建设社会主义现代化国家而团结奋斗——在中国共产党第二十次全国代表大会上的报告》，人民出版社，2022，第24页。

影响。

　　同时需要看到，中国特色社会主义并不否认资本主义在其发展的历史长河中对人类进步的重要贡献和积极成果。中国特色社会主义对资本主义的批判、超越与对资本主义的交流、借鉴是相互重叠的，它虽然呈现与资本主义不同的社会主义发展道路，但在探索和前进中又带有强烈的乌托邦色彩。中国特色社会主义用全方位的深化改革和多层次、宽领域的对外开放格局，汲取西方国家现代化进程中对人类进步发挥过重要作用的成果，"仅用几十年时间就走完发达国家几百年走过的工业化历程"[1]，通过辩证看待和利用资本主义创造了社会主义发展的人间伟绩。

　　其次，新时代中国特色社会主义实践是中国共产党带领人民在百年奋斗中开辟出来的现代化道路。以新时代中国特色社会主义的伟大实践为道路选择来实现乌托邦精神，是中国步入现代化的必然要求。"中国人对现代化的追求形成了一种乌托邦式的情结"[2]，实现中国特色社会主义的现代化为中国树立起了一个比西方现代化更高的追求目标。西方现代化的发展历程以及社会主义运动在西方的兴起，使中国人立足西方反思资本主义的不足，形成了追求、实现和发展中国特色社会主义的乌托邦情结。尤其是对进入新时代的中国进行这种有别于西方现代化的历史性选择，既体现了对西方现代性的批判，又体现了在实现中华民族伟大复兴的征程中推动构建人类命运共同体的乌托邦精神。

　　"批判的社会主义"等思潮不具有乌托邦精神，就是因为它们看不到资本主义的弊端，或者看到了而提不出行之有效的解决方案，从而认识不到从资本主义走向社会主义的历史必然性。"群众的共产主义"用乌托邦精神推动着后世社会主义运动的蓬勃发展，是因为它不仅指出了资本主义的弊病，而且认识到资本主义对群众生存的威胁和对落后地区的掠夺，并能从资本主义的发展中看到它的灭亡，展现其超越资本主义而建立社会主义的全新文明形态的现实诉求。"资本主义是强势的西欧民族国家的指号，

---

[1] 《中共中央关于党的百年奋斗重大成就和历史经验的决议》，人民出版社，2021，第63页。
[2] 董四代、杨静娴：《现代性·乌托邦·中国社会主义发展历程》，《河南大学学报》（社会科学版）2007年第6期。

社会主义精神则是弱势民族国家的翻身理念，这些国家原本无不具有悠久的文化传统和民族特色。"① 新时代中国特色社会主义伟大实践就表达了超越西方资本主义局限性的要求，力图在乌托邦精神中发出民族自立自强的声音，让全体中国人过上共同富裕的美好生活。这正是对"群众的共产主义"关于人不断得到解放的目标的实践。

最后，新时代中国特色社会主义实践是中国共产党迈向第二个百年对人类社会进步发展做出新贡献的赶考之路。党的十九大报告对第二个百年奋斗目标做出了战略性安排，在党的十九届六中全会上又一次得到了重申。"从二〇二〇年到二〇三五年基本实现社会主义现代化；从二〇三五年到本世纪中叶把我国建成富强民主文明和谐美丽的社会主义现代化强国。"② 第二个百年奋斗目标不仅用乌托邦精神关注到中国在社会主义现代化进程中对理想社会的实现程度，而且从战略发展的高度清晰地阐发了新时代中国特色社会主义的先进性。社会主义现代化是使人民通过脱贫尽快富裕起来的道路。从党的十八大到现在，中国共产党通过解决绝对贫困问题，为人类的脱贫事业做出不可磨灭的重要贡献，用伟大实践批判"批判的社会主义"等思潮对待无产阶级贫困问题的错误做法。从消灭贫困到实现共同富裕，新时代中国特色社会主义的先进性进一步得到彰显。用乌托邦精神观照现实，还要关注到在全面消除贫困基础上对共同富裕的实现程度。绝对贫困问题虽然得到历史性解决，但相对贫困问题仍长期存在。只要在现实生活中还存在不合理的贫富差距，以及其他社会不平等现象，只要现实的个体还在憧憬未来的美好生活，中国特色社会主义就仍然需要不断诉诸乌托邦精神来证明自身存在的先进性。

人民对美好生活的向往是中国共产党在迈向第二个百年对人类社会进步发展做出新贡献的重要着力点。中国特色社会主义进入新时代的一个显著标志就是人民能够过上美好生活，这是乌托邦精神在现实生活的集中表达。用乌托邦精神向往未来，就要关注人民对美好生活的向往程度和实现

---

① 刘小枫：《现代性社会理论绪论——现代性与现代中国》，上海三联书店，1998，第 382 页。
② 习近平：《高举中国特色社会主义伟大旗帜　为全面建设社会主义现代化国家而团结奋斗——在中国共产党第二十次全国代表大会上的报告》，人民出版社，2022，第 24 页。

进度。中国特色社会主义在伟大实践中，没有把社会主义建立在主观臆想的基础之上，而是建立在对中国社会科学分析的基础之上，于是就能立足现实生活把"群众的共产主义"的理念转化成人民对美好生活的实践。

3. 新时代中国特色社会主义的乌托邦精神的意义

呈现新时代中国特色社会主义的乌托邦精神在对西方现代性进行批判时所体现出来的意义，才能认识到乌托邦精神让新时代中国特色社会主义继续大放异彩的原因。

一是新时代中国特色社会主义的乌托邦精神所揭示的历史发展趋势比资本主义这一既成事实具有更高的现实规定性。资本主义文明是人类历史发展到一定程度的必然产物，它是资本在人类历史上占统治地位时期的特定产物，因而只能在人类历史发展的特定阶段中居于统治地位。进入 21 世纪，世界社会主义运动在新变化中增强了主体力量，"社会主义开始进入现存的社会主义国家的示范引领作用上升期、非社会主义国家共产党生存空间扩展期、反对和变革资本主义的各类社会运动集中爆发期"①，这是世界范围内社会主义和资本主义的较量出现有利于社会主义转变的现实依据，打破了社会主义必然要臣服于资本主义的西方意识形态幻觉，增强了新时代中国特色社会主义为人类文明新形态做出贡献的现实依据。

二是新时代中国特色社会主义的乌托邦精神所揭示的现实规定性是伴随着现代科学技术发展的人文情怀的实现。乌托邦精神并不排斥现代性，只是反对西方现代性具有优越性并可以永恒不变的意识形态幻觉。新时代中国特色社会主义是乌托邦精神中的理想追求与现代科学技术发展的完美融合，不仅使社会主义从乌托邦变成现实、在现实中具有先进性，开辟了科学社会主义发展的全新模式；而且成功走出"中国式现代化"②的道路，走上了一条以人民为中心、人人可以追求美好生活的全新模式，是对人文情怀这一人类世界独一无二精神的深刻诠释。可以说，"乌托邦"这一概

---

① 轩传树：《世界社会主义运动主体力量新变化》，《马克思主义研究》2021 年第 2 期。
② 习近平：《高举中国特色社会主义伟大旗帜　为全面建设社会主义现代化国家而团结奋斗——在中国共产党第二十次全国代表大会上的报告》，人民出版社，2022，第 22 页。

念自诞生之日起,就代表着一种人文情怀,"一种对美好未来的向往"①。新时代中国特色社会主义建设正是在体现人文情怀的乌托邦精神的回归中为人类发展提供了全新选择。

三是新时代中国特色社会主义的乌托邦精神所揭示的人文情怀是"以人民为中心的发展思想"②的实现。新时代中国特色社会主义不是在人类历史发展进程中为资本主义强行设定一个外在目标,提供一种解放方案,而是提供了一种使现实更加美好的可行性样板。这个样板在中国始终是通过"以人民为中心的发展思想"体现出来的,既是一种体现社会主义本质的理想追求,又是一种历史发展的必然选择。从理想性追求来说,新时代中国特色社会主义建设的要义就是全面贯彻"以人民为中心的发展思想";从历史发展的客观规律来看,"以人民为中心的发展思想"是人类社会历史发展的客观规律的必然体现。不管是作为一种理想的追求还是作为一种必然的历史选择,最终目的都是实现"人民对美好生活的向往",这使新时代中国特色社会主义既符合乌托邦精神,又符合历史发展的客观规律。

## 第二节 马克思共产主义思想的延展

莫尔的《乌托邦》主张建立废除私有制的全新社会,使人人能发挥聪明才智,最大化地满足每一个人的需要,这就构成了后世通过建构理想社会来批判被异化的现存世界的重要方法,被恩格斯视为是阐发了"刚刚萌生的共产主义思想"③,为形成共产主义理论做了重要铺垫。马克思就在致力于为全人类服务时,沿着莫尔等人所开辟出来的道路不断奋斗。他形成对共产主义的科学认识经历了一个不断发展的过程。马克思在《1844年经济学哲学手稿》中,主要从扬弃私有财产的视角阐发共产主义思想;在

---

① 蒲国良:《乌托邦与社会主义》,《史学理论研究》2016年第4期。
② 习近平:《高举中国特色社会主义伟大旗帜 为全面建设社会主义现代化国家而团结奋斗——在中国共产党第二十次全国代表大会上的报告》,人民出版社,2022,第10页。
③ 《马克思恩格斯文集》第2卷,人民出版社,2009,第239页。

《神圣家族》中，他实现了从革命民主主义者向共产主义者的转变；在《德意志意识形态》中，历史唯物主义成为论证共产主义的理论基石；在《共产党宣言》中阐发了共产主义理想；在《资本论》中，通过揭示资本主义私有制自我否定规律，对共产主义理论进行了科学论证。共产主义思想成为全世界的马克思主义者实现全人类解放事业的科学理论武器。在新时代，共产主义思想通过中国特色社会主义不断"证成"自身。在现实生活中实践共产主义，就要树立共产主义理想信念，积极投身中华民族伟大复兴事业。

习近平总书记在庆祝中国共产主义青年团成立 100 周年大会上强调："只有始终高举共产主义、社会主义旗帜，共青团才能形成最为牢固的团结、锻造最有战斗力的组织，始终把青年凝聚在党的理想信念旗帜之下。"[1] 树立共产主义理想信念是时代新人担当民族复兴大任的立身之本，是在实践中服务广大人民群众的力量之源。然而，马克思通过共产主义展示一种不同于资本主义的社会历史画卷的同时，共产主义也面临着在西方反乌托邦社会思潮的侵袭下被消解的危险，共产主义在为人类追求的更为理想的社会辩护时饱受争议。从马克思共产主义思想不断发展的进程出发，探究这个延展过程中的若干重要转折点，呈现他一生坚定不移的精神追求和革命实践的理论根基，不仅能坚定人们对共产主义的信仰，还为把握新时代中国特色社会主义思想、推进社会主义现代化建设提供了重要理论支撑。

## 一 不断拓展对共产主义的认识

马克思形成对共产主义的科学认识不是一蹴而就的，他在革命实践的淬炼中经历了认识不断发展和丰富完善的过程。他在批判旧世界观中形成新世界观实现身份由唯心主义者到唯物主义者、由革命民主主义者到共产主义者的转变时，就以批判私有财产为切入口，指出私有财产与无产阶级是现代资产阶级社会内部矛盾的两个对立面，规定着资产阶级社会的历史

---

[1] 习近平：《在庆祝中国共产主义青年团成立 100 周年大会上的讲话》，《人民日报》2022 年 5 月 11 日。

发展方向。他在《1844年经济学哲学手稿》中对共产主义与私有财产关系的论述，在《神圣家族》中立足无产阶级的阶级属性和世界历史意义展开对共产主义的阐发，在《德意志意识形态》中指出"实践的唯物主义者即共产主义者"，为他在《共产党宣言》中表达共产主义理想作了充分的准备，最后在《资本论》中通过对资本主义私有制自我否定规律的揭示，对共产主义理论作了科学论证，从而使超越资本主义社会的新社会形态——自由人的联合体得到科学化论证。

1. 扬弃私有财产的共产主义

在1844年前后，马克思正处于扬弃"旧世界观"、建构"新世界观"的观念转型期，一个重要表现是他对私有财产的研究和对国民经济学的批判。他在《1844年经济学哲学手稿》中通过研究私有财产与异化劳动的关系，不仅指出国民经济学因无法超越私有财产的前提而看不到私有财产的历史性，而且指出共产主义正是通过扬弃私有财产促使人类社会进入比资产阶级社会更为高级的发展阶段。"共产主义作为私有财产的扬弃就是要求归还真正人的生命即人的财产。"① 私有财产作为异化劳动的结果，在资本主义私有制社会被当作天经地义的社会现象。马克思从劳动与资本的对立来考察无产与有产的对立，认为资本家用排他性的方式完成私有财产的普遍化，造成了无产者的贫困现象，要想扬弃人的自我异化就必须废除私有制，进入对私有财产的否定阶段。"共产主义是对私有财产即人的自我异化的积极的扬弃。"② 在马克思看来，共产主义作为私有财产的对立面预示了人类社会发展的下一个历史阶段。然而，共产主义并非人类社会发展的最终完成形态。它作为对私有财产的否定之否定，"是人的解放和复原的一个现实的、对下一段历史发展来说是必然的环节"③，但"这样的共产主义并不是人类发展的目标，并不是人类社会的形态"④，因为共产主义只是对人类当下的社会形态即资本主义的超越，而这一超越只能构成实现

---

① 《马克思恩格斯文集》第1卷，人民出版社，2009，第216页。
② 《马克思恩格斯文集》第1卷，人民出版社，2009，第185页。
③ 《马克思恩格斯文集》第1卷，人民出版社，2009，第197页。
④ 《马克思恩格斯文集》第1卷，人民出版社，2009，第197页。

"人类社会"的必然环节,在此之后的"人类社会"才是真正彻底地实现人类解放的社会形态。

马克思在《1844年经济学哲学手稿》中借助对国民经济学的批判实现他世界观的转变。他指出,国民经济学所维护的资本主义并非人类社会发展的永恒形态,超越资产阶级社会的共产主义也不是人类社会发展的最终目的,只有超越"人类社会"的种种"史前历史时期",人类才能真正获得解放,这一结论体现了马克思当时认识和改变世界的信念。他对私有财产的否定、对资本主义的批判、对共产主义的肯定都体现着他人道主义情感的迸发。马克思认为,走向共产主义就是"向社会的即合乎人性的人的复归"[1],这种共产主义就等于人道主义。马克思此时是从人道主义的立场上来论证共产主义,还没有真正深入社会历史领域对共产主义进行科学论证,并探求共产主义实现的过程。

2. 立足无产阶级的共产主义

从《神圣家族》开始,马克思把共产主义与无产阶级联系在一起。无产阶级是通过革命的实践消除人的异化,消灭非人性的生活条件,真正实现人的解放的社会力量。他把《1844年经济学哲学手稿》中对私有财产的否定推进到《神圣家族》对私有财产内部矛盾运动原因的探究,由此得出无产阶级必然要肩负的历史使命。"无产阶级和财富是两个对立面。"[2] 它们虽然是私有财产世界这个整体的两种形态,但二者在对立统一中所处的地位却不一样。无产阶级作为财富的对立面是被否定的方面,而有产阶级作为财富的人格化是被肯定的方面。私有财产同时造成了二者的异化,只不过后者通过异化确证了自己,而前者却在异化中过着非人的生活。所以马克思认为私有财产在运动中必然要走向瓦解,并且发生在"当私有财产造成作为无产阶级的无产阶级"[3] 的时候。无产阶级作为私有财产世界的掘墓人,"它的目标和它的历史使命已经在它自己的生活状况和现代资产

---

[1] 《马克思恩格斯文集》第1卷,人民出版社,2009,第185页。
[2] 《马克思恩格斯文集》第1卷,人民出版社,2009,第260页。
[3] 《马克思恩格斯文集》第1卷,人民出版社,2009,第261页。

阶级社会的整个组织中明显地、无可更改地预示出来了"①。

马克思进一步在《德意志意识形态》中把对共产主义的追求建立在历史唯物主义理论"大厦"的基础之上。一方面，他立足于现实生活中的物质生产来解释人类历史的发展进程，认为当一定社会的交往形式不适应生产力的发展要求时就会爆发革命，"一切历史冲突都根源于生产力和交往形式之间的矛盾"②；另一方面，他认为在这种矛盾运动中资本主义必然会被共产主义所取代，因为无产阶级不仅在生产力的普遍发展中不断壮大，而且生产力在全世界的扩张使世界交往成为可能，共产主义作为无产阶级的目标、使命和事业"只有作为'世界历史性的'存在才有可能实现"③。马克思在这里就指出，共产主义实现于历史转变为世界历史的进程之中，这个过程同样也是消灭交往形式的限制以及民族和地域局限性的现实运动的过程。紧接着，《共产党宣言》就在经济上指出不消灭资产阶级的所有制，共产主义就无法实现；在政治上指出无产阶级要在与资产阶级斗争的革命中成为统治阶级才能迎来共产主义新社会；在条件上认为这个新社会要求"每个人的自由发展是一切人的自由发展的条件"④。

3. 资本主义私有制自我否定规律科学论证了共产主义思想

《共产党宣言》作为对共产主义思想进行集中表述的文本，较为完整地呈现了马克思的共产主义理想。然而按照列宁的说法，历史唯物主义在《资本论》之前一直是个科学的理论假设，建立在历史唯物主义基础之上的共产主义相对于在世界范围内占据统治地位的资本主义来说仍属于"无可辩驳的抽象的历史真理"⑤，只有在《资本论》中，马克思通过揭示资本主义私有制自我否定的规律，科学地论证了历史唯物主义的基本原理，使它成为一门"历史科学"，才使共产主义真正成为一种经得起实践检验的科学理论。

《资本论》的研究对象是资本运动的规律。马克思通过研究资本在生

---

① 《马克思恩格斯文集》第 1 卷，人民出版社，2009，第 262 页。
② 《马克思恩格斯选集》第 1 卷，人民出版社，2012，第 196 页。
③ 《马克思恩格斯文集》第 1 卷，人民出版社，2009，第 539 页。
④ 《马克思恩格斯选集》第 1 卷，人民出版社，2012，第 422 页。
⑤ 《马克思恩格斯文集》第 1 卷，人民出版社，2009，第 370 页。

产领域和流通领域互相矛盾的规律，得出《共产党宣言》里的两个"不可避免"，即"资产阶级的灭亡和无产阶级的胜利是同样不可避免的"①。首先，马克思所讲的"资本"指的是从一切生活资料中剥离出来的生产资料，被资产阶级"所有"的是生产资料，这个阶级是依靠生产资料谋生的，只有在生产资料上面才能体现出这种所有制对工人而言的剥削关系。其次，就生产过程来说，资本进行价值增值的前提是生产资料与劳动力的分离，生产资料被资本家私人占有，劳动力则作为商品被迫参与生产剩余价值的环节。于是，资本就在生产环节迫使劳动从属于自身，资本家尽可能地压低工资使剩余价值最大化。然而，资本的流通环节却要求提高工人的工资以便后者有能力购买商品来完成剩余价值的实现过程，这就产生了资本的生产环节与流通环节之间的矛盾。最后，在资本主义生产的总过程当中，资本主义生产与流通之间不可避免的自相矛盾导致了周期性经济危机的频繁爆发，并且日趋激烈的竞争使资本的平均利润率呈螺旋式下降趋势，当利润低到不再存在的时候，资本就成为无法带来剩余价值的货币，资本主义生产方式赖以维系的基本形式就不复存在了，资本主义被共产主义所取代的时刻就来临了。

马克思通过《资本论》研究了人类社会客观发展的一般历史规律。他把这一规律建立在对历史唯物主义与资本主义私有制自我否定规律把握的基础之上，从而使共产主义具有了不以人的意志为转移的历史必然性。如果忽视了资本自我否定的客观规律，势必无法理解共产主义理论的科学性和革命性，从而无法相信共产主义从理论转化为实践、从理想转变为现实的客观性和必然性。

## 二 从"群众的共产主义"到"实践的唯物主义者即共产主义者"

马克思在《神圣家族》中对无产阶级历史使命的论证，表明他在思想

---

① 《马克思恩格斯选集》第 1 卷，人民出版社，2012，第 413 页。

上正在从现实的人道主义转向"群众的共产主义"①。

"批判的批判"把人的一切活动都看作"精神"辩证思维过程的体现，根本不承认活生生的人改变现实生活的实际活动，这就造成了"批判的批判所主张的社会主义同群众的社会主义和共产主义的区别"②。前一种社会主义是"精神的绝对的社会主义"，后一种社会主义是"群众的世俗的社会主义"。"群众的世俗的社会主义"绝不会停留在精神领域的批判上面，而是要求群众在对现实的改变中实现共产主义。马克思在《德意志意识形态》中更是直接指出"实践的唯物主义者即共产主义者"③，共产主义者对历史唯物主义的实践要求是对资本主义展开革命。只有"使现存世界革命化，实际地反对并改变现存的事物"④，才能真正实现共产主义。

1. 提出"群众的世俗的社会主义"是为了实现共产主义

"犹太人问题"是马克思早期考察人的解放问题的一条重要线索⑤。针对"犹太人问题"，德国思想领域在1840~1844年展开了一场持久性讨论，讨论的本质直指人的解放问题。对于布鲁诺·鲍威尔把人的解放寄托于宗教的解放上，仅仅从思想上谈论人的解放问题，马克思在《神圣家族》第六章第二节的"犹太人问题，第二号"中专门指出"群众的世俗的共产主义和社会主义同绝对的社会主义"的区别。后一种社会主义即"纯粹精神的社会主义"在犹太人的解放问题上只满足于停留在单纯理论领域，也就是认为犹太人的自由和解放只能是精神上的自由和解放；而"世俗社会主义"正是对后一种社会主义企图在形而上学的思辨领域解决犹太人在德国社会现实中的自由和解放问题的批判。马克思认为，"群众的世俗的社会主义"的首要原则是要摒弃一切观念领域中幻想出来的人的解放，从社会现实出发通过政治斗争争取现实的自由和人的解放。他批判布鲁诺·鲍威尔只从宗教入手考察犹太人的解放问题，把犹太人的宗教解放

---

① 《马克思恩格斯文集》第1卷，人民出版社，2009，第273页。
② 《马克思恩格斯文集》第1卷，人民出版社，2009，第274页。
③ 《马克思恩格斯选集》第1卷，人民出版社，2012，第155页。
④ 《马克思恩格斯选集》第1卷，人民出版社，2012，第155页。
⑤ 刘秀萍：《重新辨析马克思对"犹太人问题"的解答——从〈论犹太人问题〉到〈神圣家族〉》，《哲学动态》2019年第7期。

等同于人的解放；没有发现德国政教勾结的专政制度才是阻碍犹太人解放的关键；混淆了政治解放与人的解放，不仅没有发现犹太人完全能在保留犹太教的情况下实现政治解放，还得出用专制的政治手段消灭一切敌对分子的结论。布鲁诺·鲍威尔在"犹太人问题"上走入歧途，根本原因在于他仅仅把视角局限在思想领域，他的观点和主张也没有反映犹太人的现实利益及其发展历史，因此不可能正确指导犹太人解放自己。马克思不仅通过"群众的世俗的社会主义"提出了正确的理论，而且力求让理论在现实社会中得到实现，即在群众的革命中实现共产主义，真正解决囿于精神领域而无法破解现实的问题。正是基于这样的立场，列宁认为《神圣家族》"奠定了革命唯物主义的社会主义的基础"①。

对布鲁诺·鲍威尔"精神的绝对的社会主义"的批判是论证共产主义的一个重要阶段。马克思在批判中认识到，要想实现共产主义就要彻底消除精神上对社会主义的幻想，在群众改变现实生活的革命中实现共产主义，这就比他在《1844年经济学哲学手稿》中从人道主义出发理解共产主义更加前进了一步。马克思在《神圣家族》中明确指出相对于"绝对的社会主义"而言，只有在"群众的世俗的共产主义和社会主义"中才能真正实现人道主义，在革命中实现的人道主义才是共产主义。可见，马克思对"精神的绝对的社会主义"的批判并不是批判思辨唯心主义的"小插曲"，而是他论证共产主义的必经阶段。

2. 共产主义作为实践的唯物主义要求变革世界

实现人的解放是共产主义的核心价值追求。在人的解放道路上，布鲁诺·鲍威尔等思辨唯心主义哲学家始终没有突破观念领域，导致他们的探索最后都变成无力的说教和思辨的谰言。马克思、恩格斯在《德意志意识形态》中找到了解放人类的现实道路："对实践的唯物主义者即共产主义者来说，全部问题都在于使现存世界革命化，实际地反对并改变现存的事物。"② 共产主义者的革命实践正是实现共产主义的根本性力量。《德意志意识形态》不仅为后来的《共产党宣言》准备了历史唯物主义的理论基

---

① 《列宁选集》第1卷，人民出版社，2012，第92页。
② 《马克思恩格斯选集》第1卷，人民出版社，2012，第155页。

础，更以揭示人类历史发展一般规律的形式提出迈向共产主义的未来愿景。

《德意志意识形态》从生产力和交往方式入手，考察资本主义社会的工业和商业活动，从中得出从经验事实出发阐释人类历史发展规律的结论，这是对费尔巴哈进行批判的一个有力观点。后者只是让他的唯物主义停留在直观层面，而看不到"现实的个人"通过感性活动结成了人类社会并不断地通过生产形成了人类历史。费尔巴哈把感性活动从他的唯物主义当中排除掉了，导致他在解读历史的时候不得不诉诸抽象的"直观"，无法把人类历史的形成和发展看作一个实践的过程。所以费尔巴哈"正是在共产主义的唯物主义者看到改造工业和社会结构的必要性和条件的地方，他却重新陷入唯心主义"[1]。马克思对这段话里的"他"加了专指费尔巴哈的注释，就道出了历史唯心主义的两种基本形态：一种是只从思维出发讲历史的思辨唯心主义，另一种是离开历史讲自然的旧唯物主义[2]，而马克思通过对人的实践（工商业活动等）的考察实现了思维与物质、自然与历史的统一，从而完成了实践唯物主义的共产主义指向。

共产主义作为实践的唯物主义是一种现实的历史运动。它的本质不在于从观念上进行了多少次变革，因为这对于改变旧世界没有任何意义，而在于立足革命的实践建立一个实现人的解放的新世界。"共产主义对我们来说不是应当确立的状况，不是现实应当与之相适应的理想。我们所称为共产主义的是那种消灭现存状况的现实的运动。"[3] 由此可见，共产主义并非建立在只想解释世界的基础之上，而是建立在改变不合理世界的基础上的。一个掌握共产主义理论的人不只是寄希望于对现存世界进行合理解释，更会通过行动实际地推翻一切不合理的东西，这体现了共产主义理论的彻底性。

---

[1]《马克思恩格斯选集》第1卷，人民出版社，2012，第158页。
[2] 董振华：《〈德意志意识形态〉与共产主义的历史命运》，《中共中央党校（国家行政学院）学报》2019年第6期。
[3]《马克思恩格斯选集》第1卷，人民出版社，2012，第166页。

## 三  从阐发共产主义理想到对共产主义理论的科学论证

马克思在《德意志意识形态》中揭示了人类社会向共产主义迈进的历史命运，紧接着他就在《共产党宣言》中阐发了他的共产主义理想。这一思想被恩格斯在其"1883年德文版序言"中概括为"每一历史时代的经济生产以及必然由此产生的社会结构，是该时代政治的和精神的历史的基础"①，"全部历史都是阶级斗争的历史"②，"如果不同时使整个社会永远摆脱剥削、压迫和阶级斗争，就不再能使自己从剥削它压迫它的那个阶级（资产阶级）下解放出来"③。马克思不仅把历史唯物主义当作共产主义的理论基石，还在此之后通过《资本论》对资本主义私有制自我否定规律的论证，使共产主义理论建立在科学的基础之上。

### 1. 对共产主义理想的阐发

《共产党宣言》从经济基础、政治革命、社会发展和未来展望等方面对共产主义进行了详细阐述和集中表达。

在经济基础方面，共产主义的一个特征和要求是废除资产阶级所有制。马克思、恩格斯在此区分了一般的所有制与资产阶级的所有制。人类历史发展的每一个特定历史时期都是建立在相应的经济生产的基础之上的。资本主义从封建社会中脱胎而出，废除了封建的生产所有制。资产阶级的所有制极大地推动了当时生产力的发展，使得资产阶级在它不到一百年的阶级统治中创造了比过去一切世代还要多、还要大的社会生产力。建立在资产阶级所有制基础之上的共产主义是以社会生产力比资本主义的生产力还要发达为前提条件的，因此"共产主义的特征并不是要废除一般的所有制，而是要废除资产阶级的所有制"④。只有在资产阶级的所有制中才能酝酿出能够代表更高生产力的阶级，而这个阶级一旦在日后掌握了政权也要继续不断地解放和发展生产力。可见，生产力是决定人类社会发展的

---

① 《马克思恩格斯选集》第1卷，人民出版社，2012，第380页。
② 《马克思恩格斯选集》第3卷，人民出版社，2012，第722页。
③ 《马克思恩格斯选集》第1卷，人民出版社，2012，第380页。恩格斯明确指出这些思想完全是属于马克思一个人的。
④ 《马克思恩格斯选集》第1卷，人民出版社，2012，第414页。

根本动力，同时又为阶级斗争准备了必不可少的物质条件。

在政治革命方面，无产阶级只有成为统治阶级才能彻底消灭阶级斗争。无产阶级自19世纪30~40年代登上历史舞台就遭到资产阶级的无情打压。世界性经济危机的频繁出现加剧了无产阶级与资产阶级之间的矛盾。无产阶级作为社会最革命的力量只有推翻压在自己身上的一切旧势力才能真正解放自己。所以，"工人革命的第一步就是使无产阶级上升为统治阶级，争得民主"[1]。在阶级斗争中，工人革命引起了旧世界的极度恐慌，他们把共产主义视为在欧洲游荡的"幽灵"。"为了对这个幽灵进行神圣的围剿，旧欧洲的一切势力，教皇和沙皇、梅特涅和基佐、法国的激进派和德国的警察，都联合起来了。"[2] 正是由于无产阶级开展斗争的残酷历史条件，才决定了它不仅要消灭阶级压迫，更重要的是要消灭一切阶级，包括自身作为"无产"的阶级。无产阶级夺取政权与以往的政治革命有着本质的区别，那就是彻底消灭阶级斗争，而资产阶级取代封建统治并没有消灭阶级差别和阶级对立，只是用新的阶级形式取代了旧的阶级统治。

在社会发展方面，共产主义不仅不剥夺人们享有生活用品的权利，保障这种权利还成为提升人们生活品质的重要途径。共产主义要反对的是私人占有作为阶级压迫的"社会产品"，利用这种占有去剥削他人的劳动，使这种占有成为一种特殊的社会权力。"共产主义并不剥夺任何人占有社会产品的权力，它只剥夺利用这种占有去奴役他人劳动的权力。"[3] 所以，共产主义反对"社会产品"[4]被私人所占有的所有制，主张"社会产品"被全社会所共同占有，这样才能消灭通过占有"社会产品"而获利的剥削行径。共产主义正是通过对以私人占有"社会产品"为必要条件的所有制形式的扬弃，才实行了各尽所能、各取所需的分配形式，从而为消灭贫困和实现自由发展创造了社会条件。

在未来展望方面，共产主义社会就是自由人的联合体。"每个人的自

---

[1] 《马克思恩格斯选集》第1卷，人民出版社，2012，第421页。
[2] 《马克思恩格斯选集》第1卷，人民出版社，2012，第399页。
[3] 《马克思恩格斯选集》第1卷，人民出版社，2012，第416页。
[4] 《共产党宣言》使用"社会产品"而不是"资本"，表明马克思此时还没有揭示出资本主义私有制自我否定的规律，这一规律在《资本论》中得到系统阐发。

由发展是一切人的自由发展的条件"①，是共产主义区别于以往一切社会发展理念的根本标志。也就是说，共产主义不是别的什么主义，而是能够实现每个人的自由发展的主义。为共产主义而奋斗，就是为实现每个人的自由发展而奋斗，也就是为一切人的自由发展而奋斗。马克思为全人类勾勒出了一幅波澜壮阔的未来"画卷"，这幅"画卷"因处处呈现自由人的"色彩"而让人感到无限的崇高和美好。

2. 对共产主义的科学论证

马克思对共产主义的科学论证虽然最终是在《资本论》中才得以完成的，但是早在他从事《1844 年经济学哲学手稿》的写作过程中就开始论述共产主义了。那时的他主要是从人道主义的视角来理解共产主义，通过论证私有财产与异化劳动的关系对把私有财产当作不证自明的前提的国民经济学展开批判。可以说在一定程度上，他对共产主义的向往是批判国民经济学的结果。然而马克思当时还没有深入生产力和社会交往当中理解人类历史发展规律，导致共产主义对他而言还具有一定程度的抽象性，况且资本主义在 19 世纪上半叶的英国正处于蒸蒸日上的历史阶段，它的历史发展也远远没有进入资本主义灭亡的阶段，共产主义对马克思而言处于尚待进行科学论证的阶段。这个阶段从《1844 年经济学哲学手稿》开始，经历了《神圣家族》《德意志意识形态》《共产党宣言》等阶段的发展，一直到《资本论》对资本主义私有制自我否定规律的揭示，才最终实现对共产主义的科学论证。从批判国民经济学到论证资本主义私有制自我否定规律，共产主义在理论上经历了从形成到发展再到科学的展开过程。

马克思在《资本论》中指出，资本在运行中的自我否定具有外在于人的客观必然性。资本主义生产中的任何人，要么肯定资本的力量，成为资本的人格化表征；要么否定资本的力量，不愿意成为它的增值工具。这两种相互对立的力量既显现了资本调配各种社会资源的强大力量，又内在地包含了资本自我否定的力量，导致资本主义经济发展过程中产生周期性爆发的破坏性危机。对于这一历史事实，马克思认为，"我的观点是把经济

---

① 《马克思恩格斯选集》第 1 卷，人民出版社，2012，第 422 页。

的社会形态的发展理解为一种自然史的过程"①。"经济的社会形态"为共产主义准备了解决阶级对抗的物质条件,而共产主义则是扬弃这个过程的更高阶段。然而,共产主义也不是人类社会发展的最终目标。共产主义只是对"经济的社会形态"的超越,同样是为"人类社会"准备着物质条件和其他一切条件,而"人类社会"才是共产主义之后的社会形态,是真正实现人类解放和自由之后的社会形态。

### 四 共产主义在现实生活的实践中进行

马克思被称为伟大的革命导师,是因为他为共产主义奋斗终生的革命实践已经转变为人类历史上最伟大的精神力量。他对共产主义历史必然性的阐发在人类历史发展进程中得到了充分体现,不仅整个资本主义世界受到马克思的影响而改善民众的福利条件、缓和阶级阶层之间的矛盾冲突;更为重要的是社会主义在国家领域从无到有,而且实现了从理论到科学的发展,中国特色社会主义所具有的强大生命力显示了共产主义思想的现实影响力。

1. 共产主义理论对现实的影响

共产主义是一种现实的历史运动。德语里的现实 Wirklichkeit 是由 Wirken(发生作用)+ lichkeit(可能性)组成的。从词源构成上就可以看出,现实是指通过对现存事物发生作用,使可能性变为实际的存在。马克思在解读共产主义时就指出,对于真正的共产主义者来说,一定要深入现实的历史当中对实际的历史发生作用,"实际地反对并改变现存的事物"②。

马克思在晚年的学术研究中已经预见社会主义有可能在东方社会率先成为一种现实。他通过对古代东方社会的研究获得了超越西欧资本主义研究的更为宽阔的世界历史视野③,认为东方社会可以跨越"卡夫丁峡谷"。这是因为,"它和资本主义生产是同时存在的东西,所以它能够不经受资

---

① 《马克思恩格斯选集》第 2 卷,人民出版社,2012,第 84 页。
② 《马克思恩格斯选集》第 1 卷,人民出版社,2012,第 155 页。
③ 谌中和:《马克思晚年学术转向的思想史意义》,《中国社会科学》2016 年第 5 期。

本主义生产的可怕的波折而占有它的一切积极的成果"①。正如马克思所预言的那样，在列宁领导的无产阶级社会主义革命中诞生了人类历史上的第一个社会主义国家，使共产主义思想在国家层面实现了历史性突破。之后的苏联在反法西斯的第二次世界大战中发挥了至关重要的作用，以至于社会主义阵营在第二次世界大战后迅速形成，成为与以美国为首的资本主义阵营长期并存的力量。

20世纪60年代，世界社会主义运动因为苏联解体和东欧剧变陷入了低潮。早在斯大林执政时，就在政治经济领域形成了高度集中的"苏联模式"。在西方大萧条之际，苏联工业建设取得辉煌成绩，亚欧很多国家就是在此时选择加入社会主义阵营。但是，人们对这种在特定历史条件和经济社会环境中形成的模式还存在认识不成熟的情况，没有充分意识到"苏联模式"的局限性，如政治体制僵化、片面强调斗争、忽视法治建设、用指令性计划经济排斥市场、片面发展重工业等。虽然赫鲁晓夫企图改变这一现状，却没有看到这不是一个人的问题，而是体制性问题。戈尔巴乔夫更是低估了体制性改革的阻力，最终导致苏联在改革中解体。世界社会主义运动在苏联解体后遭受严重挫折，原来一种模式的运动在仅存的社会主义国家当中逐渐呈现出符合本国国情的内容。中国就汲取社会主义阵营瓦解的教训，步入了改革开放的新发展阶段，经过40多年的现代化建设，中国特色社会主义不仅使共产主义作为一种国家现实屹立于世界之林，而且在彰显社会主义制度优越性的同时使共产主义思想在制度层面更加成熟和定型。

2. 共产主义理论在中国特色社会主义中不断"证成"自身

中国特色社会主义作为共产主义的实践形态始终处在不断发展的历史进程之中。这一历史进程的标志性前提是1921年中国共产党的成立。中国共产党在半殖民地半封建社会的旧中国带领全国人民浴血奋战，终于成立了新中国，解放了广大人民群众。由于新中国是在极为复杂的世情、国情中成立的，又没有成功先例可资借鉴，社会主义建设在探索过程中曾一度

---

① 《马克思恩格斯选集》第3卷，人民出版社，2012，第821页。

遭遇挫折，1978年的改革开放明确把"以经济建设为中心"作为社会主义初级阶段的工作重心，加快了社会主义现代化建设的历史进程，广大人民群众的生活条件得到了彻底改善。在21世纪，步入新时代的中国要在实现中华民族伟大复兴的历史征程中不断完善中国特色社会主义，因为中国特色社会主义正是对共产主义思想的现实表达。共产主义是实现人的解放的历史实践，中国特色社会主义作为实现共产主义的具体实践，既体现了中国共产党崇高的历史使命，又顺应了历史发展的客观规律。我们要在更加坚定共产主义思想中为中国特色社会主义事业添砖加瓦、贡献聪明才智。

然而，当代中国特色社会主义仍存在不少问题。社会层面还存在许多不平等、不公正现象，保持国家长期繁荣稳定和实现领土完全统一的任务依然艰巨，在追求全人类文明进步中反对霸权主义、单边主义仍然任重道远，等等。中国特色社会主义就是要在解决这诸多问题的过程中实现进一步发展。中国特色社会主义是在实现共产主义思想的伟大实践中生成的，只有在建设中国特色社会主义的伟大实践中不断实现共产主义，才能谱写出新时代中国继续腾飞的新篇章。

2020年6月27日，习近平总书记在给复旦大学《共产党宣言》展示馆党员志愿服务队回信时指出："100年前，陈望道同志翻译了首个中文全译本《共产党宣言》，为引导大批有志之士树立共产主义远大理想、投身民族解放振兴事业发挥了重要作用。"[1] 树立和坚定共产主义远大理想，曾经为百年前的有志之士提供了救亡图存的精神力量，也为百年后的有为青年实现中华民族伟大复兴提供了精神上的激励和引领。一百年过去了，在共产主义思想的科学指导下，我们走上了中国特色社会主义的康庄大道，实践共产主义思想的"接力棒"传到了我们手上，我们要秉承共产主义思想，让它成为人世间的美好现实。

---

[1] 《习近平给复旦大学青年师生党员回信勉励广大党员 在学思践悟中坚定理想信念 在奋发有为中践行初心使命》，《人民日报》2020年7月1日。

# 第五章　从批判唯心史观到对人的整体性建构

1844年前后正是马克思、恩格斯的思想裂变期，他们在这一时期的批判主要围绕对思辨哲学—宗教异化、异化劳动理论与对私有财产、对唯心主义—旧唯物主义的批判展开。这一批判思想展现了他们对历史进程的理论自觉。从对思辨唯心主义的哲学批判到对私有财产的国民经济学批判、从对资本主义意识形态的批判到对德国社会现实的政治批判、从对英雄史观的批判到对群众史观的阐发，批判思想成为马克思、恩格斯在1844年下半年的显著理论成果。然而，他们的批判思想仍然残留抽象人本主义的痕迹，存在对私有财产批判的局限性，没有完全看到异化本身的历史意义，没有彻底论证无产阶级的历史使命，等等，但是，马克思、恩格斯是站在整体性的高度把握人的。他们站在人的整体性高度创立了"关于现实的人及其历史发展的科学"，即人的整体性是历史地生成的，要在实践中呈现人的整体性。这就需要批判思辨唯心主义的三种形态，把对人的片面性理解还原为对人的整体性理解。实现人的整体性更是一项实践任务。在实践中历史地实现人的整体性，体现了辩证法"否定之否定"的特征，人的异化构成了实现人的整体性的否定性环节。着眼于"将来"的人通过实践否定自己不仅实现着对自己的扬弃，而且把"人类社会"之前的历史都看作实现人的整体性的否定性环节。运用人的整体性作为"原则"，对个人英雄主义、拜金主义等错误意识形态进行批判，使人的自由全面发展与新时代的"美好生活需要"相契合，破除片面发展的惯性思维，才能真正使历史成为实现人的整体性的实践过程。

## 第一节　反思《神圣家族》的批判思想

《神圣家族》通过批判思想展现出马克思、恩格斯在政治思想上脱离青年黑格尔派、批判思辨唯心主义、向历史唯物主义过渡的特殊思想阶段。归纳和总结这一时期他们的批判思想，尤其是《神圣家族》在批判布鲁诺·鲍威尔等人的时候阐发的历史唯物主义形成中的一些基本观点、原理和立场，不仅可以呈现马克思、恩格斯对历史进程的理论自觉，还能更准确地理解他们在1845年何以形成历史唯物主义。《神圣家族》为马克思、恩格斯完成思想上的转变奠定了重要的理论基础，但它是一部在影响力上远逊于马克思、恩格斯同时期著作的文本，是"一部未被给予足够重视的重要文本"[1]。我们在对《神圣家族》展开研究的过程中，既要看到它的重要性，同时也要看到它的理论局限性。

### 一　《神圣家族》的三重批判

19世纪50~60年代，资本主义在德国的发展引起了要求民主和自由的改革运动，反映在思想领域，黑格尔哲学的式微导致了黑格尔阵营的分裂。青年黑格尔派（又称"黑格尔左派"）因对黑格尔在哲学上维护正统基督教的不满而"出走"。这与老年黑格尔派（又称"黑格尔右派"）坚持用黑格尔哲学解释一切，甚至用正统基督教诠释黑格尔哲学的做法形成冲突。"黑格尔学派内部两派之间的矛盾和斗争最初是围绕着宗教问题展开的，具有哲学—宗教斗争的色彩。"[2] 马克思、恩格斯对黑格尔哲学的批判必然绕不开这一段思想历程。他们能超越黑格尔派的"左""右"争论，既得益于作为一阵思想"清风"的费尔巴哈人本学唯物主义，又受益于他们对国民经济学的

---

[1] 刘秀萍：《思想的剥离与锻造〈神圣家族〉文本释读》，中国人民大学出版社，2018，第1页。

[2] 王兆星：《青年黑格尔派的形成及其宗教批判》，《武汉大学学报》（社会科学版）1988年第2期。

研究和批判。在 1844 年前后，马克思、恩格斯在《论犹太人问题》和《〈黑格尔法哲学批判〉导言》中对宗教异化和德国社会现实进行了批判；在《1844 年经济学哲学手稿》中对异化劳动展开批判；在《神圣家族》中批判思辨唯心主义；在《关于费尔巴哈的提纲》中从实践出发对包括费尔巴哈在内的旧唯物主义展开批判，最终在《德意志意识形态》中通过上述批判建立历史唯物主义。可以把马克思、恩格斯的批判主题归纳如下。

1. 对思辨哲学—宗教异化的批判

马克思、恩格斯对黑格尔的思辨哲学和青年黑格尔派鼓吹思辨唯心主义的批判，为建构历史唯物主义做了哲学上的准备工作。马克思在当时主要是通过异化劳动理论对思辨唯心主义的哲学展开批判的。张迪和刘建军认为唯物史观的形成与马克思的异化理论批判是同一个过程的两个方面，并把对黑格尔和青年黑格尔派的批判视为精神异化批判①。该主张看到了异化理论批判在历史唯物主义形成中的重要作用，但是夸大了异化理论批判作为形成历史唯物主义的理论铺垫作用。陈锡喜就指出，"抓住'异化'来评价马克思当年思想的成熟与否，并没有抓住问题的实质"②。要想抓住马克思如何驳倒思辨唯心主义的要领，就要直接挖掘 1844 年前后有关文本中历史唯物主义的思想成分。《1844 年经济学哲学手稿》中的异化劳动理论就是这一时期马克思异化批判思想的"阿基米德支点"。

为什么人们对马克思此时使用的异化概念"情有独钟"？这是马克思在 1843 年到 1844 年初对宗教进行批判时使用的核心概念。受到费尔巴哈关于宗教是人的本质的异化的影响，马克思在《论犹太人问题》中指责布鲁诺·鲍威尔就宗教本身来谈宗教问题而看不到后者的世俗基础。他认为，犹太人的宗教解放本质上是在社会解放中消除宗教对人的异化，"犹太人的社会解放就是社会从犹太精神中解放出来"③。他在《〈黑格尔法哲学批判〉导言》中将宗教批判延伸到对德国社会现实的批判，看到无产阶

---

① 张迪、刘建军：《批判与建构：异化理论批判和唯物史观形成的逻辑理路》，《学术界》2017 年第 6 期。
② 陈锡喜：《马克思主义：意识形态和话语体系》，华东师范大学出版社，2011，第 70 页。
③ 《马克思恩格斯文集》第 1 卷，人民出版社，2009，第 55 页。

级只有与哲学相结合才能实现彻底的解放。这表明，此时的马克思已经深入社会生活领域对人的解放展开探究。

刘秀萍认为"犹太人问题"是理解马克思早期思想的一条重要线索，从《论犹太人问题》对其世俗基础的论述到《神圣家族》将其放到与国家、社会、法、世界、民族等的关系中进行考察，辨析其"真正的"和"普遍的"意义，即犹太人要在现实生活中而非宗教幻想中获得作为人的解放，才标志着马克思对这一问题的最终解答①。这种看法很中肯，但是还应该指出马克思的宗教批判是在对思辨唯心主义批判这一哲学批判的大背景下展开的。马克思、恩格斯对现实人道主义的"敌人"思辨唯心主义展开哲学—宗教的批判是与他和恩格斯对异化劳动—私有财产的批判密切联系在一起的，后者为前一种批判准备了唯物的批判基础。

2. 异化劳动理论与对私有财产的批判

从异化劳动出发对国民经济学进行批判使马克思、恩格斯的批判显示出不同于批判哲学的特点。恩格斯在《国民经济学批判大纲》中指出国民经济学是资本主义私有制的理论表现，只有消灭私有制才能消除资本主义的弊端。这与马克思在《1844年经济学哲学手稿》中对私有财产的批判不谋而合。马克思在该文本中阐述了异化劳动与私有财产相互作用的关系，试图在劳动中揭示人的异化和财富产生的根源。学界至今仍在对两者之间是否存在"循环论证"的问题进行探讨。王峰明认为从"本质规定"与"现实表现"来看，两者的逻辑关系表现为前者是后者的基础和根据，在"发生学"意义上两者之间存在互为因果的复杂关系，这是历史唯物主义所特有的"科学抽象"方法的最初萌发②。彭晓涛认为"循环论证"的实质是因果关系无法说明两者的结构，而作为"类本质"概念的"劳动"与"所有"展示两者在现实的历史生成中的内在同一③。这两种观点看到了异

---

① 刘秀萍：《重新辨析马克思对"犹太人问题"的解答——从〈论犹太人问题〉到〈神圣家族〉》，《哲学动态》2019年第7期。
② 王峰明：《异化劳动与私有财产——试解〈1844年经济学哲学手稿〉的一个理论难点》，《马克思主义与现实》2013年第1期。
③ 彭晓涛：《马克思异化劳动理论的逻辑学基础——兼论私有财产和异化劳动的"循环论证"问题》，《天津大学学报》（社会科学版）2020年第1期。

化劳动理论对私有财产批判所具有的唯物的历史的特点,但没有发现马克思、恩格斯此时的批判正在发生转向。

第一,马克思、恩格斯借助国民经济学超越了黑格尔、费尔巴哈和布鲁诺·鲍威尔等人,把批判视角由纯粹的哲学—宗教批判转向异化劳动理论与对私有财产的批判;第二,由于对国民经济学的研究,马克思所使用的异化概念已不再局限于费尔巴哈和鲍威尔等人的层面,他通过使用"异化劳动"的新提法,对异化劳动与异化做了区分;第三,用"劳动"取代"绝对精神",从异化劳动中揭示私有财产的本质,表明异化劳动理论已经成为正在形成中的历史唯物主义的重要组成部分;第四,马克思、恩格斯批判国民经济学家们千方百计维护私有财产的合理性,而触摸不到其背后的本质,只会使国民经济学成为有产阶级的"国富论",不占有社会财富的"无产"者的"国穷论",除了产生人对物的依附性关系之外,对实现人自身的解放并未做出任何贡献。

3. 对唯心主义—旧唯物主义的批判

对国民经济学的研究使马克思、恩格斯重视经济领域物质因素产生的贫穷问题。他们在《神圣家族》中对思辨唯心主义的批判和对蒲鲁东的扬弃,正是建立在对国民经济学研究的基础之上。资产阶级社会普遍存在的贫穷现象使"蒲鲁东从国民经济学用诡辩掩盖的相反的方面出发,即从私有财产的运动造成的贫穷出发,进行了否定私有财产的思考"[1]。蒲鲁东认为只有废除财产才能消灭贫穷、实现公平。然而,作为"批判的批判"的埃德加却用神学的方式考察蒲鲁东的公平信仰,把它当成"历史上的这个绝对的东西"[2],因而把蒲鲁东当作神学的批判对象加以批判。于是,马克思借助蒲鲁东对私有财产的现实批判对这种"把一切外在的感性的斗争都转变成纯粹的思想斗争"[3] 的"绝对的批判"进行了批判。

马克思随后在《关于费尔巴哈的纲领》第一条就指出唯心主义不知道现实的、感性的活动本身,而"从前的一切唯物主义(包括费尔巴哈的唯

---

[1] 《马克思恩格斯文集》第1卷,人民出版社,2009,第259页。
[2] 《马克思恩格斯文集》第1卷,人民出版社,2009,第258页。
[3] 《马克思恩格斯文集》第1卷,人民出版社,2009,第288页。

物主义）的主要缺点是：对对象、现实、感性，只是从客体的或者直观的形式去理解，而不是把它们当做感性的人的活动，当做实践去理解"[1]。郝贵生等认为物质性和主体性是实践的两大特点[2]。按此理解，唯心主义不懂实践的原因是它抽象地发展了主体的能动性，不懂实践的物质性特征；旧唯物主义却把"物质"概念理解成自然科学的具体物质形态概念，不懂实践的主体性特征，不能从人的感性活动出发解释历史，也在历史观上陷入了唯心主义的泥淖。这种对唯心史观直截了当地"破"正是为了接下来对唯物史观旗帜鲜明地"立"。马克思对唯心主义—旧唯物主义的批判成为历史唯物主义诞生的"前夜"。

## 二 《神圣家族》批判思想对历史进程的理论自觉

在《神圣家族》之前，马克思对异化的认识还停留在无产阶级身上，没有看到有产阶级也作为劳动异化的历史产物而存在。在《神圣家族》中，他对异化的认识发生了质的改变，他已经能够深入历史进程当中，客观对待人的异化问题，从而实现了批判思想在异化问题上的"华丽转身"。"有产阶级和无产阶级同样表现了人的自我异化。但是，有产阶级在这种自我异化中感到幸福，感到自己被确证，它认为异化是它自己的力量所在，并在异化中获得人的生存的外观。而无产阶级在异化中则感到自己是被消灭的，并在其中看到自己的无力和非人的生存的现实。"[3]

马克思区分了异化在人身上造成的积极影响和消极影响。他认为，在有产阶级身上所体现的异化确证了人的力量，而无产阶级感受到的却是异化对人的否定。在无产阶级身上，马克思已经看到资产阶级社会中人的异化问题所具有的世界历史意义："如果无产阶级不消灭它本身的生活条件，它就不能解放自己。如果它不消灭集中表现在它本身处境中的现代社会的一切非人性的生活条件，它就不能消灭它本身的生活条件"[4]，"它的目标

---

[1] 《马克思恩格斯选集》第1卷，人民出版社，2012，第133页。
[2] 郝贵生、李俊赴：《论群众史观的理论地位及其基本内容》，《马克思主义研究》2006年第6期。
[3] 《马克思恩格斯文集》第1卷，人民出版社，2009，第261页。
[4] 《马克思恩格斯文集》第1卷，人民出版社，2009，第262页。

和它的历史使命已经在它自己的生活状况和现代资产阶级社会的整个组织中明显地、无可更改地预示出来了"①。这就意味着马克思在论述无产阶级的历史作用时,已经把异化现象纳入对历史进程自我把握的视域当中,正在告别从抽象的人的本质出发考察异化问题的做法。然而,布鲁诺·鲍威尔及其同伙仍想要通过自我意识遮蔽人的异化问题。马克思通过异化批判把想象的主体的想象活动转变为从历史事实出发以实证科学方式把握的经验对象,但在《神圣家族》中还不是成熟的方法体系,直到在《德意志意识形态》中才成为科学的理论形态。然而,这并不影响马克思、恩格斯从社会历史的生活实践入手对思辨唯心主义无视现实展开批判。批判思想展现了他们试图对人类社会发展的历史进程进行自觉把握的理论努力。

1. 从对思辨唯心主义的哲学批判到对私有财产的国民经济学批判

《神圣家族》中的批判思想首先体现为对思辨唯心主义的哲学批判。在马克思、恩格斯批判青年黑格尔派时,黑格尔的思辨哲学统治正在式微,但它仍以自我意识哲学的"变种"形式影响德国的思想界。布鲁诺·鲍威尔用无限的自我意识取代黑格尔的绝对精神,大肆宣扬"'自我意识'即'精神'是世界、天空和大地的万能创造者"②,从而否定了"自我意识"和"精神"的现实的物质基础,制造出"精神"对有血有肉的人的遮蔽。马克思、恩格斯批判这种将自我意识凌驾于现实之上无异于人为制造出新的宗教崇拜的做法。要想揭示历史发展之谜只能从现实入手,重新把观念的东西还原为现实的存在。这个现实就是私有财产在制造了有产阶级的同时也制造出无产阶级的非人化。他们还指出,无产阶级只有意识到并消灭这种非人化才能实现自己的解放。这样,马克思、恩格斯就通过哲学批判实现了哲学理论主题的根本转换,即从"世界何以可能"转向"人的解放何以可能"。实现无产阶级乃至整个人类的解放成为马克思、恩格斯批判思想的根本诉求。这也表明,他们的批判与自己所处的滴着血和泪的资本主义蓬勃发展的时代保持了高度的统一性。这个统一性必然要通过对私有财产的国民经济学批判体现出来。

---

① 《马克思恩格斯文集》第1卷,人民出版社,2009,第262页。
② 《马克思恩格斯文集》第1卷,人民出版社,2009,第343页。

对私有财产的国民经济学批判在《神圣家族》的批判思想中起到了关键性作用。正是通过这一新维度的引入，马克思、恩格斯不仅超越了黑格尔、布鲁诺·鲍威尔和费尔巴哈，而且扬弃了蒲鲁东，把对资产阶级社会问题的考察提升到了一个全新的理论高度。国民经济学只把私有财产当作不言而喻的前提，从不考察私有财产所造成的人的贫穷问题。蒲鲁东虽然看到了这一问题，却把希望寄托于建立永恒的公正方案，没有科学解决这一问题。马克思、恩格斯对两者进行了诠释学上的逻辑论证，不但破除了发生学意义上因果分析的局限，还对两者的关系进行了从现象到本质的剖析。蒲鲁东正是在发生学的意义上把私有财产当成原因，把贫穷现象看作其产生的结果。于是在因果关系上，私有财产造成了人的贫穷。不仅如此，人的贫穷又是私有财产得以实现自身的手段。这就在因果关系之外产生了目的与手段的逻辑颠倒关系。私有财产是目的，人的贫穷只是这一目的得以实现的手段，于是就必然会得出要消灭贫穷现象就要消灭私有财产的结论。

如果仅从因果关系出发就会像蒲鲁东那样停留在表象层面，无法揭示出表象背后的运动规律和发展方向。马克思、恩格斯认为，贫穷现象所造成的人的异化才是私有财产的内在本质，私有财产只不过是人的异化的物质表现形式。私有财产导致人的贫穷，是特定历史阶段才会出现的人的异化现象。此时的马克思、恩格斯考察人的异化问题的总体视角正在发生转变，正在由先前的以抽象的人的本质、伦理意义上的人道主义和共产主义为基础转变为以历史和物质为基础的共产主义和人道主义。按照俞吾金的说法，《神圣家族》中的批判思想开启了马克思异化概念发展的第二个阶段，亦即从"道德评价优先"转变为"历史评价优先"的"视角转换阶段"[①]。这一理解抓住了《神圣家族》从现实社会的物质领域展开对异化现象的历史批判，看到了异化批判思想在历史唯物主义形成中的重要作用。

2. 从对资本主义意识形态的批判到对德国社会现实的政治批判

对资本主义意识形态的批判是哲学批判在资产阶级社会的现实映现。自我意识哲学在19世纪50～60年代的德国占据着意识形态的统治地位。

---

① 俞吾金：《从"道德评价优先"到"历史评价优先"——马克思异化理论发展中的视角转换》，《中国社会科学》2003年第2期。

这种哲学无视现实生活中的人及其实践，说明青年黑格尔派从未深入社会现实当中考察经济的突飞猛进引发的社会冲突问题。资本主义意识形态随着资本主义物质生产方式的确立发生了剧烈变迁。从意识形态视角来描述这场变迁，可以说资本主义以前的观念形态在社会心态上主张确立"神圣形象"，即以宗教上的神或封建帝王君主作为"神圣形象"规范人的言行举止；而资本主义的商品经济及其工业文明是一个用"非神圣形象"代替"神圣形象"的观念形态，即用对商品的崇拜消灭一切"神圣形象"，从而建立以物的依赖性为基础的人与人之间的社会关系。但是，像商品这样的"非神圣形象"也被套上了"神圣"的光环，因为它也被绝对化，任何人都是被作为物的有效性而与其他人产生一定的社会关系，这就是商品经济形态下人的基本存在形态。"商品经济是从人作为物的效用价值的角度去看待人、重视人的。"① 当人的价值只能以物为中介来实现时，物就成为衡量和评价人的基本尺度，而且是强制性尺度，这就是商品拜物教产生的根本原因。

马克思、恩格斯通过批判私有财产这种被商品化了的"物"，把对资本主义意识形态的批判建立在对德国社会现实批判的基础之上。

根源于私有财产的异化社会关系造成了贫富分化的社会问题。当时的德国社会正面临着贫富差距日益扩大化的问题。恩格斯就在《国民经济学批判大纲》中揭示这一社会现象背后的现实根源，"这种财产的集中是一个规律，它与所有其他的规律一样，是私有制所固有的；中间阶级必然越来越多地消失，直到世界分裂为百万富翁和穷光蛋、大土地占有者和贫穷的短工为止"②；他还指出私有制导致的贫穷问题所具有的历史意义，"这个结果必定会产生，而且就会产生，除非在此之前全面变革社会关系、使对立的利益融合、使私有制归于消灭"③。恩格斯明确指出通过"变革社会关系"来消灭私有制，也就指出对资本主义意识形态的批判最终要落实为

---

① 孙正聿：《当代人类的生存困境与新世纪哲学的理论自觉》，《社会科学辑刊》2003年第5期。
② 《马克思恩格斯选集》第1卷，人民出版社，2012，第45页。
③ 《马克思恩格斯选集》第1卷，人民出版社，2012，第45页。

对德国社会现实的政治批判。马克思更是在《神圣家族》中发展了恩格斯的这一思想,认为无产阶级是政治批判的物质力量。只有无产阶级才能在解放全人类的政治革命中解放自己,它的历史使命是私有制不断发展的必然结果。可见,马克思、恩格斯是在政治批判中逐渐由革命民主主义者转变为共产主义者的。

无产阶级将在消灭贫穷现象和人的异化过程中由"灰姑娘"变成"大力士",是他们在1844年的一个核心思想认识。德国在1844年6月爆发了西里西亚纺织工人运动。从事棉麻纺织的工人们在生活上陷入贫困境地,他们争取提高工资的行为被拒绝后就对工厂主发动了起义,起义人数一度多达3000人。这场起义虽然最后被镇压,却激发了工人们斗争的热情。柏林等地的工人也纷纷举行罢工活动,响应西里西亚的纺织工人运动。马克思在《前进报》上声援了这场工人起义,肯定无产阶级已经作为一支独立的政治力量登上历史舞台,他还站在未来的角度指出无产阶级终将由"灰姑娘"成长为"大力士"。这表明,马克思和恩格斯已经自觉地站在无产阶级消灭私有制的政治批判立场上,对人类历史发展进程进行客观的把握。

### 3. 从对英雄史观的批判到对群众史观的阐发

"批判的批判"制造"精神"与"群众"的对立,把历史看作绝对精神自我发展的历史,从而将作为真正历史主体的群众排除在外。这是因为,"批判"视群众为历史的消极因素,而视自己为"精神"历史的代言人、历史的积极因素,推动历史发展的活动当然就要被归结为"批判"的事业。这就是所谓的英雄史观。在这里,"英雄"只不过是"精神"的世俗化存在,是用来区别作为群氓的"群众"的。马克思毫不留情地揭露了这种历史逻辑中的对立因素:"一方面是群众,他们是历史上的消极的、精神空虚的、非历史的、物质的因素;另一方面是精神、批判、布鲁诺先生及其伙伴,他们是积极的因素,一切历史行动都是由这种因素产生的。改造社会的事业被归结为批判的批判的大脑活动。"[1] 可见,英雄史观是

---

[1] 《马克思恩格斯文集》第1卷,人民出版社,2009,第293页。

"批判的批判"把自己抬高为创造历史的"一小撮杰出人物",把自己视为发明历史和完成历史的"世界精神"的体现,其实质不过是黑格尔唯心史观的一次变形。

对英雄史观的批判反映了马克思正在激烈地对从所谓的"精神"出发分析历史的做法的批判。他所运用的理论武器就是对群众史观的正面阐述。

马克思针对"批判的批判"所宣扬的英雄史观,提出推动历史发展进程的不是自我意识而是群众,明确指出群众在历史发展中的地位和作用,"历史活动是群众的活动,随着历史活动的深入,必将是群众队伍的扩大"[①]。他从物质利益入手分析了群众创造历史的思想动机问题。思想必须体现群众的物质利益,才能掌握群众,否则的话,"'思想'一旦离开'利益',就一定会使自己出丑"[②]。所以,针对那种把群众的物质生产活动排除在历史发展进程之外的做法,他反问道:"难道批判的批判以为,它不把比如说某一历史时期的工业,即生活本身的直接的生产方式认识清楚,它就能真正地认清这个历史时期吗?"[③] 只有那种把历史同群众的物质生产分开的英雄史观,才会认为"历史的诞生地不是地上的粗糙的物质生产,而是天上的迷蒙的云兴雾聚之处"[④]。

1844 年正是马克思、恩格斯试图用唯物主义批判唯心主义的思想裂变期。在这个阶段,群众史观作为正在形成中的历史唯物主义的重要组成部分,成为《神圣家族》至关重要的内容。也可以说,群众史观是他们同以往形形色色的唯心史观的一个较为明显的分水岭。他们的批判告诉我们,"批判的批判"之所以不能科学地解释历史发展进程,就在于不能理解群众的物质生产才是历史的诞生地;相反,马克思、恩格斯牢牢抓住了群众进行物质生产的活动本身,才正确把握住了历史运动的本质,阐明了无产阶级的历史使命。紧紧围绕着群众史观展开他们的批判思想,成为马克

---

[①] 《马克思恩格斯文集》第 1 卷,人民出版社,2009,第 287 页。
[②] 《马克思恩格斯文集》第 1 卷,人民出版社,2009,第 286 页。
[③] 《马克思恩格斯文集》第 1 卷,人民出版社,2009,第 350 页。
[④] 《马克思恩格斯文集》第 1 卷,人民出版社,2009,第 350~351 页。

思、恩格斯的思想发展历程在1844年下半年最为重要的理论成果。

### 三 《神圣家族》批判思想的局限性

《神圣家族》中的批判思想是马克思、恩格斯在1844年前后对自己以前的世界观进行清算的思想结晶。在与布鲁诺·鲍威尔等人展开思想交锋的过程中，马克思、恩格斯不仅告别了曾经作为青年黑格尔派成员的身份，还把费尔巴哈当作思想上的同盟军对思辨唯心主义展开了彻底批判，更对正在形成中的历史唯物主义的一些观点、方法和立场进行了较为正面地阐述。但是，《神圣家族》仍然打上了费尔巴哈人本学唯物主义的深深烙印，导致马克思、恩格斯"虽然揭露了思辨唯心主义的认识论根源，但还没有揭露它的社会历史根源"①，虽然唯物主义地发现了物质生产中的历史诞生地，但是并未揭示出物质生产本身的内在规律，直接导致他们虽然看到了贫穷现象和人的异化的历史必然性，但是并未将之上升到社会历史发展规律的高度，使《神圣家族》批判思想不可避免地具有思想上的局限性。

局限性1：仍然残留抽象人本主义的痕迹。

"非人性""非人化""合乎人性""人的天性""人的本质"等概念还是马克思、恩格斯阐释批判思想时所使用的高频词。这就表明，此时的他们仍然借助费尔巴哈的人本学唯物主义作为"批判的武器"对思辨唯心主义展开"武器的批判"。在《神圣家族》中，马克思从人性出发批判布鲁诺·鲍威尔把自我意识视为最高的绝对本质而完全无视人性的社会根源。他认为人性根源于社会环境的塑造。"既然是环境造就人，那就必须以合乎人性的方式去造就环境。既然人天生就是社会的，那他就只能在社会中发展自己的真正的天性；不应当根据单个个人的力量，而应当根据社会的力量来衡量人的天性的力量。"② 在这里，对人性的看法是唯物主义的，但是马克思所使用的语言却是费尔巴哈式的。从中就可以看出，《神圣家族》

---

① 郝永平：《从异化劳动理论向唯物史观的过渡——读〈神圣家族〉》，《内蒙古大学学报》（哲学社会科学版）1987年第2期。
② 《马克思恩格斯文集》第1卷，人民出版社，2009，第335页。

的批判思想仍被包裹了一层抽象人本主义的面纱,还没有用唯物史观的核心术语来阐释历史唯物主义的思想。

局限性2:存在对私有财产批判的局限性。

《神圣家族》对私有财产的国民经济学批判是方向性批判,还不是系统性批判,还没有深入商品的供给和需求关系当中分析资本主义商品经济中不可调和的内在矛盾,以及这种矛盾是如何引发经济危机乃至社会革命的。因为在现实生活中,社会矛盾的积累和加剧并非直接由私有财产引发,而是由无产阶级普遍贫穷的生活状况所引起的。这就需要分析私有制下的商品经济中有产阶级的获利行为与无产阶级的贫穷贫困之间的内在关系。然而对这一关系的分析是马克思在《资本论》中才得以完成的。虽然马克思在1844年用异化劳动理论超越了国民经济学,但是"在《手稿》中,马克思至少还未将自己与'哲学家们'区别开来"①,在《神圣家族》中他和恩格斯才彻底清算了这些"哲学家们"的唯心思想。然而,马克思、恩格斯还是没有将异化概念上升为历史唯物主义的概念。所以说,他们虽然看到了扬弃人的异化的过程就是社会历史不断进步的过程,但是借助异化概念对私有财产进行批判却不属于历史唯物主义的概念范畴(虽然是属于历史唯物主义的思想范畴),只有扬弃批判私有财产的异化理论,历史唯物主义才会正式登场。

局限性3:没有完全看到异化本身的历史意义。

马克思在1844年的上半年写作《1844年经济学哲学手稿》时还在不断强调异化劳动的非人性,试图通过"人的自我异化的积极的扬弃,因而是通过人并且为了人而对人的本质的真正占有"②,促使"人向自身、也就是向社会的即合乎人性的人的复归"③。他只是看到了异化劳动使人变成了不符合"人的本质"的人,而没有看到异化劳动在历史上出现的积极意义及其历史必然性。在1844年的下半年写作《神圣家族》时,马克思已经

---

① 王南湜:《〈德意志意识形态〉中的"异化"概念:马克思社会科学理论建构的原点》,《马克思主义与现实》2019年第6期。
② 《马克思恩格斯文集》第1卷,人民出版社,2009,第185页。
③ 《马克思恩格斯文集》第1卷,人民出版社,2009,第185页。

能够站在历史的角度客观分析异化现象,但仍然过分强调了人的异化消极否定的方面,而没有充分强调其积极肯定的方面,更没有从社会发展一般规律的角度来看待作为特殊历史阶段的社会现象的人的异化,导致他没有揭示出社会发展和历史前进的客观规律。要想揭示出历史发展的普遍性规律,就要从社会关系的视角考察现实的人的具体生存状况,而不是只关注现实的人是否符合人的一般本质。这就是马克思于1845年春在《关于费尔巴哈的提纲》第六条从"一切社会关系的总和"来论述人的本质的原因,直到《1857—1858年经济学手稿》,他才通过"三大社会形态"理论指出,在以物的依赖性为基础的人与人之间的社会关系中必然会存在异化现象,其作为客观的历史现象为人类社会的未来形态即共产主义社会准备了物质基础。

局限性4:没有彻底论证无产阶级的历史使命。

《神圣家族》虽然提出了无产阶级消灭异化现象的历史使命,但是历史唯物主义尚未正式形成,导致马克思、恩格斯不能像《共产党宣言》那样站在历史唯物主义的高度完成对无产阶级历史使命的论证。这是因为此时的马克思仍然重视抽象不变的人性与非人性的社会现实之间的矛盾,虽然已经关注到群众的物质生产活动本身,但是还没有从物质生产本身当中揭示出资本主义生产方式的运行规律。只有运用历史唯物主义的核心概念,从生产力与生产关系的辩证运动出发分析资产阶级社会中的经济运动规律,才能为阶级斗争提供科学的理论依据。这样就可以发现在《神圣家族》中,马克思虽然看到了"非人性的生活条件"具有逻辑上的必然性,是生产力发展到一定历史阶段的必然产物;又看到了"非人性的生活条件"具有历史发展的阶段性,资本主义不可调和的内部矛盾必然会产生消灭非人性生活条件的主张;但是他显然没有对群众的历史作用展开深入论述,这是因为他还没有找到物质生产方式的发展规律——生产力的社会化发展要求消灭私有制的生产关系的客观规律。只有从这一规律出发,无产阶级的历史使命,即用暴力推翻全部现存的私有制,才能得到最为彻底的说明。

局限性5:存在经验分析法与价值分析法的张力。

在《神圣家族》中，马克思、恩格斯同时运用了经验分析法和价值分析法。批判思想内在地包含经验分析法与价值分析法之间的张力和冲突。一方面，他们从经验事实出发看到了贫穷和非人性等现象；另一方面，他们又从价值导向出发把"非人性""非人化"看作对人的本质的背离，主张通过消灭私有财产来消灭贫穷和非人的现象。马克思、恩格斯试图运用批判思想来解释复杂的社会问题，但是人本主义仍然在很大程度上左右他们思考问题的方式，造成他们过分强调经验事实背后的理想价值追求，即对人性、人的本质等展开的讨论，而没有深入社会历史发展规律当中深究思辨唯心主义的社会历史根源，以及资产阶级社会的内部结构如何孕育出资本主义生产方式，无产阶级的历史使命又是如何在资本主义生产方式的矛盾运动中成为一种历史必然。与此同时，在《神圣家族》中到处可以看到价值分析法向具有实证特色的经验分析法的转向，但这一转向最终是在《德意志意识形态》中才完成的。"在思辨终止的地方，在现实生活面前，正是描述人们实践活动和实际发展过程的真正的实证科学开始的地方。"①由此可见，只有扬弃建立在人本主义基础之上的抽象理论，才能为历史唯物主义的建立扫清最后一个理论障碍。

## 第二节 基于历史和实践的人的整体性

马克思和恩格斯创立的唯物辩证法旨在扬弃以往存在的任何异化理论②。唯物辩证法强调物质决定意识，意识具有能动作用，要求从物质与意识的相互关系出发，从物质生活的生产实践出发考察人类社会的结构和发展规律的问题。在此基础上形成了马克思、恩格斯对实现人的整体性的

---

① 《马克思恩格斯选集》第1卷，人民出版社，2012，第153页。
② 马克思在《1844年经济学哲学手稿》中这样理解异化："每一个领域都用不同的和相反的尺度来衡量我：道德用一种尺度，而国民经济学又用另一种尺度。这是以异化的本质为根据的，因为每一个领域都是人的一种特定的异化，每一个//[XVII]领域都把异化的本质活动的特殊范围固定下来，并且每一个领域都同另一种异化保持着异化的关系。"《马克思恩格斯文集》第1卷，人民出版社，2009，第228页。马克思在这里是以不同学科研究对象的对立来表明人的片面性发展。

完整思想。这一思想可以表述为,人的本质就是人的全部活动和全部状况的总和,人的整体性实现于人的本质的展开过程之中,人是作为"一个整体"而非"部分"存在的,那种认为部分能够独立于整体、先于整体的认识是错误的。马拥军就认为:"整体高于部分,马克思、恩格斯的出发点是'现实的个人、他们的活动和他们的物质生活条件'的整体改变,而不是对某一个部分或环节的直观。"① 整体性思想可以从异化的角度表述为,不断扬弃人的异化的历史就是逐渐呈现人的全面自由发展的整体性的过程。恩格斯在《神圣家族》中这样理解这一历史过程:"正是人,现实的、活生生的人在创造这一切,拥有这一切并且进行战斗。并不是'历史'把人当做手段来达到自己——仿佛历史是一个独具魅力的人——的目的。历史不过是追求着自己目的的人的活动而已。"② 人的有目的、有意识的实践活动的历史展开过程就是不断扬弃人的异化、实现人的整体性的过程。在历史地生成的实践中展开人的整体性,是马克思、恩格斯唯物辩证法特征的内核。

## 一 唯物辩证法的整体性高度

在《神圣家族》第六章第二节"绝对批判的第二次征讨""(a)欣里克斯,第二号。'批判'和'费尔巴哈'。对哲学的谴责"中,恩格斯指出费尔巴哈于1843年在苏黎世出版的《未来哲学》"摧毁了概念的辩证法即仅仅为哲学家们所熟悉的诸神的战争"③,"用'人'本身来代替包括'无限的自我意识'在内的破烂货"④,充分肯定了费尔巴哈的贡献。"绝对批判"的"自我意识"作为代替"人"本身的绝对概念,是把黑格尔哲学体系中的精神要素主体化,因而片面发展了黑格尔哲学体系中的主体方面。对黑格尔来说,人没有任何规定性,绝对精神既是实体又是主体。费尔巴哈用"人与自然的关系"取代黑格尔的"实体即主体",揭穿了黑

---

① 马拥军:《唯物辩证法:现象学与诠释学的统一与超越》,《南京大学学报》(哲学·人文科学·社会科学)2019年第3期。
② 《马克思恩格斯文集》第1卷,人民出版社,2009,第295页。
③ 《马克思恩格斯文集》第1卷,人民出版社,2009,第295页。
④ 《马克思恩格斯文集》第1卷,人民出版社,2009,第295页。

格尔哲学体系客观唯心的思辨秘密，也就摧毁了仍然困在黑格尔牢笼中的"绝对批判"的"概念的辩证法"。既然费尔巴哈已经把主体变为人，把客体变为自然，那么，整个唯心史观也就崩塌了。并不是"自我意识"把人当作手段来达到自己的目的，而是人在有目的的活动中创造着自己的历史。"历史不过是追求着自己目的的人的活动。"所以，恩格斯批判"批判"在费尔巴哈之后"还能够发明出新的范畴来，并像它正在做的那样，重新把人本身变成一个范畴，变成一整套范畴的原则"①。

从唯物辩证法的高度来看，"历史不过是追求着自己目的的人的活动"已经萌生出对人进行把握的整体性立场。这里的整体性既表现为以"人的活动"为基础不断扬弃异化的历史②；又体现为人本身有一个历史形成的过程，需要历史地把握。一方面，历史活动不是自我意识自我生成的唯心活动，而是追求人的目的的人的活动③，表达了基于"人的活动"的唯物主义立场来理解人本身的主张；另一方面，人的活动是追求自己目的的历史性活动，随着生产力的历史性发展而不断获得恩格斯所说的"真正人的生存条件"④，而不是纯粹唯心的思辨活动，表达了基于"历史"视野来理解人本身的辩证法主张。

在唯物辩证法的形成初期，马克思就通过谴责青年黑格尔派故意制造"精神"与"群众"的对立并用"批判的历史"取代"人的历史"的做法来阐释群众创造历史的唯物史观。在马克思看来，群众是一个历史概念，在不同历史阶段根据其阶级属性有具体的历史所指，在《神圣家族》中作为具有阶级立场的人，是指与掌握财富的有产阶级相对立的无产阶级。马克思认为"有产阶级和无产阶级同样表现了人的自我异化。但是，有产阶级在这种自我异化中感到幸福，感到自己被确证，它认为异化是它自己的

---

① 《马克思恩格斯文集》第 1 卷，人民出版社，2009，第 295 页。
② 不断扬弃异化的历史，就是不断超越马克思所说的"人类社会的史前时期"，步入"经济的社会形态"之后的"人类社会或社会的人类"。《马克思恩格斯文集》第 1 卷，人民出版社，2009，第 502 页。也就是实现恩格斯所说的"社会主义从空想到科学的发展"。《马克思恩格斯文集》第 9 卷，人民出版社，2009，第 382 页。
③ 在"经济的社会形态"中主要是物质生产活动。
④ 《马克思恩格斯选集》第 3 卷，人民出版社，2012，第 815 页。

力量所在，并在异化中获得人的生存的外观。而无产阶级在异化中则感到自己是被消灭的，并在其中看到自己的无力和非人的生存的现实"[1]。无产阶级只有消灭它的对立面才能消灭异化现象。马克思相信"历史活动是群众的活动，随着历史活动的深入，必将是群众队伍的扩大"[2]。可见，马克思不仅肯定人是主体，而且认为人是历史的主体，历史是在人的活动中所创造的历史，从而使思辨唯心主义彻底失去了"精神"的独立外观。这样就能理解为什么《神圣家族》要解决的是"现实人道主义"与"唯灵论或者说思辨唯心主义"[3]的关系问题。所以，恩格斯在《路德维希·费尔巴哈和德国古典哲学的终结》中说，"关于现实的人及其历史发展的科学"是马克思在《神圣家族》中开始创立的[4]。

这表明，恩格斯在《神圣家族》中就在探索从整体性的高度理解"关于现实的人及其历史发展的科学"。恩格斯认为绝不能把这一"科学"简单地归结为是抽象的哲学问题，即不能像"绝对批判"那样把人抽象成哲学的"概念"，作为某一哲学的附属物来对待。思辨唯心主义正是在这个意义上把人归结为自我意识，即作为自我意识的人而非人的自我意识。费尔巴哈虽然超越了思辨唯心主义，却机械地把人归结为客观存在物，把整体性的人称为"类"。马克思、恩格斯在其世界观形成的早期深受费尔巴哈的影响，用"类存在"来表达人与动物的区别，仍然没有跳出抽象的哲学概念的羁绊。在他们思想成熟期的著作中，用"社会"概念取代了"类"的概念，表达了他们对作为整体性的人的整体性实现的关注。

例如在《共产党宣言》中的表述是，在共产主义新社会"每个人的自由发展是一切人的自由发展的条件"[5]。即便如此，恩格斯的"历史不过是追求着自己目的的人的活动"，已经自觉地从人与历史、实践的相互关系、

---

[1] 《马克思恩格斯文集》第1卷，人民出版社，2009，第261页。
[2] 《马克思恩格斯文集》第1卷，人民出版社，2009，第287页。
[3] 《神圣家族》"序言"的第一句，即本书开篇第一句是："现实人道主义在德国没有比唯灵论或者说思辨唯心主义更危险的敌人了。"《马克思恩格斯文集》第1卷，人民出版社，2009，第253页。
[4] 《马克思恩格斯选集》第4卷，人民出版社，2012，第247页。
[5] 《马克思恩格斯选集》第1卷，人民出版社，2012，第422页。

相互作用出发，把人理解成为追求自己目的而活动的历史存在物。这样来看待人，不仅否定了思辨唯心主义无视人的做法，更扬弃了旧唯物主义离开实践和历史去抽象地考察人的做法。这些片面性主张不约而同地割裂了作为整体性的人，都犯了把作为整体性的人等同于人的局部属性的错误。这种在反驳中立论的做法说明，恩格斯在这一"科学"的创立和发展过程中不仅始终同马克思站在一起，而且做出了自己的贡献。

恩格斯是从历史和实践两个维度来把握人，从而在唯物主义和辩证法不可分割的立场上理解人的整体性，即"在认识到人是本质、是人的全部活动和全部状况的基础之后"①，指出"历史不过是追求着自己目的的人的活动"。于是，就要分别从历史和实践两个维度展开，进行专门分析，最后把人的整体性上升到康德所说的"原则"的高度，呈现人在实践中历史地实现整体性的原貌。

## 二 人的整体性是历史地生成的

唯物辩证法把历史进程理解为人的整体性的不断呈现，以及最终实现人的解放的活动过程。首先，人是作为历史主体展开和解决自己的存在问题的。要深入人类历史进程之中，从历史维度呈现人的整体性，才能真正把握人的存在问题。也只有把人的生存和发展看作不断生成的历史问题，才能准确把握以人为中介的历史问题。其次，马克思、恩格斯通过三重批判诠释历史地生成的人。思辨唯心主义以哲学唯心主义、宗教唯心主义、历史唯心主义的形态片面理解人。唯物辩证法不仅要批判绝对精神或自我意识占统治地位的哲学唯心主义，反对用神来异化人的宗教唯心主义，更要警惕在历史领域无视人的存在的历史唯心主义。只有在哲学、宗教、历史三个领域同时把一切都看作"追求着自己目的的人的活动"，才能把握住人的整体性。最后，还原人的整体性存在一个去蔽和揭蔽的过程，即把对人的片面性理解还原为对人的整体性理解。

1. 以人为中介的历史及在其中生成的人的整体性

与以往的哲学家不同，马克思、恩格斯认为一切历史都是人类史。动

---

① 《马克思恩格斯文集》第 1 卷，人民出版社，2009，第 295 页。

物作为本能性的存在物没有自己的历史,与人无关的自然界乃至宇宙也属于自在存在物,只有在与人类发生关系的时候,才能被纳入人类历史的范畴之内。物质生活的生产活动使人类创造了自己的历史,"也就是一切历史的第一个前提,这个前提是:人们为了能够'创造历史',必须能够生活。但是为了生活,首先就需要吃喝住穿以及其他一些东西。因此第一个历史活动就是生产满足这些需要的资料,即生产物质生活本身,而且,这是人们从几千年前直到今天单是为了维持生活就必须每日每时从事的历史活动,是一切历史的基本条件"①。这段话从人类"生产物质生活本身"展开,对"历史不过是追求着自己目的的人的活动"进行了诠释。恩格斯在后来的著作《家庭、私有制和国家的起源》一书中,对《德意志意识形态》中的生产理论进行了完善:"根据唯物主义观点,历史中的决定性因素,归根结底是直接生活的生产和再生产。但是,生产本身又有两种。一方面是生活资料即食物、衣服、住房以及为此所必需的工具的生产;另一方面是人自身的生产,即种的繁衍。"② 由此就使人类史不仅表现为主要基于人与自然关系的"生产物质生活本身",而且表现为主要基于人与人关系的"人自身的生产",并且这两种关系的相互作用形成了人类自身的历史。可见,马克思、恩格斯一开始就抓住了历史从属于人这一本质,恩格斯通过完善生产理论,进一步发展了这一唯物史观。

在走向"人类社会或社会的人类"之前,人类将在历史的长河中通过不断扬弃自身的异化而实现着整体性。对马克思、恩格斯来说,物质生活的生产活动首先是谋生的活动。人类的谋生活动又取决于生产力的发展水平。在人类社会早期,由于生产力水平极端低下,在生产关系和社会交往方面不得不表现为人对人的依赖关系。随着生产力水平的不断发展,尤其是近代市民社会的形成,出现了以物的依赖性为基础的人的异化发展。这里的人是作为原子式的个人而言的,人与人之间的"独立"和"自由"不是把所有人联合起来的纽带,而是让每个人都同其他人分割开来的障碍,于是就造成了私有制基础上的人的自私自利。掌握财富的有产阶级是社会

---

① 《马克思恩格斯选集》第 1 卷,人民出版社,2012,第 158 页。
② 《马克思恩格斯选集》第 4 卷,人民出版社,2012,第 13 页。

对立中被肯定的一方,在人的异化中确证了自己的力量;与之相反,无产阶级作为有产阶级的对立面,过着非人性的生活。因此"如果无产阶级不消灭它本身的生活条件,它就不能解放自己。如果它不消灭集中表现在它本身处境中的现代社会的一切非人性的生活条件,它就不能消灭它本身的生活条件"①。无产阶级正是消灭一切非人性的、异化的社会现象,在解放中实现人的整体性的唯一阶级。然而,无产阶级要想实现自己的目标和历史使命,就要同时在理论上意识到造成自己过着非人性生活的理论根源,在扬弃私有财产运动的同时肃清这些理论根源,才能让理论批判转化为变革现实的物质武器。

2. 扬弃思辨唯心主义的理论前提

诠释历史地生成的人的整体性,离不开对思辨唯心主义的三重批判。在《神圣家族》中,思辨唯心主义往往以哲学唯心主义、宗教唯心主义和历史唯心主义这三种面目出现,分别在哲学、宗教、历史三个领域对人进行了片面性理解,需要予以甄别。

其一,从思想活动到历史活动:对哲学唯心主义的扬弃。以布鲁诺·鲍威尔为核心领袖的青年黑格尔派自诩为"批判",对一切不按照自我意识来解释人类历史的思想活动都要进行所谓的"批判的批判"。对这种自我意识的哲学唯心主义展开批判成为马克思、恩格斯撰写《神圣家族》的首要目的,因此《神圣家族》还有一个副标题"或对批判的批判所做的批判。驳布鲁诺·鲍威尔及其伙伴"。"批判"自以为靠"批判的批判"的思想活动就能解释历史,进而"摒弃群众的历史并打算用批判的历史取而代之"②。殊不知,人类活动从来就不是单纯的思想活动,而是不断生成和实现人的整体性的历史活动。这种哲学唯心主义既解释不了历史,更指导不了现实,要想实现人类的解放,就要深入现实的人的物质利益层面,考察人类社会的结构和社会发展规律的问题,即"'解放'是一种历史活动,不是思想活动,'解放'是由历史的关系,是由工业状况、商业状况、农

---

① 《马克思恩格斯文集》第 1 卷,人民出版社,2009,第 262 页。
② 《马克思恩格斯文集》第 1 卷,人民出版社,2009,第 286 页。

业状况、交往状况促成的"①。

其二，从"对天国的批判"到"对尘世的批判"：对宗教唯心主义的扬弃。"从施特劳斯到施蒂纳的整个德国哲学批判都局限于对宗教观念的批判"②，青年黑格尔派也不例外。布鲁诺·鲍威尔在其著作《启示史批判》中认为人的思想活动是宗教的来源，人的自我意识就是宗教启示，从而对人被宗教所异化的神圣形象进行批判。然而，对神圣形象的批判不能替代对非神圣形象的批判，对人的异化本质的批判不能代替对人的现实本质的批判，用马克思的话来说，就是不能用"对天国的批判"代替"对尘世的批判"，用"对宗教的批判"代替"对法的批判"，用"对神学的批判"代替"对政治的批判"③。在彻底揭露宗教唯心主义所建构的人的自我异化的神圣形象以后，揭穿具有非神圣形象的自我异化，即私有财产所造成的人的异化，就成为马克思、恩格斯展开批判的迫切任务。对私有财产这种尘世之物的批判，抓住了宗教所赖以维持自身存在的物质基础，使他们超越了青年黑格尔派对宗教的批判。无怪乎马克思在《1844年经济学哲学手稿》中这样说："对私有财产的积极的扬弃，作为对人的生命的占有，是对一切异化的积极的扬弃，从而是人从宗教、家庭、国家等等向自己的合乎人性的存在即社会的存在的复归。"④

其三，从直观的唯物主义到辩证的唯物主义：对历史唯心主义的批判。恩格斯对费尔巴哈扬弃思辨唯心主义的历史贡献进行了高度评价："是谁摧毁了概念的辩证法即仅仅为哲学家们所熟悉的诸神的战争呢？是费尔巴哈"⑤，"唯灵论和唯物主义原先的对立在各个方面都已经决出胜负，并且被费尔巴哈一劳永逸地克服"⑥。费尔巴哈扫清了以哲学和宗教的面目出现的思辨唯心主义，用自然的世界取代了唯心的世界，却并未将这个世

---

① 《马克思恩格斯选集》第1卷，人民出版社，2012，第154页。
② 《马克思恩格斯选集》第1卷，人民出版社，2012，第144页。
③ 原话是"对天国的批判变成对尘世的批判，对宗教的批判变成对法的批判，对神学的批判变成对政治的批判"。《马克思恩格斯选集》第1卷，人民出版社，2012，第2页。
④ 《马克思恩格斯文集》第1卷，人民出版社，2009，第186页。
⑤ 《马克思恩格斯文集》第1卷，人民出版社，2009，第295页。
⑥ 《马克思恩格斯文集》第1卷，人民出版社，2009，第296页。

界真正还给人,人只是作为抽象的类存在依附于自然。究其根本原因,费尔巴哈的唯物主义缺失了辩证法的向度,导致他只能在直观自然的意义上坚持唯物主义,而在历史领域看不到从事物质生活生产的人是扬弃异化现象、推动社会进步和实现人的解放的根本力量。"历史不过是追求着自己目的的人的活动"表明,马克思、恩格斯的新世界观并不单纯地反映自然界,而是把它看作人化的自然界和通过人化形成历史的统一过程①。但是在异化状态下,自然界与人类史是对立的,因为人与人之间的对立决定了人与自然之间的对立,只有当前者的对立随着异化被扬弃才能使后者的对立随之消失,人的整体性也将伴随这两种对立的消失而逐渐呈现。

3. 历史地还原人的整体性

历史地还原人的整体性,就要在哲学、宗教、历史三个领域同时把一切都看作"追求着自己目的的人的活动"。马克思在同一时期也表达了相同看法:"全部历史是为了使'人'成为感性意识的对象和使'人作为人'的需要成为需要而作准备的历史(发展的历史)。"② 这句话进一步表明,人的历史不是被直接给予的,是人作为自己"感性意识"的对象不断满足"需要"而形成的。那种脱离"意识""需要""使'人作为人'的需要成为需要"中的任何一个方面的做法都是片面的,片面强调其中的任何一个方面都割裂了人的整体性。

所以,还原人的整体性存在一个去蔽和揭蔽的过程,即把对人的片面性理解还原为对人的整体性理解,把意识、人、历史理解为"人的意识""对象化的人""感性的人的活动"。马克思、恩格斯并不认为意识是第一性的,"意识的人"也不等于"人的意识",前者把意识凌驾于人之上;后者才把意识看成人对对象的能动反映,人才不会是自我意识的附属物,而只能是"对象化的人"。这样就能理解马克思《关于费尔巴哈的提纲》第一条:"从前的一切唯物主义(包括费尔巴哈的唯物主义)的主要缺点是:

---

① 笔者曾专门撰文讨论人与自然的关系,提出人类通过特有的劳动形式使自然从属于人,建立了以人为中心的世界。任帅军、肖巍:《作为人权价值的"绿色"价值》,《上海交通大学学报》(哲学社会科学版)2018年第4期。
② 《马克思恩格斯文集》第1卷,人民出版社,2009,第194页。

对对象、现实、感性，只是从客体的或者直观的形式去理解，而不是把它们当做感性的人的活动，当做实践去理解，不是从主体方面去理解。"①"历史不过是追求着自己目的的人的活动"指的就是这里的"实践"，即历史不过是"感性的人的活动"的产物。人的"自己目的"的实现离不开"感性的人的活动"，消除人的异化现象，展开人的整体性也就成为实践的任务。

### 三 在实践中呈现人的整体性

如果不理解辩证法，就像费尔巴哈那样，无法理解马克思、恩格斯如何从实践中把握人的整体性。在《神圣家族》的语境中，"历史不过是追求着自己目的的人的活动"，要求用实践即"人的活动"取代自我意识的生成，在实践中呈现人的整体性。辩证法强调由事物内部的内在否定性引发事物本身必然性的运动。否定性引发事物运动环节的展开，呈现事物运动的必然性。由此可将无产阶级消灭"现代社会的一切非人性的生活条件"，进而消灭作为"无产阶级"的自己，视为无产阶级基于内在的否定性、在解放自身的实践运动中呈现的要求实现人的整体性（即自由全面发展）的必然性。这样，在无产阶级的身上，人的整体性就呈现并实现于对立统一的实践中，即无产阶级在否定作为"无产"的自己的实践中解放自己的必然性，也就是人在否定性实践中的必然性。

第一，不管是否定性还是必然性，都不是与人无关的实践特质，而是通过人的实践表现出来的否定性与必然性。这是马克思、恩格斯的辩证法与黑格尔的辩证法根本不同的地方。后者在《逻辑学》中论证的是由绝对精神的外化物通过诸多否定性环节的扬弃，必然性地向更高层次即绝对精神的复归。黑格尔的辩证法注重"在否定的东西中把握肯定的东西"②，这被马克思、恩格斯所吸收。因为他们看到了人在实践中所展开的否定性与必然性构成了人的整体性的呈现环节。但是，他们并不同意黑格尔用绝对精神构建起来的唯心世界观。因为这种世界观与人无涉，而马克思、恩格斯

---

① 《马克思恩格斯选集》第1卷，人民出版社，2012，第133页。
② 〔德〕黑格尔：《逻辑学》上卷，杨一之译，商务印书馆，1966，第39页。

却具有强烈的现实人文情怀。马克思、恩格斯在当时的现实生活中时常感到物质利益的困惑，于是就深入无产阶级的实践当中寻找答案，发现"现代社会的一切非人性的生活条件"造成了无产阶级普遍贫穷的现状，只有消灭这种"生活条件"才能实现人的解放，这才使他们逐渐从哲学批判走向政治经济学批判。

第二，人通过实践否定自己才能完成对自己的扬弃，这是人的实践对立环节的呈现。人在扬弃自己的实践中必然要完成对自己的扬弃，这是人的实践统一环节的呈现。否定性揭示了人的实践的本质规定（进行对自己的扬弃），必然性指出了人的实践的未来方向（完成对自己的扬弃）。否定性与必然性构成了人的实践的对立统一环节。人的整体性就实现于人的实践的对立统一环节之中。对无产阶级而言，消灭"现代社会的一切非人性的生活条件"是解放自己的否定性环节；消灭"它本身的生活条件"是解放自己的必然性环节，因为"它不消灭集中表现在它本身处境中的现代社会的一切非人性的生活条件，它就不能消灭它本身的生活条件"①，而"不消灭它本身的生活条件，它就不能解放自己"②。所以马克思、恩格斯认为，无产阶级的世界历史意义就在于，只有解放全人类才能最终实现自己的解放。

第三，人的异化构成实现人的整体性的否定性环节。《神圣家族》的主要任务之一就是针对思辨唯心主义造成的人的异化现象来展开批判。从"历史不过是追求着自己目的的人的活动"可以看出，恩格斯并不是从唯心主义的出发点来看待人的整体性的呈现过程，而是站在实践的立场上把握人的整体性的展开和实现过程。否定性与必然性并不是臆想的否定性与必然性，而是实践着的否定性与必然性。从否定性视角来看，实现人的整体性的过程就是不断扬弃人的异化的过程。从必然性视角来看，不断扬弃人的异化的过程就是实现人的全面发展和自由发展、人的解放的过程。所以，恩格斯指出："正是人，现实的、活生生的人在创造这一切，拥有这一切并且进行战斗。"③ 这里的"人"指的就是与"一切非人性的生活条

---

① 《马克思恩格斯文集》第 1 卷，人民出版社，2009，第 262 页。
② 《马克思恩格斯全集》第 2 卷，人民出版社，1957，第 45 页。
③ 《马克思恩格斯文集》第 1 卷，人民出版社，2009，第 295 页。

件"进行战斗的无产阶级。无产阶级"自我异化的扬弃同自我异化走的是同一条道路"①,这条道路就是在对立统一的"战斗"实践中扬弃自我异化、实现人的整体性的道路。

第四,从"将来"对人的整体性进行诠释体现了辩证法"否定之否定"的特征。扬弃人的异化就是着眼于人的将来审视人、发展人。人的整体性不单单就是人的过去,也不等于人的现在,还包括人的将来,并且将来对于过去和现在而言应当始终具有第一性。因为只有在将来之中才能体现出人的过去和现在的必然性。过去和现在相对于将来而言,都是作为否定性环节来展开的。所以,如果从过去、现在、将来的视角审视人的整体性,人的整体性就不应沉溺于过去,也不应局限于现在,而是要强调将来的重要性。将来对人的过去与现在来说处于占先的位置。因此,人的整体性虽然统一于人的过去、现在和将来之中,但是,基于将来就意味着人要对过去进行反思,对现在做出否定性的改变,才能在将来通过人的整体性呈现出实践的必然性。这既是对无产阶级的要求,也是无产阶级的历史使命。无产阶级要想改变自己,就要改造整个世界。无产阶级只有超越自身,超越"经济的社会形态",站在人类未来的更高的角度审视自己的生存现状,才能超越以私有制为基础的"人类社会的史前时期",从而回过头来把"人类社会"之前的发展阶段都看作实现人的整体性的否定环节。

第五,在实践中所展开的人的整体性就是历史的呈现。恩格斯是把"历史""目的""活动""人"放在一起考察,才得出"历史不过是追求着自己目的的人的活动"的结论。这就同样要求从整体性来把握"人类社会",看到无产阶级是代表着人类未来反抗现存秩序的,就像"高卢雄鸡"②通过高鸣宣布新的一天的到来那样。唯物辩证法不仅要求人像密涅

---

① 《马克思恩格斯文集》第1卷,人民出版社,2009,第182页。
② 高卢雄鸡是法国第一共和国时期国旗上的图案,在当时是法国人民革命意识的象征。马克思借用海涅在《加里多尔夫就贵族问题致穆·冯·莫里加特伯爵书》序言中的形象比喻:"高卢雄鸡如今再次啼叫,而德意志境内也已破晓",指出德国只有进行一场彻底的革命才能从根本上摧毁一切奴役制,德国人的解放就是人类的解放,所以他说:"德国的复活日就会由高卢雄鸡的高鸣来宣布"。《马克思恩格斯选集》第1卷,人民出版社,2012,第16页。

瓦的猫头鹰那样从"人类社会"的完成形态显现人的整体性，更要求人像高卢雄鸡那样在"人类社会"没有到来之前就从这个"将来"把握人的整体性。只有借助唯物辩证法才能对"人类社会"的整体性和人的整体性进行整体的把握。进一步而言，运用唯物辩证法的方法对人的整体性做出科学解释，就要从人的整体性出发，即同时从"目的""活动""历史"出发来考察"人"，把它们都看作人的实践相互作用的各个部分，从这些相互关系当中把握人的整体性，而不是只强调实践的任何一部分导致对人的整体性的割裂。这正是唯物辩证法对人的整体性进行把握的首要原则。同理，运用唯物辩证法的方法诠释"人类社会"的整体性，就要把"人类社会"看作对"人类社会的史前时期"的否定。而且还应看到，这种否定不是一种理想化的宣示，而是具有历史的必然性。它来自无产阶级解放全人类进而解放自己的实践必然性，体现了唯物辩证法的"逻辑与历史的一致"。

## 四　人的整体性原则的新时代意义

康德认为，"对一般形而上学的可能性和不可能性进行裁决"，就要对它的"根源、范围和界限加以规定，但这一切都是出自原则"[①]。对思辨唯心主义进行批判，也要采取澄清前提、划定界限的态度。这就需要以人的整体性作为原则，分析规定思辨唯心主义的"根源、范围和界限"、所造成的对人的片面性理解、所导致的人从属于自我意识的异化。在马克思、恩格斯的眼中，人的整体性是被辩证地理解为在实践中历史地实现的一种原则。把人的整体性作为原则，要求对人在创造自己历史的实践中被异化了的一切进行批判，在实践中历史地实现人的整体性。

在当下中国，运用人的整体性作为批判原则不仅要批判唯心主义所造成的个人英雄主义，更要着力批判片面理解唯物主义所造成的金钱崇拜论、货币拜物教或资本拜物教。作为一种典型的唯心史观，个人英雄主义把自我意识作为万能的力量，相信个人意识在决定社会存在的过程中创造

---

[①] 〔德〕康德：《纯粹理性批判》，邓晓芒译，人民出版社，2004，第4页。

着历史,最终把自己当成可以凌驾于广大人民群众之上的"救世主"。个人英雄主义及其危害容易被甄别,但是在"经济的社会形态"中,从事物质生活生产的人对其创造的物质财富及其危害非但不容易察觉,还往往深陷其中不能自拔。马克思、恩格斯认为,物品的使用价值是作为财富一般的形式而存在的,当物品具有了交换价值即作为商品而存在时就从创造它的人那里分离出来,具有了独立存在的价值。在这里,商品就作为人的异化存在形式诞生了,但此时它还不具备凌驾于人之上的能力。只有发展到了货币阶段,一个被国民经济学家使用的全新符号才产生了。货币作为一般商品等价物,是其他商品的等价形式,能够通约一切商品。于是,就使拥有货币的人能够通过掌控货币而奴役需要货币的人。资本之所以是能够产生货币的货币,就是因为它是能够带来剩余价值的价值,即资本能够通约劳动力商品,而劳动力商品是产生剩余价值的关键。资本家购买劳动力商品以后,一方面在生产领域尽量压低工人工资,减少生产成本的支出,提高剩余价值率;另一方面在流通领域工人因没钱购买商品导致过剩,产生经济危机。马克思在《资本论》中分析了"资本在否定性运动过程中所具有并显现出的必然性"[1],即资本增殖过程必然导致的资本主义社会的经济危机,从而为"人类社会的史前时期"过渡到"人类社会"提供了政治经济学的科学论证。

新中国虽然从制度上跨越了资本主义的"卡夫丁峡谷",但是仍然面临着如何在落后的社会经济基础上解放和发展生产力的问题,所以"跨越'卡夫丁峡谷'理论强调通过暴力革命掌握国家政权,进而推动经济基础变革"[2]。这就是在毛泽东让人民掌握国家政权以后,邓小平进一步提出"以经济建设为中心"的理论根据,生动诠释了"历史不过是追求着自己目的的人的活动"。然而,随着改革开放深入推进了40多年,市场经济使商品、货币和资本大行其道,在人群中滋生出拜金主义的不良风气,但是

---

[1] 刘志洪:《资本逻辑的内涵——基于马克思思想的再理解》,《哲学研究》2019年第12期。

[2] 赵阵:《中国特色社会主义道路自信的唯物史观阐释——基于跨越"卡夫丁峡谷"理论的研究》,《马克思主义研究》2019年第9期。

同样也使人们在物质需要不断被满足的基础上对更高级的非物质需要产生了向往。这就是习近平总书记在党的十九大报告中指出中国社会的主要矛盾已经由"人民日益增长的物质文化需要同落后的社会生产之间的矛盾"转变为"人民日益增长的美好生活需要和不平衡不充分的发展之间的矛盾"[①] 的依据。社会主要矛盾的转变决定了新时代的主要任务从"以经济建设为中心"转向了"以人民为中心"。后者要求实现人的发展的升级，即强调从片面发展人（主要是满足人的物质需要）转向全面发展人（还要满足人的非物质需要）。此时，人的整体性作为"原则"就呈现了新时代的指导意义。它一方面必然要求从人的物质需要到社会需要、政治需要、文化需要和生态需要的全方位满足；另一方面必然要求把人作为整体性的人，实现从经济人、社会人、政治人、文化人、生态人的割裂到作为整体性的人的全面发展和自由发展，从而在更高的发展阶段彰显"历史不过是追求着自己目的的人的活动"。

这就需要我们注意，一是不能把人的发展的需要层次与人的整体性割裂开来，局限于某一阶段的需要静止地、孤立地看待人的发展。"人民日益增长的物质文化需要同落后的社会生产之间的矛盾"反映的是人在物质层面的需要，属于基础层面的需要。"人民日益增长的美好生活需要和不平衡不充分的发展之间的矛盾"，反映的是人对全面自由发展的需要，属于更高层面的需要。从"物质文化需要"到"美好生活需要"的转变，反映了人的片面性发展与人的整体性发展之间的必然冲突。这是随着社会生产力发展和社会文明程度的提高在人身上必然会产生的矛盾冲突，要求我们历史地分析造成这一现象的原因，实现对"不平衡不充分的发展"的超越。

二是从历史视野辩证地看待人的整体性的实现过程。从人类历史发展进程来看，人的需要从基础层面到更高层面的满足会促使人的整体性不断呈现出来，然而两者之间并非必然同步进行。一种情况是实现了基础性需要却未能推动人向更高层次的发展。例如，在资本主义社会，有产阶级就

---

① 《习近平谈治国理政》第 3 卷，外文出版社，2020，第 359 页。

是资本的人格化，往往会无视人在获取剩余价值之外的一切需要。这种需要的异化根源于雇佣劳动制度，同时造成了有产阶级与无产阶级的异化，导致人只能变成片面性的经济人，无法实现全面自由的发展。第二种情况是尚未实现基础性需要就用更高级需要取而代之，企图跨越需要领域的"卡夫丁峡谷"，最终使一切需要都成为空想。例如，空想社会主义者的不切实际就是这种典型体现。他们为了追求没有剥削和压迫的理想社会，在基本的物质需要都得不到满足的前提之下就想实现"公有制""按需分配"，最后只能使这些美好的愿望成为泡沫。

  三是破除制约人的整体性实现的片面发展的惯性思维。通过发展的制度变革和观念变革促进人的整体性发展，从而在实践中历史地实现人的整体性。这就要求我们对形形色色的资产阶级意识形态保持高度的警惕性，避免陷入片面发展的惯性思维当中，用绝对的、抽象的概念考察人，导致辩证法与唯物主义的割裂，看不到"历史不过是追求着自己目的的人的活动"。我们要学习马克思、恩格斯把人的整体性作为"原则"，在实现人的全面自由发展的过程中，通过发展的制度变革和观念变革不断扬弃人的异化。还需要看到，不管是制度还是观念都具有惯性，但后者的惯性更大，造成的人的异化不容易察觉而更具有迷惑性。这就要求在实现人民"美好生活需要"的实践中，不断破除各种片面发展的惯性思维，使历史真正成为追求着自己目的——在全面自由发展中实现人的整体性——的人的活动过程。

# 第六章　以生活击败思辨的创造性扬弃

　　贫困问题是理解蒲鲁东《什么是所有权》和马克思、恩格斯在《神圣家族》中批判私有财产的关键。不管是蒲鲁东还是马克思、恩格斯都认为，解决贫困问题是无产阶级社会运动的一个现实任务。然而，蒲鲁东没有揭示滋生贫困的经济基础及其社会历史的规定性，马克思、恩格斯却看到消灭贫困是无产阶级革命的必然要求。他们的哲学批判是"巴黎手稿"中政治经济学批判的某种继续，以哲学批判的方式进一步回应政治经济学批判、观照社会现实生活，哲学批判就以强烈的历史使命感获得更高意义。马克思、恩格斯在《神圣家族》中肯定了蒲鲁东的《什么是所有权》对贫困问题的关注，但是他们首次合作是基于他们对无产阶级贫困问题理解的高度一致，而不完全是在批判思辨唯心主义和政治经济学批判上面的一致。这种对无产阶级贫困现状的共识得以真正确立起来的深层根据是他们共同具有的立足群众实践活动的历史唯物主义主张。无产阶级的贫困问题不仅是他们一起合作的现实起点，而且揭示出他们探索实现无产阶级彻底解放的现实关切。他们通过探索贫困问题与历史唯物主义的思想联系，实现了从现实到理论的质变；通过揭示贫困问题与社会主义的现实联系，他们从消灭私有制的对立意义上提示了实现共同富裕的发展道路。实现共同富裕是新时代中国特色社会主义发展的必然要求，中国人民的反贫困实践为全世界提供了解决贫困问题的"中国方案"。

# 第一节　马克思在《神圣家族》中对《什么是所有权》贫困问题的关注

在《神圣家族》中，马克思先后面对过三种思想，分别是以鲍威尔兄弟为旗手的自我意识哲学、蒲鲁东对国民经济学的批判，以及费尔巴哈的人本学唯物主义。其中，蒲鲁东是马克思一生中长期关注和论战的对象。与鲍威尔兄弟作为思辨唯心主义鼓吹手长于哲学批判、费尔巴哈作为直观唯物主义布道者长于哲学批判相比，蒲鲁东更擅长政治经济学批判。如果说清算鲍威尔兄弟是马克思思想裂变期的关键性事件，超越费尔巴哈是马克思形成历史唯物主义的必要环节，那么批判蒲鲁东对马克思而言就不仅意味着单纯的理论批判，而且这促使马克思投身工人运动、对历史唯物主义进行科学论证。马克思刚刚崭露头角之时，蒲鲁东的《什么是所有权》就让他在西欧树立了影响甚广的"革命者"形象，成为青年马克思当时批判观念论的重要思想参照系。虽然他本人反对暴力革命，却还是被马克思视为解放工人的理论同盟。然而，埃德加·鲍威尔只把蒲鲁东看作单纯的批判对象，却没有像马克思那样把蒲鲁东看作至关重要的研究对象。通过对《神圣家族》和《什么是所有权》的比较，可以准确把握马克思对埃德加·鲍威尔批判蒲鲁东的批判的理论原貌及其超越性，从中寻找世界观和方法论的启示。

## 一　贫困问题：一个批判与比较的视野

相对于马克思，蒲鲁东更早对私有财产进行政治经济学批判，并在《神圣家族》中得到马克思的认可。"蒲鲁东则对国民经济学的基础即私有财产作了批判的考察，而且是第一次具有决定意义的、无所顾忌的和科学的考察。这就是蒲鲁东在科学上实现的巨大进步，这个进步在国民经济学中引起革命，并且第一次使国民经济学有可能成为真正的科学。"[①] 这是马

---

① 《马克思恩格斯文集》第 1 卷，人民出版社，2009，第 256 页。

克思基于《什么是所有权》对蒲鲁东的评价。蒲鲁东在这本著作中视所有权为不劳而获的盗窃行为，并从十个方面对"所有权是不能存在的"[①]展开论证。他在寻找造成人与人之间不平等和普遍贫困的根源时认为，所有权的存在基础不正当，进而将对所有权的批判看成"一次革命的想法"[②]。

贫困问题是蒲鲁东展开政治经济学批判的重要原因。这不仅是由于他出身社会底层，年轻时的贫苦生活使他一直关注社会贫困问题；而且也因为他较早在国民经济学的内部发现所有权是造成贫困问题的罪魁祸首。自资产阶级启蒙运动以来，格劳修斯、霍布斯等人就视财产权为一项基于契约的社会权利，洛克将财产权看作政府应当保护的合法权利，亚当·斯密认为劳动创造财富，卢梭则看到了所有权造成的不平等问题，之后的康德和黑格尔从哲学入手确证所有权的合理性。卢梭虽涉及所有权与不平等之间的关系问题，但他提出通过缔结新契约以形成公意来解决的理想化方案脱离了现实。那么，所有权与不平等之间到底是什么关系？为什么是所有权造成了贫困问题？这是蒲鲁东探讨所有权问题的一个重要切入点。

蒲鲁东虽在政治经济学的范围内探讨作为所有权基础的占有、劳动、时效、社会契约等问题，但他很清楚社会财富的积累、所有权的收益、工资的平等都不是纯粹的经济问题，也是法学问题、政治问题、哲学问题和社会问题，是需要多学科共同关注一起解决的问题。他就是从法权与政治经济学的双重维度对所有权进行批判。

马克思不仅通过批判埃德加·鲍威尔的《蒲鲁东》肯定了蒲鲁东对所有权的批判，而且还从哲学批判的高度指出所有权问题的实质是社会关系的异化，是私有财产与雇佣劳动的对立所导致的人的自我异化。虽然蒲鲁东看到了所有权与贫困之间的现实关系，为了消灭贫困而对所有权展开了革命性批判，可他提出的解决方案却是把对私有财产的独断支配权变为平等占有权，而不是彻底消灭所有权。

但埃德加·鲍威尔批判蒲鲁东为解决贫困问题而把平等绝对化的做法却是一种神学思维方式，表现为他对蒲鲁东的法文进行了德语上的"赋予

---

[①]〔法〕蒲鲁东：《什么是所有权》，孙署冰译，商务印书馆，1963，第186页。
[②]〔法〕蒲鲁东：《什么是所有权》，孙署冰译，商务印书馆，1963，第38页。

特征的翻译"。"我不想提供任何新东西的体系，除了废除特权、消灭奴役，平均法权，法律至上以外，我别无其他愿望。公平，除了公平而外别无其他，这就是我的主张；我让别人负责治理这个世界。"① 马克思指出这是"批判的蒲鲁东"②在说话，不是蒲鲁东的原话。此段的原文是："我并不想建立体系：我要求特权的消灭、奴隶制的废止、权利的平等和法律主宰一切。正义，再没有别的东西，这就是我的论证的始末；我把治理世界的事务留给别人去做。"③ 埃德加·鲍威尔把蒲鲁东的"不想建立体系"译为"不想提供任何新东西的体系"，把蒲鲁东不想脱离现实而抽象理解贫困的做法偷换成蒲鲁东不想提供除了平等正义之外的任何体系，以便他可以在自己的抽象概念中对蒲鲁东进行批判，从而把蒲鲁东看到的贫困问题转化为与现实无关的哲学问题。马克思指出，埃德加·鲍威尔把贫困问题变成思辨问题的做法就是他批判蒲鲁东的做法，即把批判对象神学化，这种神学化就是把批判对象绝对化，只在与现实无关的观念领域进行批判。

马克思的批判是建立在蒲鲁东的政治经济学批判和埃德加对蒲鲁东的哲学批判之上的。虽然蒲鲁东用先验的正义这一伦理原则颠覆资产阶级社会所有权的合法地位，有着明显的理论局限性，但他没有像埃德加·鲍威尔那样抽象地理解贫困问题，而是积极思考如何解决社会贫困问题。马克思超越蒲鲁东和埃德加·鲍威尔的地方在于，他看到了私有制这一滋生贫困问题的社会根源，主张贫困问题的解决要靠消灭私有制来完成，而私有制是建立在现实的人的物质生产活动的基础之上的。他在《1844年经济学哲学手稿》中，就通过考察私有财产与雇佣劳动的对立统一关系得出消灭私有制的结论。而这一论题又在针对蒲鲁东的讨论中显示出理论重要性。

于是，马克思就由"巴黎手稿"中的政治经济学批判进展到《神圣家族》中对埃德加等人的哲学批判。毫无疑问，马克思与蒲鲁东均认识到，解决贫困问题是无产阶级社会运动的一个现实的、具体的任务。然而，他们在如何认识和消灭贫困上出现了理论分野，并在实践上提出了不同的解

---

① 〔德〕埃德加·鲍威尔：《蒲鲁东》，李彬彬译，《现代哲学》2016年第1期。
② 指布鲁诺·鲍威尔的胞弟埃德加·鲍威尔对蒲鲁东《什么是所有权》的德文译本。
③ 〔法〕蒲鲁东：《什么是所有权》，孙署冰译，商务印书馆，1963，第41页。

决路径。因此，有必要梳理马克思与蒲鲁东对资产阶级社会贫困问题进行批判的异同，并上升到世界观和方法论的层次审视构成他们不同批判路径的依据，从而呈现马克思站在蒲鲁东的"肩膀"上走向历史唯物主义的思想历程。

### 1. 共同关注点

关注并解决资产阶级社会的贫困问题是马克思与蒲鲁东的第一个相同点。他们都抓住了资产阶级社会这种被异化了的人与人之间的社会关系，从而与沉浸在抽象思辨中的埃德加·鲍威尔分道扬镳。这也是蒲鲁东引起马克思关注的一个重要原因。"蒲鲁东吸引马克思的地方，是他不是空想主义者。蒲鲁东力求证明，建立在资产阶级私有制之上的社会制度是工人贫困的原因。"① 蒲鲁东将贫困的对立面指向所有权，在国民经济学的分析框架中对其进行批判。他把所有权看作贫困问题的罪恶根源，试图通过改变所有权造成的不平等现状来实现人与人之间的平等。这一点与马克思不谋而合。马克思既不赞成斯密等古典经济学家对资产阶级社会所有权的维护，也不满意空想社会主义者对所有权的无视，而是和蒲鲁东一样寄希望于改变维护所有权的一切现状。这就使他们都切中了批判资产阶级社会的关键"部位"——私有制。只不过马克思比蒲鲁东走得更远、更为彻底，他寄希望于无产阶级消灭所有权。

马克思与蒲鲁东的第二个共同点是，都立足于解决所有权问题来改变无产阶级的现状。虽然蒲鲁东不认为"所有权是统治者对被统治者不断玩弄权术的结果"②，但是社会底层群众因为所有权的存在陷入极端贫困的境地，遭受巨大的生活苦难，因此他设想通过占有方式使所有人都能平等享有所有权，使无产者不至于过分绝望。他采取的对策是，"我对无产者宣传解放；对劳动者宣传联合；对有钱的人宣传平等"③。这表明，蒲鲁东不仅要捍卫无产阶级和小资产阶级的利益，也承认大资产阶级的利益。马克

---

① 〔法〕罗伯尔-让·龙格：《我的外曾祖父——卡尔·马克思》，李渚青译，新华出版社，1982，第72页。
② 〔法〕蒲鲁东：《什么是所有权》，孙署冰译，商务印书馆，1963，第478页。
③ 〔法〕蒲鲁东：《什么是所有权》，孙署冰译，商务印书馆，1963，第505页。

思肯定蒲鲁东对人的物质利益的重视，与只关注思想的"绝对的批判"形成截然对立。蒲鲁东使马克思更加清醒地认识到，要想实现人的自由必须首先解决人的物质利益问题。这一问题得不到解决，无产阶级的解放就无从谈起。因此，马克思在批判布鲁诺割裂思想与利益的关系时说："'思想'一旦离开'利益'，就一定会使自己出丑。"①

对所有权展开政治经济学批判，是马克思与蒲鲁东在对待财产问题上的一个共同关注点。埃德加·鲍威尔虽从哲学上对蒲鲁东展开批判，但他在对资产阶级社会的认识上并未达到蒲鲁东的高度。马克思并没有局限在像埃德加·鲍威尔那样，仅仅对蒲鲁东进行抽象"形而上学"的批判，而是在政治经济学批判的基础上对埃德加·鲍威尔"批判的批判"进行了哲学批判。埃德加·鲍威尔并不关心是否会在实践上实现所有人的平等，只关心群众是否会有思想上的新变化。他虽看到，群众若不先在观念上有所改变，就无法在行动上产生效果，却忽略了群众观念的变化源于活生生的现实，而非纯粹的自我意识。这是蒲鲁东高于埃德加·鲍威尔的地方。蒲鲁东直接指出国民经济学把私有财产当作合理前提的局限性，从而通过批判所有权第一次使国民经济学有可能真正成为科学。马克思虽肯定了蒲鲁东的贡献，但并未接受他的小资产阶级立场，而是认为由所有权滋生的恶果即私有财产并非合乎人性，因此无产阶级不消灭这种非人性的生活条件就无法解放自己。马克思把蒲鲁东还局限于国民经济学的内部批判转变为对国民经济本身的考察以及对国民经济学的批判，从而超越了蒲鲁东。

2. 思想分野

尽管他们都看到私有财产的非人性，以及建立在这种非人性之上的异化社会关系，但是在如何对待所有权和解放无产阶级的问题上，马克思与蒲鲁东分路而行。主要原因还是在于，蒲鲁东所有权理论的抽象性、小资产阶级性和改良性，与马克思对私有财产的彻底批判性、科学性和革命性互不相容。这些不同的背后是他们的世界观及其所运用的方法论的不同。

蒲鲁东对所有权展开的批判是法律意义上的批判，但他持有的仍然是

---

① 《马克思恩格斯文集》第 1 卷，人民出版社，2009，第 286 页。

旧世界观而不是马克思的"新世界观",导致他看不到所有权的社会历史性,更不能自觉审视自己的局限性。他分别从先占、劳动和契约入手指出:首先,所有权不能因先占而取得,因为先占具有偶然性和不确定性,不能成为权利不证自明的来源;其次,所有权也不能因劳动而成立,因为"劳动没有使自然财富私有化的固有能力"①,只能产生对产品的专属权(及物权),而无法使生产资料如土地等被私有,不能将没有创造而属于大自然无偿馈赠的财富据为己有;最后,所有权人通过契约占有他人劳动所得,收益权就是基于契约而产生的一种不正当权利,不能作为证明所有权存在的根据。进而,他从所有权想无中生有、生产成本高于价值、生产随着劳动而非所有权发生变化、所有权是杀人行为、所有权使社会自趋灭亡、所有权是暴政根源、在消费收益时所有权会被消灭(在储蓄时会被消灭和在被用作资本时会反对生产)、所有权的积累力量无限但只能施展在有限的数量上、所有权没有反对自身的力量、所有权否定平等这十个方面进行论证。

蒲鲁东的论证无非想证明所有权的非正义性是它不能存在的主要原因。所有权不具有正义性,根源于它造成了贫困,于是他试图说明所有权因自身包含种种自相矛盾之处而不能存在。在蒲鲁东看来相比较所有权而言,正义是自然法所确立的理性概念,是绝对真理对所有权的矫正从而可以达到对人性的复归。这就导致他看不到正义是一个"普罗透斯式"的概念,在不同历史时期其具体所指会很不一样,人们对正义的认识和理解也会随着具体历史条件的变化而变化。

那么,蒲鲁东为什么会迷恋正义这样的抽象词语?

他认为,并非政府的软弱、阴谋叛乱、愚昧无知和普遍腐化滋生了社会的贫困,而是对正义的定义、原则、特征与公式等的模糊或错误理解,使人们无法认清所有权的本质,于是有必要从正义入手展开批判。可惜他从正义出发对所有权的批判是一种外在批判,正义这一永恒的批判尺度成了衡量所有权的主要标准。然而他却不知道社会正义与否是以客观历史规

---

① 〔法〕蒲鲁东:《什么是所有权》,孙署冰译,商务印书馆,1963,第137页。

律为价值判断标准的,取决于是否与一定历史发展阶段的物质生产力的要求相适应,而非以理性判断为唯一的标准。从根本上说,财产不是蒲鲁东所理解的表达平等意志的法律概念,而是表征物质生产关系的经济概念。蒲鲁东试图用法语的形式即平等来表达人人平等的思想,与埃德加·鲍威尔用德语表达自我意识所阐发的东西一样,同样陷入抽象的理论怪圈。"其所以如此,是因为它们完全以正义或平等之类的观念为起点,对专制、民主和自由等的现实基础知之甚少,无法正确认识私有财产的主客体本质,以致还在私有财产的桎梏下无法自拔。"[1]

这就导致蒲鲁东认为,只要用占有取代所有就能消灭正义的异化形式——不平等,因为"私有制,它是通过专属权和收益权而侵犯平等的,并通过专制主义而侵犯自由意志的"[2]。蒲鲁东是以占有形式重构所有权,试图在无产阶级身上实现工资平等,而不是消灭资产阶级社会被异化的社会关系。因此他反对暴力革命,认为"共产制是不平等,但这和私有制的不平等的意义是相反的。私有制是强者剥削弱者;共产制是弱者剥削强者"[3]。不管在何种制度下,人都不能通过暴力实现平等,尤其让弱者剥削强者"是用相等的美好生活来酬报劳动和懒惰、才干和愚蠢、甚至邪恶和德行"[4]。他不仅看到资产阶级不劳而获的问题,同样也看到共产制会滋生懒汉的问题。可遗憾的是,他看不到只要所有权的经济基础仍然存在,工人就绝无变成懒汉的可能性,反而注定会遭受作为强者的资产阶级的剥削。尽管蒲鲁东提出改良的新道路,赢得了正处于极度贫困处境的工人支持,但注定要失败。因为当时两大阶级之间的对立日益加剧,使得改善生活状况在工人那里成为压倒一切的迫切要求,反而使探究背后根本原因的做法显得不太急迫。但马克思清醒地知道,蒲鲁东的主张并没有改变工人的社会关系,也没有根除异化劳动,工人并没有变成蒲鲁东所希望的小资产阶级,而是仍然一无所有。

---

[1] 杨洪源:《共产主义和社会革命的不同审视——重新探究马克思与蒲鲁东主义的思想交锋》,《教学与研究》2021年第2期。
[2] 〔法〕蒲鲁东:《什么是所有权》,孙署冰译,商务印书馆,1963,第298页。
[3] 〔法〕蒲鲁东:《什么是所有权》,孙署冰译,商务印书馆,1963,第297页。
[4] 〔法〕蒲鲁东:《什么是所有权》,孙署冰译,商务印书馆,1963,第298页。

### 3. 马克思对埃德加·鲍威尔批判蒲鲁东的批判

马克思在《神圣家族》中首先对埃德加·鲍威尔批判蒲鲁东的批判进行批判。

埃德加·鲍威尔把蒲鲁东平等概念绝对化，指责蒲鲁东创立了一个宗教上的神。他把蒲鲁东的平等纳入思辨范畴，认为"蒲鲁东发现了某种绝对的东西，发现了历史的永恒基础，发现了为人类指引方向的神，它就是公平"①。这个所谓的"公平"把贫穷与所有权作为对立面纳入自身，并通过证明所有权的不可能性来消灭贫穷，于是对蒲鲁东而言，贫穷的事实就成为绝对合理的了，所有权这个事实则成为不合理的了。埃德加·鲍威尔认为，蒲鲁东只是基于公正平等原则攻击所有权，并不能改变现实生活中贫穷与富有的对立。因为他所使用的方法就错了，只有通过观念改造的哲学批判才能实现社会平等。"蒲鲁东以贫困和人类的需要为出发点，他把贫困和需要这两个范畴变成绝对的范畴，设想每个人都是为了自己的需要同时也为了社会必需的需要而工作的工人，这就是他的做法。"② 只要工人改变自己需要的观念，不把贫困当成绝对范畴，社会才能往前发展。埃德加·鲍威尔对蒲鲁东所看到的东西自然也不陌生，只不过他认为这种把贫困绝对化的做法阻碍了历史进步，因此就要从观念上进行批判。哲学批判、观念批判是埃德加·鲍威尔试图改变世界的方式。

马克思从"赋予特征的翻译"和"批判性的评注"两个方面对埃德加·鲍威尔的批判做了回应。当埃德加·鲍威尔用德语翻译蒲鲁东的法文著作时，按照自己的观念解读，把蒲鲁东的话语转化成自己的观念范畴，从而把他变成自己的批判对象。不仅如此，埃德加·鲍威尔还用自己的哲学批判剪裁蒲鲁东的观点，把他视为神学批评家进行否定，马克思在"批判性的评注"中就予以指出。例如，"批判性的评注1"就对"赋予特征的翻译1"中埃德加·鲍威尔对蒲鲁东的宗教批判继续进行了回应。埃德加·鲍威尔认为，"每一种宗教观念的特点都是把这样一种情况奉为信条：

---

① 〔德〕埃德加·鲍威尔：《蒲鲁东》，李彬彬译，《现代哲学》2016年第1期。
② 〔德〕埃德加·鲍威尔：《蒲鲁东》，李彬彬译，《现代哲学》2016年第1期。

两个对立面中最后总有一个要成为胜利的和唯一真实的"①。他以为，蒲鲁东是借贫困来攻击所有权，使得对工人观念的批判被工人贫困的事实所取代，而且，蒲鲁东太在乎所谓的平等，以至于像宗教那样陷入了教条主义。但马克思一针见血地指出，埃德加·鲍威尔对蒲鲁东的攻击从来都不探寻所有权、平等、贫困等概念背后的事实本身，而仅仅围绕着这些抽象概念做文章，因而成了脱离历史和现实的"批判性的评注"。马克思讥讽道："批判的批判是把这样一种情况奉为信条：两个对立面中有一个——'批判'——最后会作为唯一的真理战胜另一个对立面——'群众'。可是蒲鲁东却把群众的公平当作绝对的东西，奉为历史上的神，从而就犯下了更不公平的过错，因为公平的批判已经非常明确地为自己保留了这个绝对的东西、这个历史上的神的地位。"②

马克思不仅对埃德加·鲍威尔把现实问题转变成抽象观念的做法进行了揭露，还对蒲鲁东提出的实现平等思想进行了建设性回应。马克思首先指出蒲鲁东在国民经济学的范围内批判所有权给了埃德加·鲍威尔当头一棒。但是蒲鲁东的做法并不彻底，仍然是用形而上学的哲学批判来研究所有权，所以才给思辨哲学家们提供了可乘之机。也就是说，蒲鲁东所使用的方法和德国批评家一样，都不是从所有权的经济起源来论证的。马克思反对任何将所有权伦理化、思辨化的做法，认为从法权角度理解所有权并不能揭示它的经济基础及其社会历史的规定性。所有权问题归根结底是一个纯粹的经济问题。只有从雇佣劳动与私有财产的关系出发，才能看到消灭贫困不是公平的自然产物，而是革命的必然要求。因为私有财产不是自然存在物，而是两大阶级对立的社会产物，是作为异化的存在与无产阶级相对立的。它表征着有产阶级剥削无产阶级的社会关系。无产阶级与私有财产就作为对立面而存在于资产阶级社会的整个关系当中。因此，"无产阶级作为无产阶级，不得不消灭自身，因而也不得不消灭制约着它而使它成为无产阶级的那个对立面——私有财产"③。蒲鲁东达不到马克思的科学

---

① 〔德〕埃德加·鲍威尔：《蒲鲁东》，李彬彬译，《现代哲学》2016年第1期。
② 《马克思恩格斯文集》第1卷，人民出版社，2009，第258～259页。
③ 《马克思恩格斯文集》第1卷，人民出版社，2009，第260页。

性、彻底性和革命性，就在于他缺乏对所有权历史发展过程的本质认识，缺失了马克思对私有财产进行政治经济学批判的历史使命感。

## 二 马克思"三维超越"基础上的批判

尽管马克思把蒲鲁东当作批判埃德加·鲍威尔的理论盟友，但他并不赞同蒲鲁东对资产阶级社会所有权的分析结论，而是从经济、政治、哲学三个维度超越了蒲鲁东：在经济维度，马克思并不赞同蒲鲁东对小资产阶级利益的维护，而是通过揭示私有财产的社会历史规定性，提出变革所有权经济基础的主张，从而超越了蒲鲁东的政治经济学批判；在政治维度，马克思也不赞同蒲鲁东非暴力革命的改良主张，而是指出两大阶级的对抗不会因为双方的妥协而消除，调和论不过是无视残酷现实的乌托邦理想；在哲学维度，马克思看到蒲鲁东没有跳出国民经济学的理论局限性，通过政治经济学批判的不同哲学方法，从历史唯物主义方法论的高度对思辨唯心主义进行了系统反思，并超越了蒲鲁东的旧世界观和研究方法。

### 1. 经济维度的超越

在对资产阶级社会经济基础的认识上，马克思用私有财产概念超越了蒲鲁东对所有权概念的使用。在《神圣家族》中，马克思是从私有财产出发论证无产阶级历史使命的。这根本不同于蒲鲁东从所有权出发消灭社会贫困的做法。在蒲鲁东看来，所有权表达的是一种人对物的排他性权利，是一个法权概念。马克思使用的私有财产概念是用来揭示隐藏在人与物关系背后的人与人之间的关系。马克思并不赞同蒲鲁东在法的范畴中讨论国民经济学的问题，而是在纯粹经济学的范畴中批判私有财产的社会历史性。私有财产是异化劳动的产物，表征了"雇佣劳动由于为别人生产财富、为自己生产贫困"[①]而产生的社会关系，即私有财产的人格化（有产阶级）与雇佣工人之间的剥削关系。

私有财产不仅剥夺了蒲鲁东在一般意义上论述财产时所体现的物的个性，更重要的是剥夺了雇佣工人作为人的个性，使资产阶级社会的一切关

---

[①] 《马克思恩格斯文集》第1卷，人民出版社，2009，第261页。

系都通过买卖中介呈现出来。蒲鲁东只看到了其中的人性扭曲（异化方面），并没有看到"以对物的依赖性来表达人性本身就是资产阶级政治经济学对人性的误解，它是异化的表现而非克服"①。马克思则通过阐明无产阶级的历史使命来克服这种异化。"它的目标和它的历史使命已经在它自己的生活状况和现代资产阶级社会的整个组织中明显地、无可更改地预示出来了。"②

蒲鲁东触摸不到私有财产的本质，就提不出消灭私有制的理论主张。马克思超越蒲鲁东的地方在于，他在雇佣劳动与私有财产的关系中看出了私有财产与无产阶级的对立，自然就看到了无产阶级如果不消灭一切非人性的生活条件就不能解放自己，从而在蒲鲁东批判的基础上对私有财产关系及其历史发展过程有了一个科学的把握。

2. 政治维度的超越

自资产阶级启蒙运动以来，自由、平等、民主的观念深入人心，欧洲资产阶级试图通过政治运动实现这些主张。资本主义工业大发展创造了前所未有的社会财富。财产权作为资产阶级社会的核心支柱，不仅成为平等自由的基础，还成为现代政治文明的保证。包括卢梭和斯密等在内的18世纪启蒙思想家，一般都将资产阶级取代封建专制的历史表述为一种自然而然的历史过程。他们都认为，人人生来就享有自由、平等、财产和安全的权利。自然人所享有的这些天赋人权是神圣不可侵犯的。卢梭还关心社会进步对人产生的异化问题，但他并不认为这个问题是私有财产的罪过。蒲鲁东比卢梭更进一步的地方在于，他指出所有权是造成人性扭曲和社会贫困的根源。这直接引导马克思面对私有财产本身，对资产阶级社会的经济基础进行剖析，从而发现了经济基础对上层建筑的决定作用。所以马克思在之后给施维泽的信中写道："他的第一部著作《什么是财产？》无疑是他最好的著作。这一著作如果不是由于内容新颖，至少是由于论述旧东西的那种新的和大胆的风格而起了划时代的作用。"③

---

① 林钊：《马克思对蒲鲁东无政府主义思想的批判》，《山东社会科学》2018年第3期。
② 《马克思恩格斯文集》第1卷，人民出版社，2009，第262页。
③ 《马克思恩格斯选集》第3卷，人民出版社，2012，第13页。

但是到了 19 世纪，市民社会已经完全被财富所征服，个人完全受到私有财产的控制，成为整个资本主义生产方式的附属物。启蒙时期那种脱离以往历史和当下现实来建构政治共同体、发展市民社会的做法行不通了。蒲鲁东提出第三种社会形式，"建立在这四种原则——平等、法律、独立性、相称性——的基础之上的社会"① 用于解决所有权产生的社会危机。在这种方案中，对于占有的机会平等取代了不劳而获的所有权，个人的独立性受法律保护，才能的差异只被允许在智慧和情感范围内而不致侵犯社会平等。他认为，这样就能既避免私有制带来的特权，又避免共产制对强者的剥夺。可是，这种寄希望于通过理想性原则来和平改造社会制度，进而消灭阶级对抗的做法遭到马克思的否定。因为无产阶级不先改变社会地位就无法实现对物的平等占有，在当时两大阶级的激烈对抗中放弃革命无异于自取灭亡。即便资产阶级采取了缓和阶级冲突的措施，也并没有消灭阶级对抗的社会性质及其经济基础。这种后来被蒲鲁东发展为互助制的社会依然是"小资产阶级的乌托邦"②。与之相对，英法两国的一部分无产阶级已经意识到，不消灭无产状态就不能实现解放。这种意识，连同自己的历史任务，在政治斗争中逐渐明确起来。

3. 哲学维度的超越

虽然蒲鲁东早于马克思对国民经济学进行了批判，但马克思却后来者居上，早于蒲鲁东摆脱了国民经济学的羁绊，立足资产阶级社会的国民经济本身研究它的客观发展规律，并超越了作为整体的国民经济学。这得益于马克思在进行政治经济学批判时，逐渐形成了的全新的世界观和方法论。埃德加·鲍威尔主张实现正义要先使人具有新观念，这属于纯粹的观念论批判范式。蒲鲁东把综合共产制和私有制的第三种社会形式叫作"自由——是唯一可能的、唯一合乎正义的和唯一真实的社会形式"③，就使他的政治经济学批判与哲学之间在方法上具有了一致性，体现在对所有权进行了形而上学的研究，最后走向了公平和自由的抽象主张。

---

① 〔法〕蒲鲁东：《什么是所有权》，孙署冰译，商务印书馆，1963，第 317 页。
② 刘雅：《马克思对蒲鲁东所有权理论的批判》，《马克思主义哲学研究》2015 年第 2 期。
③ 〔法〕蒲鲁东：《什么是所有权》，孙署冰译，商务印书馆，1963，第 323 页。

马克思一开始就深入进行物质生产活动的工人当中探究私有财产的经济起源，并批判埃德加·鲍威尔把蒲鲁东当作神学家而忽略了后者对批判私有财产的贡献。虽然蒲鲁东在国民经济学的范围内超越了斯密、特拉西、西斯蒙第、李嘉图等人，但他始终把私有财产当作国民经济学的合理前提，不仅没有达到恩格斯在《国民经济学批判大纲》中对私有制的批判高度，也没有达到马克思在"巴黎手稿"中批判私有财产的高度，当然也更达不到马克思、恩格斯在《神圣家族》中对私有财产社会历史规定性的揭示的高度了。马克思把蒲鲁东发现的问题放到资产阶级社会现实的历史关系当中，通过指出私有财产世界的两个对立面是私有财产与无产阶级，揭示了贫困、非人性和人的异化背后的经济基础，以及由该经济基础所决定的无产阶级的社会地位和生存处境，就使之前对私有财产与异化劳动的理论分析具有了感性材料和现实内容，远远超越了埃德加·鲍威尔和蒲鲁东等人。这是马克思在批判埃德加·鲍威尔对蒲鲁东的批判时对历史唯物主义方法的一次具体运用。

4. 用哲学批判回应政治经济学批判

蒲鲁东的考察起始于政治经济学批判，然后转向哲学批判和社会政治活动。马克思的变革由哲学批判开始，然后转向政治经济学批判和社会政治活动。蒲鲁东和马克思都看到，社会贫困问题是资产阶级社会经济形态演变的必然结果，是资本主义经济范畴矛盾运动的必然产物。但蒲鲁东仅局限于所有权的异化表现，执着于用平等占有取代所有权造成的不平等，而没有看到，他始终是在物的异化范围内思考解决之道，平等占有也只不过是重新对异化劳动的物化肯定，并没有消除异化劳动的经济基础。他在《什么是所有权》之后，又在《贫困的哲学》中用系列辩证法完善他的所有权批判理论，就很好地避开了对国民经济进行纯粹政治经济学批判的工作，最终导致他对贫困的认识一直停留在主张消灭人的异化的一些外在表现形式上。

马克思早在对资产阶级社会进行哲学批判时就产生了物质利益困惑，在"巴黎手稿"中他从异化劳动入手对私有财产展开无情批判。他从一开始就知道，不管国民经济如何进步，不管国民经济学家们如何鼓吹私有制，他们所进行的始终是对经济异化现象的个别形式的批判，虽然蒲鲁东对国民经济存在的前提进行了批判，却也只是停留在如何维护这一前提的认识上面，始终没有达到马克思提出彻底消灭私有制的高度。马克思很清楚，不铲除滋生劳动异化的经济基础就无法消灭异化劳动，不能仅仅看到异化的个别形式，也不能仅仅对异化做抽象的理论批判，而要把从事物质生产活动的工人发动起来，联合他们消灭非人性的生活条件及其政治上层建筑，真正解放资产阶级社会的一切人。

马克思与蒲鲁东对待国民经济学的不同就在于，前者用历史唯物主义的眼光审视私有财产的社会历史性，后者却达不到这样的高度。所以，马克思在《哲学的贫困》中这样评价蒲鲁东，"蒲鲁东先生自以为他既批判了政治经济学，也批判了共产主义；其实他远在这两者之下。说他在经济学家之下，因为他作为一个哲学家，自以为有了神秘的公式就用不着深入纯经济的细节；说他在社会主义者之下，因为他既缺乏勇气，也没有远见，不能超出（哪怕是思辨地也好）资产者的眼界"①。但马克思并非为了批判而批判，仍在《神圣家族》中给予他高度赞誉，从马克思一直将蒲鲁东视为一生的重要关注对象就可以看出蒲鲁东对马克思思想的长期影响。

《神圣家族》从整体上看，无疑是马克思、恩格斯对思辨唯心主义的哲学批判，但从其中的第四章第四节"蒲鲁东"来看，他们把这种哲学批判建立在从之前一直延续到现在的政治经济学批判的基础上了。如果马克思在《神圣家族》中没有上升到哲学的高度系统批判思辨唯心主义，审视蒲鲁东的政治经济学批判，我们就不仅不太会注意到他在这里对政治经济学的贡献，而且不太会意识到他对蒲鲁东《什么是所有权》的反思正是接下来系统回应蒲鲁东学说的开始，这也成为他日后系统探究资产阶级社会基本经济规律的理论前奏。

不仅如此，马克思站在青年黑格尔派、费尔巴哈、蒲鲁东等人的"肩膀"上，通过对思辨唯心主义、国民经济学和各种社会主义、共产主义学说的反思，最终实现了对自己思想体系的三个组成部分即唯物史观、政治

---

① 《马克思恩格斯选集》第 1 卷，人民出版社，2012，第 236 页。

经济学和社会主义学说的系统思考与整合，从而使他的新世界观破茧而出。

### 三 新时代脱贫的反贫困批判

虽然对于马克思来讲，他对资本主义私有制的批判，以及对无产阶级使命和革命的论证，并非直接建立在工人贫困这个问题上面的，而是建立在资产阶级社会不可调和的矛盾基础之上的。社会主义革命的根本原因并非贫穷，而是无产者失去生产资料，无法驾驭自身的劳动成果，自己的时间、生命、空间等一系列存在方式都被资本所操控，导致自己无法主宰自己的命运。但马克思在《神圣家族》中对私有财产的批判揭示了贫困的实质，对思考新时代中国打赢脱贫攻坚战具有重要启示。反贫困一直是中国在现代化征程中着力解决的重大现实问题。从理论上反思贫困的根源，才能在认清私有制本质的基础上抓住全面建设中国特色社会主义的意义；从实践上聚焦反贫困的时代呼声，在决胜全面建成小康社会中消灭贫困从而实现共同富裕，从时代高度明确脱贫和共富是社会主义现代化建设进程中历史与逻辑相统一的要求。

1. 从脱贫到共富是中国特色社会主义在新时代的要求

贫困问题一直是一个世界性顽疾，但中国作为世界上最大的发展中国家却走出了一条解决它的新路子。中国并未像许多资本主义国家让经济增长和社会发展带来的财富停留在少数资本家手中，而造成本国民众和其他国家的贫困。在看到"资本带来的不是全球性的富裕，而是大部分社会成员的贫困"[1]的症结后，中国共产党就把促进全社会共同富裕作为中国特色社会主义建设的一项长期任务，才最终在脱贫攻坚战上取得重大进展。习近平总书记在党的十九届五中全会上指出："脱贫攻坚成果举世瞩目，五千五百七十五万农村贫困人口实现脱贫。"[2] 在建党百年之际，中国实现了"现行标准下农村贫困人口全面脱贫"[3]。这是全面建成小康社会的标志

---

[1] 周露平：《〈资本论〉的反贫困哲学及其新时代价值》，《马克思主义研究》2019年第12期。
[2]《十九大以来重要文献选编》中卷，中央文献出版社，2021，第788页。
[3]《十九大以来重要文献选编》中卷，中央文献出版社，2021，第786页。

性事件，表明中国特色社会主义迈向了新的发展阶段。

根除资本阻碍全体人民走向共同富裕的羁绊，是马克思对私有财产的批判在当下中国的创造性发展。资本既是塑造现代社会的重要力量，又是造成社会贫困的罪魁祸首。在中国的现代化征程中，资本被限定在中国特色社会主义公有制的制度框架内，是打赢脱贫攻坚战的关键。不对资本的归属问题加以原则性的说明，就跳不出私有制的窠臼，消灭贫困也就无从谈起。正是因为这个问题在中国被明确化，我们才能集中力量消灭绝对贫困，为迈向共同富裕打下坚实基础。

2. 在深入推进社会主义现代化建设中把握反贫困批判

反贫困也是运用抽象与具体这对思维范畴对贫困问题在特定社会历史条件中的现实观照。国民经济学家们看到了贫困现象并想解决这个社会问题，但一直将反贫困视为抽象的理论批判，非但助益寥寥还使资产阶级社会的贫困问题愈演愈烈。马克思、恩格斯并没有陷入单纯形而上学的政治经济学批判，而是直面资产阶级社会工人们的贫困现实，将对无视工人物质利益的思辨哲学批判建立在具有现实内容的政治经济学批判之上。但是他们并非止步于此，而是用哲学批判进一步推进政治经济学批判，从而在后者中发现了人类社会发展的一般规律和资产阶级社会发展的特殊规律。

马克思对贫困问题的关注在新时代具有强烈的现实指向性。一方面，贫困问题需要上升到抽象的理论批判层面才能彻底追问贫困的本质，超越对个别贫困现象的伦理诉求，将政治经济学批判推进到哲学批判的层面，凸显马克思对贫困问题进行历史性审视的理论价值。另一方面，贫困问题一直是实践中的一个具体问题，需要放到社会历史的具体语境中进行考察。在当下，决胜全面建成小康社会后进一步实现全社会共同富裕，深入推进社会主义现代化建设就是中国步入新时代的历史具体，反贫困批判是对这一"具体"的理论抽象，二者统一于中国特色社会主义的现代化进程。在全面建成小康社会上形成的全社会共识，就是从哲学批判的视角对与日常生活相联系的贫困问题进行政治经济学批判的历史性总结，因而成为马克思主义中国化在新时代的最新进展。

综上分析会发现，马克思把蒲鲁东的政治经济学批判推进到了哲学批判的层面，哲学以方法论的方式观照着社会现实生活，不仅与对资产阶级社会贫困这一经济现象的科学认识联系在一起，而且与中国特色社会主义在新时代的反贫困批判联系在一起，与决胜全面建成小康社会联系在一起。可见，马克思的改变世界起始于科学地认识世界、认识改变世界的客观规律，这也是马克思主义的方法论能切中当下中国社会现实的根本原因。法国新马克思主义的代表人物列斐伏尔在其代表作《日常生活批判》中就提出了这样一种振聋发聩的见解，可以视为马克思的批判生生不息的原因："我们必须在马克思的经济学和政治学中去重新发现马克思的哲学，马克思的哲学没有'被清除掉'；相反，马克思的哲学是一个契机，一个基本要素，只有在较高层面的实在中，马克思的哲学才会获得它的全部意义。"[1]

## 第二节　从反贫困到共同富裕：马克思、恩格斯首次合作的动因及其当代意义

贫困问题一直是马克思、恩格斯在《神圣家族》中讨论的重要话题。他们对这个问题的关注，其实表明了两人首次合作的真正动因和对社会现实在思想认识上的共识。在以往的考察中，对于马克思、恩格斯合作之谜的猜想，要么着力于他们对黑格尔和青年黑格尔派的批判，要么归因于他们对国民经济学研究的重视。这两种看法都很有道理，但却忽视了至关重要的一点，那就是马克思、恩格斯在交往之前都不约而同地意识到了社会底层群众的真实生活状况，尤其是工人的贫困问题，他们一直在寻找消灭贫困、实现人的解放的道路，这是两人思想上的最大公约数，也是他们能够真正走到一起的现实原因。反贫困是他们的哲学批判和政治经济学批判得以相互支撑的逻辑起点。依循这条线索可以更清晰地把握如下问题：为何在青年黑格尔派运动中马克思、恩格斯走上了不同于其他人的道路？马克思、恩格斯首次合作究竟是为了什么？这次合作的深层次依据是什么？

---

[1]〔法〕列斐伏尔：《日常生活批判》第1卷，叶齐茂、倪晓晖译，社会科学文献出版社，2018，第163页。

又造成了什么样的影响？对这些答案的找寻，既是一个深入挖掘《神圣家族》文本的过程，又是一个运用马克思、恩格斯反贫困思想回应中国实现共同富裕的实践、理论和影响的过程。后一个方面的启示更为根本。

## 一 历史唯物主义关注反贫困问题

社会底层群众的赤贫现象，尤其是工人的贫困问题一直是19世纪工业化国家无法摆脱的社会问题。英国作为资产阶级社会中最典型的工业化国家，在创造超过以往总和的社会财富的同时，也制造了一个最重要的新生事物——英国无产阶级。蒲鲁东在1840年发表的《什么是所有权》中，从法权视角对造成贫困问题的私有制进行了尖锐批判，使他在西欧迅速赢得工人们的广泛拥护。此时的马克思认识到自我意识哲学不关注现实问题的局限性，在一定程度上缘于马克思对蒲鲁东的关注，从他在之后给施维泽的信中就可以看出："他的第一部著作《什么是财产？》① 无疑是他最好的著作。这一著作如果不是由于内容新颖，至少是由于论述旧东西的那种新和大胆的风格而起了划时代的作用。"② 与此同时，恩格斯从私有制作为政治经济学的前提入手展开了批判性的研究工作。不管是蒲鲁东还是马克思、恩格斯都主张从批判私有制入手分析工人的贫困问题，而布鲁诺·鲍威尔等思辨哲学家却依然沉浸在观念论的窠臼中无法自拔。这就使马克思、恩格斯意识到，如果不能彻底扫清自我意识哲学的影响，就无法真正直面社会现实。当马克思收到恩格斯的《国民经济学批判大纲》，并将它发表在1844年2月的《德法年鉴》上时，就拉开了与他共同清理思辨唯心主义的序幕。

《神圣家族》正是马克思、恩格斯首次合作的理论产物。这次合作与青年黑格尔派的实践转型分不开。在青年黑格尔派中，以鲍威尔为首的一些人依托《文学总汇报》，大肆宣扬自我意识哲学。他们从自我意识出发理解哲学与世界的关系，将自我意识视为"最崇高的真理"，而"批判"

---

① 在人民出版社2012年版的《马克思恩格斯选集》第3卷中，由孙署冰翻译、商务印书馆1963年出版的《什么是所有权》的书名被翻译为《什么是财产？》。
② 《马克思恩格斯选集》第3卷，人民出版社，2012，第13页。

就是改造对象的自我意识活动,历史活动就是"批判"用观念作用于现实的活动。然而在青年黑格尔派内部,切什考夫斯基认为哲学应该关注实践,哲学只有考察对生活和社会条件的具体影响才能引领未来。赫斯在切什考夫斯基的基础上提出行动哲学,哲学要从精神层面转向行动层面,对社会经济生活做出分析。费尔巴哈则更为直接,用"人"取代"自我意识",将现实的人确立为哲学的关键词,使哲学"从美满的神圣的虚幻的精神乐园下降到多灾多难的现实人间"①。马克思在《莱茵报》担任报社记者和编辑的工作阅历,使他接触到德国社会的真实问题,对群众的贫困有了直观感受,对物质利益分配问题感到巨大的困惑,从而促使他思考切什考夫斯基、赫斯和费尔巴哈等人的问题并受到他们的影响。

从关注现实,到关注现实的人,再到关注现实的人的贫困问题,不仅"鲍威尔自我意识哲学的局限性在青年黑格尔派运动的实践转型中逐渐显露出来"②,而且在马克思、恩格斯关注群众贫困问题的社会实践中也日益显露出来。

在《神圣家族》中,贫困问题以双重面目出现。第一种是社会不平等的面目,以马克思批判埃德加·鲍威尔对蒲鲁东的批判的形式展开。蒲鲁东在《什么是所有权》中认为,建立在私有制基础上的所有权使组织劳动成为一种欺骗。通过所有权控制劳动,不仅不会实现工资平等,还损害了社会平等,造成了贫困现象。因此蒲鲁东奋力疾呼:"只要有所有权,就永远会有穷人。"③ 他认为,还是要从平等出发改造社会。"自由就是平等,因为自由只能存在于社会状态中;如果没有平等,就没有社会。"④ 这种把平等作为社会形式绝对原则的做法遭到了埃德加·鲍威尔的反对。后者在1844年4月的《文学总汇报》第5期发表了《蒲鲁东》,认为蒲鲁东是在用神学方式解决社会不平等问题,"蒲鲁东发现了某种绝对的东西,发现

---

① 〔德〕费尔巴哈:《费尔巴哈哲学著作选集》上卷,荣震华译,商务印书馆,1984,第120页。
② 韩蒙:《什么是"群众的社会主义"——论马克思与恩格斯初次合作的思想契机》,《哲学研究》2021年第4期。
③ 〔法〕蒲鲁东:《什么是所有权》,孙署冰译,商务印书馆,1963,第240页。
④ 〔法〕蒲鲁东:《什么是所有权》,孙署冰译,商务印书馆,1963,第318页。

了历史的永恒基础，发现了为人类指引方向的神，它就是公平"①。马克思指出，埃德加·鲍威尔在把法文的《什么是所有权》翻译成德文时用思辨唯心主义歪曲了蒲鲁东，使作为观照贫困问题的平等一词变成了抽象的哲学词语。与此同时，埃德加·鲍威尔还用思辨哲学剪裁蒲鲁东的思想，这可以从贫困的第二种面目——无产阶级非人性的生活条件进行分析。马克思不仅肯定了蒲鲁东"从那种体现私有财产充满矛盾的本质的最彰明较著、最触目惊心、最令人激愤的形式，即贫穷、贫困的事实出发"②的分析，而且超越贫穷与财富作为私有财产运动的表象，从消灭这一运动的前提即私有财产出发，揭示出无产阶级和财富是私有财产世界的两个对立面。无产阶级在对立中的无力和非人的生存现实，即一切非人性的生活条件，均根源于私有财产。只有消灭制约自己本身的对立面才能解放自己。因此，马克思指出："如果无产阶级不消灭它本身的生活条件，它就不能解放自己。"③

恩格斯于1844年9月~1845年3月期间写作的《英国工人阶级状况》，是在《神圣家族》的基础上对工人贫困问题的一次系统的、实证的研究。他不仅考察了英国工人的工作条件、生活环境、居住状况、日常起居、失业和竞争情况，还对比考察了工业无产阶级、矿业无产阶级和农业无产阶级的现状。他指出，无产阶级之所以贫困无助，是因为资产阶级垄断了一切生活资料，"无产者所需要的一切都只能从这个资产阶级（它的垄断是受到国家政权保护的）那里得到"④，导致前者在法律上和事实上都只能是后者的奴隶，而后者却掌握了前者的生杀大权。恩格斯对无产阶级的分析和对资产阶级的否定，不同于蒲鲁东着眼于平等的所有权批判，而是立足对无产阶级贫困现实的实证分析。这表明，他和马克思一样反对从自我意识出发解释历史事实，而是主张从无产阶级的现实生活入手来建构理论。恩格斯的实证研究对马克思产生了重要影响。之后，以物质经济活

---

① 〔德〕埃德加·鲍威尔：《蒲鲁东》，李彬彬译，《现代哲学》2016年第1期。
② 《马克思恩格斯文集》第1卷，人民出版社，2009，第259页。
③ 《马克思恩格斯文集》第1卷，人民出版社，2009，第262页。
④ 《马克思恩格斯全集》第2卷，人民出版社，1957，第360页。

动、群众反抗运动为考察对象的政治经济学研究日益成为马克思工作的重心。

从《神圣家族》和《英国工人阶级状况》来看，马克思、恩格斯肯定了蒲鲁东在《什么是所有权》中对无产者贫困问题的关注，但是他们坚决反对蒲鲁东不去消灭私有财产的做法。正是通过对私有财产这一国民经济学的前提进行审视，他们找到了滋生无产阶级贫困问题的根源。可以说，他们走到一起开始共同创作的真正动机就是他们对贫困问题理解的一致性。为了克服思辨唯心主义主观地理解贫困问题的缺陷，马克思、恩格斯下定决心通过实际行动一起合作写一本批判性的小册子，这就是《神圣家族》。

分析马克思、恩格斯的首次合作，以及他们对贫困问题的思考，正是围绕如下的问题线索展开探究的。

第一，如何看待资产阶级社会中无产阶级的贫困问题？

这就要区分蒲鲁东的观点、思辨唯心主义的观点和马克思、恩格斯的观点。蒲鲁东视所有权为盗窃行为，指出所有权因否定平等、滋生贫困而不应存在，提出用共产制和私有制之外的"第三种社会形式"，即通过实现平等来求得劳动者的美好生活。在埃德加·鲍威尔看来，要想实现社会平等就要先改变人的观念，只有用具有自我意识的批判观照现实才能克服历史发展中的不平等问题。马克思指出如果观念仅仅是表达现实的抽象符号，在观念与现实之间没有建立实际的联系，就会无法实现抽象观念对现实的观照，而埃德加·鲍威尔一味对蒲鲁东进行观念上的批判，恰恰忽略了蒲鲁东对贫困问题的现实分析。马克思在揭示这种割裂观念与现实的关系时说："'思想'一旦离开'利益'，就一定会使自己出丑。"[1] 由此，马克思指出要想解决观念上的问题就要首先解决人的物质利益问题。这就从现实层面指出了解决贫困问题的出路。

第二，如何从对贫困问题的把握中看待历史唯物主义的主张？

蒲鲁东是当时代表小资产阶级利益的社会主义者。他看到了社会中下

---

[1] 《马克思恩格斯文集》第 1 卷，人民出版社，2009，第 286 页。

层的利益，又主张在不推翻现有社会结构的基础上改良社会。"人如果不为社会工作就不成其为人；而社会则是依靠它的各部分的力量的平衡与和谐才得以维持的。"① 在他看来，共产制没有保障人的独立性，而私有制则不能实现人的平等，只有在这两种制度的平衡中实现"第三种社会形式"，才是唯一合乎正义的选择。埃德加·鲍威尔则完全从观念论出发观察社会，就必然要将矛头指向蒲鲁东，尤其是法国的唯物主义，从而将真理从尘俗世界拉回到自我意识活动中。马克思却认为法国唯物主义之所以能反神学、反形而上学，是因为它"本身是用当时法国生活的实践形态来解释的"②。这种生活形态关注现实的人的利益、享乐和贫困。正是在考察了法国唯物主义之后，马克思更加明确了所要阐发的唯物主义的理论重要性：能使人认识到观念与生活、思维与存在之间的差别；还要使理论服务于现实的人，"使人不仅能在思维中、在意识中，而且也能在群众的存在中、在生活中真正成其为人"③。

第三，历史唯物主义与社会主义共有的底色是什么？

直面资产阶级社会的贫困问题是历史唯物主义与社会主义共有的底色。只不过前者是对这一问题的理论考察，后者是解决这一问题的路径选择。历史唯物主义认为，理论来自生活，通过观照生活理论才能实现自身。历史唯物主义作为社会主义的理论表达，强调对人的生活的关注，对人的实践的重视，着眼于人的感性经验，于是活生生的人在尘俗世界的利益、享乐和贫困都被历史唯物主义所重视。社会主义作为历史唯物主义的实践展开，展示了无产阶级消灭社会不平等现象和非人性生活条件从而解放自己的道路。虽然蒲鲁东提出了"第三种社会形式"的主张，却由于他的所有权理论的抽象性和不彻底性而无法实现。马克思在揭露"批判的社会主义"时也指出了蒲鲁东的症结。不管是通过抽象法权的改变，还是通过思维层面的解放，均无法改变无产阶级的社会地位和贫困状况。无产阶级只有进行反抗的工人运动，才能从贫困中解放自己。"英法两国的无产

---

① 〔法〕蒲鲁东：《什么是所有权》，孙署冰译，商务印书馆，1963，第 276 页。
② 《马克思恩格斯文集》第 1 卷，人民出版社，2009，第 329 页。
③ 《马克思恩格斯文集》第 1 卷，人民出版社，2009，第 273 页。

阶级中有很大一部分人已经意识到自己的历史任务，并且不断地努力使这种意识完全明确起来。"① 这是《神圣家族》提出"群众的共产主义"的现实出发点。

第四，如何评价马克思、恩格斯解决贫困问题的思路？

这不仅涉及他们所运用的理论视角和研究方法，还涉及对蒲鲁东解决贫困问题理论贡献的评价。虽然蒲鲁东与马克思、恩格斯都在为社会主义做政治经济学的论证，但二者的出发点和路径均不同。前者是立足于维护私有财产而批判所有权的，因而无法从根本上消灭滋生贫困问题的根源。后者是立足于消灭私有财产而主张无产阶级革命的，因而旨在从根本上消灭滋生贫困问题的根源。这就导致前者只能提出改良社会的措施，而后者却指出了无产阶级的目标、历史使命和世界历史意义。由此观之，在《神圣家族》中对思辨唯心主义的批判是凝聚马克思、恩格斯思想共识的直接动力，但是从更深层次来说，对贫困问题的历史唯物主义解释和对蒲鲁东方案的社会主义改造，才是从根本上解决贫困问题的出路。需要指出的是，马克思、恩格斯的反贫困思想正是新时代中国实现共同富裕这一伟大实践的理论根据。

## 二 《神圣家族》指出反贫困的出发点和解决思路

蒲鲁东的反贫困思想是建立在反对所有权的基础之上的。该方案批判所有权的最终目的仍是维护私有制，寄希望于能让小资产阶级也获得私有财产，这是马克思、恩格斯不赞同的地方。正是私有财产造成了无产阶级精神和肉体的贫困。无产阶级不消灭这一对立面就无法消灭自己的非人存在，因此无产阶级"执行着私有财产由于产生无产阶级而给自己做出的判决"②。蒲鲁东只看到不平等的占有所造成的贫困，却没有看到滋生这一问题的根本原因，也就找不到解决这一问题的正确途径。他试图调和阶级社会的矛盾，无视阶级社会对抗的本性，就"没有窥探到人与人的阶级关系

---

① 《马克思恩格斯文集》第 1 卷，人民出版社，2009，第 262 页。
② 《马克思恩格斯文集》第 1 卷，人民出版社，2009，第 261 页。

即资本家与雇佣工人的对立状态"[1]。只要看不到这种对立，就还是在改良资产阶级社会上面做文章，无法砸碎这个旧世界。而马克思、恩格斯把解决阶级冲突、消灭贫困的希望寄托于建立一个新世界（"群众的共产主义"），初步揭示了消灭贫困与社会主义的现实联系。

1. 社会主义是消灭贫困、解放无产阶级的路径

马克思、恩格斯首次合作的真正契机，既不是在批判思辨哲学上达成的完全一致，也不是对政治经济学批判的共同关注，而是"他们对社会主义理解的相近性"[2]。空想社会主义反对阶级斗争，"批判的社会主义"又对工人现状无动于衷。这些社会主义主张都没有找到消灭贫困和解放人的现实力量，也就找不到通过变革社会实现社会主义的正确途径。马克思、恩格斯希望通过政治经济学研究把社会主义思想引向科学。在他们看来，社会主义不能是一种乌托邦的设想，更不能被思辨地理解，而应通过群众的活动尤其是无产阶级的革命运动加以认识。在《神圣家族》中，无产阶级是马克思论述"群众的共产主义"的实现主体，也是消灭非人性的贫困和实现人的解放目标的现实载体。这是"社会主义的著作家们把这种具有世界历史意义的作用归之于无产阶级"[3]的根本原因。

社会主义与解决贫困问题的思想联系通过无产阶级得以建立起来。在资产阶级社会，贫穷、贫困的事实是私有财产运动造成的。在这一运动中，掌握私有财产的阶级（有产阶级）与"为别人生产财富、为自己生产贫困"[4]的阶级（无产阶级）形成对立。这两大阶级同样都处于异化状态，只不过在异化中前者成为财富的主人，后者变成贫困的囚徒。一无所有的阶级不能幻想有一天公平正义会降临，只有在消灭贫困的社会运动中，完成从资产阶级社会的无产者到"群众的共产主义"的解放者的身份的转变，才算找到了迈向社会主义的真正出路。

因此，马克思认为私有财产与社会主义的关系不像蒲鲁东所理解的是

---

[1] 刘雅：《马克思对蒲鲁东所有权理论的批判》，《马克思主义哲学研究》2015 年第 2 期。
[2] 韩蒙：《什么是"群众的社会主义"——论马克思与恩格斯初次合作的思想契机》，《哲学研究》2021 年第 4 期。
[3] 《马克思恩格斯文集》第 1 卷，人民出版社，2009，第 261 页。
[4] 《马克思恩格斯文集》第 1 卷，人民出版社，2009，第 261 页。

正题与反题的关系，这种社会主义由于对私有财产的平均主义主张、运用平等原则对私有财产的抽象否定而只能是不彻底的社会主义学说，而在马克思的论证中，提出要通过无产阶级消灭贫困来实现社会主义，这具有重大的历史意义，他看到，私有财产与贫困的矛盾运动终将导致私有财产造成的异化与自我异化的扬弃走上同一条道路，这条道路就是实现无产阶级解放的道路。

在《神圣家族》中，这条道路是用群众创造历史的群众史观来表达的。马克思是在讨论1789年革命的主体时指出群众的历史性及其判断标准的。在资产阶级革命中，革命体现的是资产阶级的利益，群众不可能是革命的主体。只有在无产阶级革命中，群众才是革命的主体。这是由革命的性质所决定的。资产阶级革命是维护有产者利益的革命，无产阶级革命才是实现群众利益的革命。只要群众的利益在革命中得不到实现，历史活动就还会继续进行下去。马克思就指出："历史活动是群众的活动，随着历史活动的深入，必将是群众队伍的扩大。"①

与之相对的是脱离了群众运动的"批判历史观"。这种历史观认为"工人什么东西也没有制造，所以他们也就一无所有"②。"批判"的历史观并非看不见工人的生产活动，而是认为他们的生产不是自我意识的生产，不具有普遍性。恩格斯却认为，历史的本质不在于抽象的思辨争论，而在于立足现实的人及其活动。他在肯定费尔巴哈摧毁了作为"概念的辩证法"而破除了观念论的羁绊时，指出"并不是'历史'把人当做手段来达到自己——仿佛历史是一个独具魅力的人——的目的。历史不过是追求着自己目的的人的活动而已"③。在他和马克思看来，正是因为看不到工人创造一切却又极端贫困的历史活动现象，无产阶级的历史意义才无法进入"批判历史观"的理论视野。

换言之，只有群众反贫困运动的活动体现了历史发展的原则。历史活动就是在现实生活中追求物质利益的群众活动。脱离了群众的活动，尤其

---

① 《马克思恩格斯文集》第1卷，人民出版社，2009，第287页。
② 《马克思恩格斯全集》第2卷，人民出版社，1957，第21页。
③ 《马克思恩格斯文集》第1卷，人民出版社，2009，第295页。

是群众通过追求自身物质利益来反对贫困的运动,历史就只能是为少数人服务的、利用自我意识编织出来的一种想象。"群众的社会主义"正视广大人民群众的物质利益,表达了不断壮大无产阶级反抗队伍的意愿。

2. 群众史观为消灭贫困提供世界观和方法论依据

首先,群众史观为奠定消灭贫困的群众基础提供世界观依据。"批判"漠视群众的根本原因是只抓住并抽象发展了人的主观方面,人的实践的感性活动就无法进入他们的视野。费尔巴哈看到了人的自然属性,但仍然是从对象层面理解人,因为他在反对思辨唯心主义时也一并将人的能动性否定了。马克思、恩格斯在群众的实践中既看到人的主体能动性,又看到了人与自然的物质交换性,就"从主体性和物质性的统一理解和把握我们周围的世界,理解人类社会包括人本身"①。这就是他们超越蒲鲁东的地方,后者在提供贫困问题的解决方案时,依然是用思辨术语"平等"来反对所有权,表明他此刻的政治经济学批判仍是在思辨哲学的旧世界观怪圈中打转,而马克思、恩格斯已经转向新世界观,所以才能指出无产阶级是私有财产世界中被异化的人,只有在消灭贫困的实践中才能完成自己的历史任务。

因而,群众史观不仅是一种唯物主义的世界观,还是一种唯物主义的历史观。马克思对群众与历史的论述明晰了变革资产阶级社会的主要依靠力量。在这个异化的世界,有产阶级过着人的生活,无产阶级过着非人的生活,"还直接被无法再回避的、无法再掩饰的、绝对不可抗拒的贫困——必然性的这种实际表现——所逼迫"②,因此无产阶级只有消灭贫困才能成为人。"问题不在于某个无产者或者甚至整个无产阶级暂时提出什么样的目标,问题在于无产阶级究竟是什么,无产阶级由于其身为无产阶级而不得不在历史上有什么作为。"③ 这个发问指出了无产阶级的历史观:无产阶级就是在消灭贫困这一解放自己的实践中推动历史前进的。这是世

---

① 郝贵生、李俊赴:《论群众史观的理论地位及其基本内容》,《马克思主义研究》2006年第6期。
② 《马克思恩格斯文集》第1卷,人民出版社,2009,第262页。
③ 《马克思恩格斯文集》第1卷,人民出版社,2009,第262页。

界历史向前发展的客观规律，也是马克思、恩格斯在《神圣家族》中把握到的一条重要规律。

其次，群众史观指出从事物质生活活动的群众创造了历史，却又过着极端贫困的非人生活，必然要通过无产阶级革命消灭贫困。在马克思、恩格斯看来，群众活动的历史地位是在消灭贫困的社会运动中被认识到的，其意义也在消灭贫困的运动中被奠定。他们在批判思辨哲学时指出，历史发展的动力不是自我意识，而是群众的物质生产活动。"批判的批判""把历史同自然科学和工业分开"[①]，才会认为"历史的诞生地不是地上的粗糙的物质生产，而是天上的迷蒙的云兴雾聚之处"[②]。与历史是观念史的叫嚣有别，群众史观揭露了群众创造历史却不是历史主人的问题，号召无产阶级认清历史的本质，自觉肩负起历史使命。

群众史观的提出为消灭私有财产世界找到了物质力量。正是因为对工人身处其中的社会历史条件的研究，马克思、恩格斯才认为工业即物质生活本身的生产方式如此重要，才把资产阶级社会赖以存在的政治经济学作为批判的首要对象进行研究，在群众的历史活动中实现政治经济学与无产阶级革命的结合，才在阐释群众史观时找到了走向社会主义的物质途径，并超越了蒲鲁东在《什么是所有权》中的历史局限性，为真正消灭贫困问题提供了理论和道路的最终根据。

3. 消灭贫困的基本思路是通过消灭"一切非人性的生活条件"来实现人的解放

那么在无产阶级革命中，怎样才算得上是消灭贫困呢？蒲鲁东还停留在以对物的依赖性来实现社会平等的思路上，根本不懂私有财产的社会历史规定性，即有产阶级与无产阶级的对立本质上是社会生产关系的对立，所有权只不过是这种对立的外观表现。不理解这一点，就解决不了人的异化问题。马克思、恩格斯敏锐地认识到，阶级对立根源于私有财产这个前提，无产阶级非人性的生活条件也根源于这个前提。资产阶级社会无法消灭的非人性生活条件却能在无产阶级革命中实现，使消灭一切非人性的生

---

① 《马克思恩格斯文集》第 1 卷，人民出版社，2009，第 350 页。
② 《马克思恩格斯文集》第 1 卷，人民出版社，2009，第 350~351 页。

活条件成为消灭私有财产最典型的表现。所以，马克思指出无产阶级"不消灭集中表现在它本身处境中的现代社会的一切非人性的生活条件，它就不能消灭它本身的生活条件"①。消灭"一切非人性的生活条件"就是在消灭贫困，这是革命的基本任务。然而蒲鲁东却意识不到阶级社会对抗的整体性和必然性，马克思不仅意识到这一点，还认为这是无产阶级在现代社会的目标和历史使命。于是，马克思就在理解和解决贫困问题上超越了蒲鲁东。

虽然蒲鲁东与马克思、恩格斯一样，都看到了私有财产与贫困的因果关系，但只有马克思、恩格斯对私有财产这一前提进行了彻底批判，并指出通过无产阶级革命实现人的解放的道路。这条道路对于新时代中国特色社会主义而言就是在打赢脱贫攻坚战的基础上实现共同富裕的道路。从马克思、恩格斯与蒲鲁东的论战来看，对工人贫困处境的探讨是他们思想转向过程中一个必不可少的过渡性环节。它不仅揭示了两人首次合作的现实动机，而且成为他们此后一起探讨历史唯物主义和共产主义的关键性线索和社会活动议题，为理解从《神圣家族》一直到《资本论》的政治经济学批判过程确立了思想路标；同时在马克思主义中国化的道路上，他们的反贫困思想也为新时代中国特色社会主义消灭贫困、实现共同富裕提供了理论上的启示。

### 三　中国实现共同富裕的实践是对《神圣家族》反贫困思想的承继和发展

《神圣家族》反贫困思想是否科学，不仅需要在理论对比中加以鉴别，更需要在实践中加以检验。通过比较蒲鲁东《什么是所有权》与马克思、恩格斯《神圣家族》解决贫困问题的方案，并把两种方案放到中国消灭贫困和实现共同富裕的实践中加以检验，才能真正认识到《神圣家族》反贫困思想的科学性，抓住推动马克思、恩格斯首次合作的现实动机，及其对新时代实现共同富裕的重要意义。

---

① 《马克思恩格斯文集》第 1 卷，人民出版社，2009，第 262 页。

1. 对蒲鲁东反贫困方案的反思

蒲鲁东没有认识到建立在私有财产基础上的资本主义制度的历史局限性，导致他的解决方案仅停留在消灭社会不平等的现象层面，而忽视了造成贫困问题的真正社会根源。

第一，蒲鲁东没有指出造成无产阶级社会地位的私有财产是滋生资产阶级社会贫困问题的根源。他只看到私有财产造成社会不平等的现象，于是就将现象层面的不平等作为解决贫困问题的根据，而没有看到不平等的现实只不过是私有财产与无产阶级作为对立两端的表现。他的所有权理论虽然触及资产阶级社会私有制的核心，但是并没有对其进行彻底批判，反而最后走向维护私有制的立场，就注定蒲鲁东所有权理论不能解决贫困问题的先天不足性。

第二，蒲鲁东始终停留在思辨哲学批判逻辑的基础上，用平等作为抽象的、绝对的范畴剪裁所有权，把平等视为检验所有权是否正当的唯一尺度。这也是他与埃德加·鲍威尔的共同之处，他只不过是用法语表达了埃德加·鲍威尔用德语表达的东西。这就导致蒲鲁东只能看到不平等的社会现象，而找不到彻底解决这种不平等社会问题的正确路径。

第三，蒲鲁东不赞同消灭私有财产制度的必然结果是建立社会主义公有制，而只能导向一种蒲鲁东式的"共产制"。如果说反贫困是从反思的、批判的视角对群众贫困现象的描述，那么，实现共同富裕就是从积极的、建构的视角对解决群众贫困问题的回应。实现共同富裕就是使所有人都能够享有人类文明进步（包括所有权在内）的一切成果，而非蒲鲁东那样，只关心小资产阶级享有所有权。实现共同富裕与消灭私有制是相呼应的，正是在此意义上，共同富裕才成为发展社会主义公有制的本质特征和现实要求。蒲鲁东提出"第三种社会形式"的解决方案，但是这种既不靠私有制又不赞同公有制的主张使他走向了无政府主义。在政治上，他反对通过无产阶级的暴力革命推翻资产阶级社会现有的一切，却又无法把工人们创造的财富真正归还给他们，最终导致他的理论在巴黎公社运动之后销声匿迹。马克思的超越之处就在于，通过对私有财产进行彻底的审判，与建立社会主义公有制的最大理论障碍进行了最为坚决的斗争。

## 2. 实现共同富裕的中国实践

中国共产党人承继了马克思、恩格斯对私有制的批判思想，开创了中国特色社会主义的新局面，引领全体中华儿女在新时代的奋斗中创造更加美好的生活。党的十九届六中全会指出，新时代"是全国各族人民团结奋斗、不断创造美好生活、逐步实现全体人民共同富裕的时代"①。实现共同富裕超越了以往任何私有制试图控制人的片面生活，在消灭贫困的基础上推动了人的全面发展。随着我国社会主要矛盾的发展变化，促进全体人民共同富裕被提到更为显著、更为重要的位置②。坚定不移走共同富裕道路是新时代中国特色社会主义发展的必然要求，不仅成为全体人民的共识，而且成为社会主义彰显自身优越性的重要体现。

第一，实现共同富裕的中国实践建立起解放人类的历史观，超越了单纯消灭物质贫困的历史视野，使中国人从被剥夺感、被奴役感和被统治感中解放出来，建立起了获得感、幸福感和安全感。新中国成立以来，实现共同富裕的实践和消灭贫困的实践是分不开的。消灭贫困的实践首先就是从消灭物质贫困入手，解决老百姓饿肚子的问题，之后才逐渐上升到实现小康的高度。到现在，经过多年的开发式扶贫、精准扶贫，我们打赢了脱贫攻坚战，中国解决贫困问题的实践已经超越了单纯的物质扶贫、解决绝对贫困问题的层次，而上升到了重视解决相对贫困问题的阶段。这才有了赋予扶贫新内涵的要求，即推动全社会广泛参与扶贫、从经济政治社会文化生态等领域全面推动扶贫，在探索中形成了"扶贫先扶志、扶贫必扶智"的共识，不仅有利于增强贫困群众脱贫致富的信心，还在追求美好生活的过程中增强了他们的获得感、幸福感和安全感，丰富和拓展了马克思在《神圣家族》中的反贫困思想。

第二，实现共同富裕的中国实践彰显了社会主义的优越性，提升了社会主义制度通过减贫脱贫实现共同富裕的优势。蒲鲁东的法权批判最终还是为了维护私有制，导致始终没有上升到制度反思和治理的高度。马克思、恩格斯的一大贡献是不仅看到了私有制的非人性，而且敢于彻底批判

---

① 《中共中央关于党的百年奋斗重大成就和历史经验的决议》，人民出版社，2021，第23页。
② 肖巍：《推动共同富裕的实质性进展》，《思想理论教育》2021年第11期。

私有制,并主动寻求彻底解放人的道路,即"群众的社会主义"。这是在资本主义之外所开辟的一条消灭贫困和实现共同富裕的全新道路。中国特色社会主义就是"群众的社会主义"在当代的创新性发展。它既发挥了社会主义公有制的反贫困优势,坚决维护群众的主体地位和现实利益;又通过健全社会主义市场经济体制来保障群众的合法权益。可以说,40多年来,我国通过消灭贫困来实现共同富裕的主要动力就是改革开放带来的经济持续增长和社会持续进步。步入新时代,为了更好地促进社会生产力发展,就要不断改革不适应生产力发展需要的生产关系和经济管理体制,以改革推动发展,用社会进步消灭贫困,用制度保障共同富裕的实现。通过深入推进国家治理体系和治理能力现代化建设来巩固减贫脱贫成果,就成为中国实现共同富裕的关键一招。

第三,依靠广大人民群众脱贫致富是群众史观在新时代的真实写照。蒲鲁东"第三种社会形式"的局限性不仅在于它的调和论和幻想性,还在于没有看到国家在社会保障中的作用,也没有看到国家可以弥补自由市场经济的不足,为实现社会的公平正义提供国家强制力的保障。西方市场经济最大的不足是无法实现社会剩余价值向社会弱势群体的倾斜和转移。而建立在公有制基础上的社会主义市场经济能有效发挥"看得见的手"的作用,通过建立更加完善的社会主义医疗、养老、教育、就业和社会救济等保障体系,实现社会资源和财富向贫困群众的合理转移,从而为广大人民群众的共同富裕保驾护航。当然,我们在保障困难群众合法权益方面仍有很大提升空间,比如仍需及时回应农民工工资拖欠问题,保障劳动者正当利益;在部分弱势群体身上仍存在看病难、上学难、用电吃水难、行路通信难的问题,需要更"精准扶贫",等等。只有运用马克思、恩格斯的反贫困思想不断探索化解贫困、实现共同富裕的措施,才能防止贫困群众反复陷入"脱贫又返贫"的处境。

第四,在消灭贫困和实现共同富裕的实践中自觉把握到历史唯物主义、社会主义与群众的关系后,才能深刻认识到马克思、恩格斯对无视真实历史进程的埃德加·鲍威尔等思辨哲学家进行批判的重要性,以及对蒲鲁东没有正确认识到资产阶级社会的本质进行批判的深刻性,也才能真正把握住无产阶级的历史使命。这一使命在他们之后合写的另一本重要著作《共产党宣言》中更为明确地指了出来，共产党人不是外在于无产阶级的领导者，而是消灭贫困的"最先进的和最坚决的部分，推动所有其他部分前进的部分"①。共产党人的唯物史观和社会主义信念不是用来塑造工人运动和革命实践的特殊原则，而是对无产阶级实现全人类解放的真实运动的一般表述。因此，共产党人不是以既定的观念来设想美好未来，而是要团结一切可以团结的力量，深入广大人民群众通过脱贫致富解放自己的实践中，这是共产党人的自我定位，也是共产党人的历史使命。基于这样的理解，在中国共产党建党一百多年之际，回顾中国共产党人带领广大人民群众脱贫致富的实践，坚持群众路线就不仅仅是一种政治路线和政治法宝，从根本上来看，还是抓住了坚持什么样的历史观、走什么样的道路的问题。

3. 反贫困的共同富裕发展道路为全世界提供了"中国方案"

贫困问题既是中国的一个历史性难题，又是一个世界性问题；既是19世纪资产阶级社会的突出问题，又是21世纪社会主义国家在发展中必须解决的问题。社会主义作为建立在资本主义之上的新型社会形态，总是要在借鉴后者解决贫困问题的基础上不断前进的，同时又以自身提出的解决方案影响着包括后者在内的全人类的发展。在解决贫困问题上，中国离不开世界，世界也离不开中国。构建反贫困的共同富裕发展道路是中国提出的新方案。

第一，打破"赋权"的魔咒，从警惕收入致贫走向根除两极分化，最终实现共同富裕。蒲鲁东的反贫困思想是整个西方反贫困思想的一个缩影。蒲鲁东始终围绕所有权展开贫困的讨论对西方反贫困理论产生了深远影响。英国学者布什和朗特里就于1889年提出"收入致贫说"②，认为是否贫困要用收入和最低生活支出作为判断标准。它虽然看到了贫困的表象，却没有抓住问题的本质，因而所提出的通过提高收入解决贫困的做法始终无法消灭贫困。根本原因是无产阶级收入的提高并没有消灭它和资产

---

① 《马克思恩格斯文集》第 2 卷，人民出版社，2009，第 44 页。
② 转引自孙咏梅《马克思反贫困思想及其对中国减贫脱贫的启示》，《马克思主义研究》2020 年第 7 期。

阶级对立的事实。贫困问题也并非纯粹是所有权的客观产物，其背后仍是资产阶级与无产阶级之间的对立问题。这就需要在理解贫困问题时超越西方"赋权"基础上的贫困观，抛弃调和阶级矛盾的幻想，发动全世界无产者联合起来，不仅使消灭贫困朝着有利于社会主义的方向发展，而且通过公有制的建立和完善为实现共同富裕提供制度保障。

第二，通过重新反思私有财产的本质，为解决贫困问题和实现共同富裕提供新思路。解决贫困问题不能仅看到物对人的异化现象，而看不到这一现象背后人与人之间被异化的本质，否则就不能彻底对私有财产这一前提进行批判和否定。蒲鲁东显然没有做到这一点。解决贫富两极分化问题，就不能建立在维护私有制基础的蒲鲁东方案之上，而是要将解决方案建立在公有制的基础之上。这是在国民经济学家们为解决贫困问题开出许多"药方"没有奏效之后，马克思、恩格斯所开出的新"药方"。它的核心不是要防止陷入所有权逻辑的陷阱，而是使被私有化的资本重新变成公有化的社会财富，使人人都能摆脱绝对贫困，这是实现共同富裕的必经之路。然后才能在根除"非人性的生活条件"的基础上，着力解决物质领域以外的贫困问题，比如相对贫困、精神贫困等问题，从而真正实现人的自由全面发展。

第三，马克思、恩格斯通过对实现共同富裕的路径探索，确立了走社会主义的道路和实现共产主义的立场，从而把解放自身命运的全人类联系到了一起。他们所开启的对人类历史的全新理解对于科学社会主义的形成具有开创性意义，不仅为社会主义发展史提供了理论支撑，而且在人类发展史上产生了革命性效应。如果说通过社会主义实现所有人的共同富裕，在马克思、恩格斯所生活的19世纪还处于从理想到科学、理论到实践、不成熟到成熟的转变之中；那么到了20世纪，通过诞生世界上第一个社会主义国家，20世纪上半叶世界社会主义运动的蓬勃兴起，就实现了社会主义由革命到国家、一国到多国的发展；进入21世纪，社会主义运动蓬勃兴起，尤其是中国共产党坚持中国特色社会主义理论、道路、制度和文化自信，为确保打赢脱贫攻坚战，实现共同富裕奠定了坚实基础，既走出了一条符合中国国情的脱贫之路，又为全人类消灭贫困提供了重要参考。

# 第七章 从关注人的生活条件到建设美好生活

马克思、恩格斯一生致力于改善无产阶级的生活条件。他们特别关注社会现实问题，尤其是贫穷、贫困问题。他们从西欧社会底层无产阶级的贫困事实出发，提出无产阶级解放自己的前提是消灭一切非人性的生活条件。这种基于历史而非道德视角考察生活条件是否合乎人性的做法，将研究的视角转向生活，从现实生活出发，"认为历史的诞生地是地上的粗糙的物质生产"，揭示了无产阶级解放自身的具体历史情境。消灭一切非人性的生活条件，让人民过上合乎人性的生活，才是真正的美好生活。党的十九大指出我国社会主要矛盾转化，提出要"不断满足人民日益增长的美好生活需要"①。准确理解这一指导思想需要全面考察中国共产党建设美好生活的理论渊源、历史演进与实践方略。在理论层面，建设美好生活不仅是马克思、恩格斯关注的理论重心，也是中华优秀传统文化的重要内容，还是对国外建设美好生活理论主张的借鉴与超越。在历史层面，中国共产党建设美好生活经历了消灭"非人性的生活条件"的新探索阶段（1921~1949年）、创建实现美好生活的新纪元阶段（1949~1978年）、展开"贫穷不是社会主义"的新实践阶段（1979~2011年）和提出"美好生活需要"的新发展阶段（2012年至今）。在实践层面，要想继续在理论上做出新贡献，在历史上取得新发展，在实践上做出新总结，在前进中把握新方

---

① 习近平：《决胜全面建成小康社会 夺取新时代中国特色社会主义伟大胜利——在中国共产党第十九次全国代表大会上的报告》，人民出版社，2017，第45页。

向，就要让人民过上美好生活。这既是在人民层面建设美好生活的现实要求，又是在国家层面为人民谋幸福、为民族谋复兴的时代要求。党的十八大以来，习近平关于建设美好生活的重要论述创新和发展了马克思主义群众史观，表现在：建设美好生活坚持以人民为中心的发展思想，发展全过程人民民主为建设美好生活提供制度保障，建设美好生活坚定了全体人民共同富裕道路，立足人类文明新形态建设美好生活。习近平从理论、制度、道路、文化四个方面，对通过建设美好生活发展马克思主义群众史观做出了原创性贡献，是习近平新时代中国特色社会主义思想的群众观基础，是开启全面建设美好生活的重要理论依据。

## 第一节 《神圣家族》关注人的生活条件

马克思主义作为一种科学思想之所以能获得广泛认可，具有经久不衰的生命力，在很大程度上是因为它促进了广大人民群众生活条件的改善。马克思、恩格斯作为马克思主义的创始人，在青年时期就从西欧社会底层无产阶级的贫困事实出发，提出消灭一切非人性生活条件的思想。在《神圣家族》中，马克思指出无产阶级解放自己的前提是消灭一切非人性的生活条件。"如果无产阶级不消灭它本身的生活条件，它就不能解放自己。如果它不消灭集中表现在它本身处境中的现代社会的一切非人性的生活条件，它就不能消灭它本身的生活条件。"[①] 这里的"非人性"不是指好坏的道德判断，而是指是否符合绝大多数人生存和发展的历史判断。

在马克思看来，消灭自身的生活条件是无产阶级解放自己的必要条件，却不是充分条件。因为无产阶级如果不消灭一切非人性的生活条件，不解放全人类，就无法消灭自身的生活条件，就无法解放自己。消灭一切非人性的生活条件是无产阶级真正解放自己的充分必要条件。这是马克思在1844年下半年的一个重要理论判断。虽然他在这里还没有从生产力的高度把握社会历史发展规律及在其中的无产阶级的生活条件是如何被改变

---

① 《马克思恩格斯文集》第1卷，人民出版社，2009，第262页。

的。只是在之后创立的历史唯物主义和形成剩余价值学说的过程中,马克思才科学地回答了这一问题。但是我们从中可以看出,在社会领域不断改善无产阶级的生活条件,乃至最终消灭一切非人性的生活条件,是马克思、恩格斯从青年到晚年一直不变的思想认识和实践追求。

## 一 从历史视角对蒲鲁东的肯定与超越

青年马克思对经济领域的关注在很大程度上受到青年恩格斯的影响。在《政治经济学批判大纲》中,青年恩格斯就通过对工厂工人的生活进行实际调查展开对资产阶级政治经济学的理论批判。"恩格斯在《大纲》中,把资本主义的全部经济现象和资产阶级经济学的全部范畴和规律都归结为私有制(这里又有蒲鲁东的影响)。"[①] 蒲鲁东在1840年出版的《什么是所有权》中无情揭露了私有财产造成的贫困现象,尖锐地批判为私有制提供辩护的各种资产阶级政治经济学理论[②],在当时造成巨大的轰动,也影响了青年时期的恩格斯和马克思。但是,蒲鲁东仅仅看到私有财产造成的贫穷问题,并且是从实现"公平"的角度来破解该问题,不但没有超越国民经济学的范畴,也不能真正解决社会贫穷问题;而恩格斯却从政治经济学的高度批判私有财产,就在实际上跳出了国民经济学本身而实现了对国民经济学的超越。受到蒲鲁东和恩格斯的影响,马克思才逐渐从哲学转向政治经济学领域,《1844年经济学哲学手稿》就是这一转型的理论产物,其中的异化劳动理论通过揭示异化劳动与私有财产的关系,为"无产阶级消灭生活条件"作了前期的理论铺垫。

青年马克思关注领域的转变比起后来恩格斯思想的转变更为困难,这

---

[①] 张一兵:《政治经济学逻辑中的政治哲学颠覆——青年恩格斯的〈政治经济学批判大纲〉解读》,《求实》1998年第6期。

[②] 亚当·斯密在《国富论》中通过论证劳动创造财富,筑牢了资本主义自由经济的理论基础;德斯杜特·德·特拉西作为庸俗经济学家在《政治经济学概论》中对交换做出了错误的赞美;西蒙德·德·西斯蒙第在《政治经济学新原理》中对小资产阶级经济学进行了专门论证;大卫·李嘉图在《政治经济学及赋税原理》中阐发了减轻赋税可以增长经济的思想。《神圣家族》主要列出了以上四位经济学家,他们的共同特点是认为私有财产可以带来社会财富,而没有看到社会财富是相对于有产者而言的;对于创造它的工人而言,私有财产带来的却是贫穷和无产。

是因为他在此次转向之前主要受到了以柏林"自由人"组织为主的青年黑格尔派,尤其是指导他博士毕业论文写作的布鲁诺·鲍威尔的影响。后者作为黑格尔的信徒,从自我意识方面批判地继承和片面发展了当时在德国思想领域占统治地位的黑格尔思辨哲学。在他那里,自我意识的本质不是黑格尔的客观精神,而是主观精神即观念,"因为观念的现实存在就是自我意识"①。作为青年黑格尔派的精神领袖,布鲁诺把自我意识视为实体,反映了这一政治思想派别根本不关心现实生活,也不关心群众的实际利益,只会通过观念展开所谓的"批判的批判"。他的胞弟埃德加·鲍威尔就在思辨唯心主义的主阵地《文学总汇报》第 5 期上发表了《蒲鲁东》一文,从观念上对蒲鲁东追求"公平"的做法进行了批判。"蒲鲁东发现了某种绝对的东西,发现了历史的永恒基础,发现了为人类指引方向的神。这就是公平。"② 埃德加·鲍威尔显然没有理解蒲鲁东从批判私有财产入手来解决公平问题的理论,因而也就不能理解对私有财产的批判才是解决贫穷问题的必要做法。他对蒲鲁东的批判没有深入社会现实,没有着眼于人的现实生活条件的改变,因而在批判社会问题、推动社会进步方面毫无贡献。与埃德加·鲍威尔不同,马克思肯定了蒲鲁东对私有财产造成贫穷问题的否定性分析,认为对社会尖锐矛盾的揭露"当然是从那种体现私有财产充满矛盾的本质的最彰明较著、最触目惊心、最令人激愤的形式,即贫穷、贫困的事实出发的"③。

鲍威尔兄弟没有接触到社会现实,这反而让马克思不仅重视蒲鲁东所做的工作,还构成了他批判思辨唯心主义的一个重要论域。马克思并未如蒲鲁东那样诉诸道义上的"公平",也没有像鲍威尔兄弟那样进行抽象的、没有任何实际内容的批判,而是站在历史的视角考察私有财产对现实的个人的生活影响,认为只有消灭阻碍人生存和发展的生活条件(即非人性生活条件)才能实现人的解放。那么,《神圣家族》对私有财产的批判是如何引出"无产阶级消灭生活条件"的结论呢?

---

① 《马克思恩格斯文集》第 1 卷,人民出版社,2009,第 340 页。
② 《马克思恩格斯文集》第 1 卷,人民出版社,2009,第 258 页。
③ 《马克思恩格斯文集》第 1 卷,人民出版社,2009,第 259 页。

在私有制世界,是否占有和支配私有财产直接决定着能否过上合乎人性的生活。以"批判"自居的埃德加·鲍威尔在反驳蒲鲁东时当然也在否定的意义上使用了"贫穷""财产"等术语表达,但是这并不意味着他就深入社会现实当中考察了国民经济学的前提,相反他只是在抽象的意义上使用这些现实概念。这些概念在埃德加·鲍威尔的使用中没有任何现实内容,只是自我意识这个"整体本身"在运动中需要扬弃自身的对立方面。马克思却认为,讨论"私有财产""财富""贫穷"的意义并不在于概念本身,而在于这些概念背后所指向的生活本身。在现实生活中,私有财产造成了人的异化,拥有私有财产的有产阶级过着靠剥削维持的人性生活,不拥有任何财产的无产阶级过着贫穷贫困的非人性生活。只有消灭私有财产造成的一切生活条件,包括给无产阶级造成的非人性生活条件,无产阶级才能摘掉无产的"帽子",过上符合人性的生活,所以马克思说"它的目标和它的历史使命已经在它自己的生活状况和现代资产阶级社会的整个组织中明显地、无可更改地预示出来了"[①]。

在马克思看来,从社会现实即人的真实生活出发是对付"批判"最有力的方法。"批判"鼓吹的思辨唯心主义无视现实生活,甚至连国民经济学的水平也没有达到。蒲鲁东虽然通过批判国民经济学为马克思提供了经济(物质)的视角,却始终在国民经济学的内部批判私有财产,并没有驳倒国民经济学,故而才有恩格斯的《政治经济学批判大纲》和马克思《1844年经济学哲学手稿》的写作。他们总体上对蒲鲁东持有肯定态度,这一点在《神圣家族》中也得到了体现。马克思通过对私有财产导致无产阶级非人性生活的论述,不仅无情地批判私有制,更赋予异化劳动理论大量具体的、现实的内容,揭示了无产阶级肩负历史使命的社会状况和现实基础。这就使《神圣家族》成为马克思、恩格斯从批判思辨唯心主义过渡到历史唯物主义必然要经历的思想环节。

如果再把考察视野放大到思辨唯心主义在德国大行其道的那个年代,就更能看出《神圣家族》从现实生活出发进行批判的理论重要性。当时的

---

① 《马克思恩格斯文集》第1卷,人民出版社,2009,第262页。

德国还是没有步入资产阶级轨道的普鲁士封建专制社会，只能借助于英法等国的资产阶级革命和工人阶级的运动来讨论社会问题。这就导致青年黑格尔派无法立足于德国的现实反对封建统治，只能一味地沉迷于思辨的观念领域来逃避现实。这是青年黑格尔派在思辨的"怪圈"当中不能自拔的历史根源，但却成为促使青年马克思从现实视角反思人类社会运动的历史背景。后者不仅从现实生活入手直接揭露了思辨唯心主义的根本缺陷，更通过私有财产运动揭示出无产阶级不消灭生活条件就无法解放自己的历史使命，从而为分析人类历史发展规律提供了历史唯物主义的全新视角。

## 二　无产阶级消灭"非人性的生活条件"的唯物论证

蒲鲁东虽然抓住了私有财产非人性这条线索，却始终没有上升到历史的高度解读私有财产背后的物质基础，导致他看不到私有财产在资产阶级社会出现的历史必然性，以及必然会被消灭的历史阶段性。马克思正是在蒲鲁东没有达到的地方，从批判私有财产开始，对资产阶级社会的财富生产方式进行了唯物的论证，最后得出"无产阶级消灭生活条件"的结论。

首先，马克思指出资产阶级社会发展的历史推动力不是自我意识而是私有财产，生产私有财产的物质推动力是"自然科学和工业"。"批判的批判"却对自然科学持有一种轻蔑的态度，在谈到自然科学对工业的推动和带来的社会财富时，宣称"丝毫不尊重瓦特给自己的亲人带来的百万财富！"[1] 马克思在反驳这种无视物质生产推动历史进步的作用时说："把自然科学和工业排除在历史运动之外"[2] 的做法并不能真正认清这个特定的历史时期，反而会"认为历史的诞生地不是地上的粗糙的物质生产，而是天上的迷蒙的云兴雾聚之处"[3]。在这里，马克思是从作为生产的社会形式的意义上来使用"自然科学和工业"概念的；是从决定社会发展主要因素的意义上使用"物质生产"概念的。无论是在"物质生产"中被创造出来的私有财产，还是因此而过上了人性生活的资产阶级，都是搭上了"自然

---

[1] 《马克思恩格斯文集》第 1 卷，人民出版社，2009，第 349 页。
[2] 《马克思恩格斯文集》第 1 卷，人民出版社，2009，第 350 页。
[3] 《马克思恩格斯文集》第 1 卷，人民出版社，2009，第 350～351 页。

科学和工业"快速发展的顺风车。这就说明，人类步入资产阶级社会是在"自然科学和工业"中才得以实现的。

其次，"自然科学和工业"的蓬勃发展，一方面使资产阶级社会创造了超过以往全部社会总和的财富，巩固了资产阶级的统治地位；另一方面也强化了不对等的社会关系，使无产阶级的生活每况愈下。马克思在对"自然科学和工业"的论述中不仅把社会关系从人与自然的关系中独立出来，而且认为人与人在生产中所形成的社会关系是最为重要的关系范畴。这可以从马克思对蒲鲁东"平等占有"的评价看出来："实物是为人的存在，是人的实物存在，同时也就是人为他人的定在，是他对他人的人的关系，是人对人的社会关系。"① 在这种社会关系当中，无产阶级是以丧失实物的方式处于对立关系的一端，资产阶级是以占有实物的方式处于对立关系的另一端，所以蒲鲁东才主张对实物的平等占有，可是他却没有将这种占有关系上升到社会关系总和的高度，导致他只能看到无产阶级为他人创造财富、为自己生产贫穷的问题而找不到解决问题的正确出路。马克思则是从根本上否定整个社会关系，否定建立在私有财产之上的一切非人性生活条件，进而指出无产阶级只有消灭生活条件才能解放自己的历史必然性。

再次，无产阶级通过消灭生活条件解放自己，不仅明确指出自我意识不会解决无产阶级的贫穷问题，体现了青年马克思由唯心主义过渡到唯物主义的思想转变；而且指出其所具有的解放全人类的世界历史意义，体现了青年马克思由革命民主主义过渡到共产主义的思想轨迹。列宁曾经指出，从马克思在《莱茵报》时期发表的著作"可以看出马克思已从唯心主义转向唯物主义，从革命民主主义转向共产主义"②。在他和青年恩格斯合写《神圣家族》时，青年黑格尔派的主观唯心主义已经成为他们"新世界观"前面的最大拦路虎。只有对这种缺乏现实观照的思辨哲学进行彻底批判，才能在相反的方向考察社会关系当中的历史发展规律及其矛盾运动。这是马克思、恩格斯与鲍威尔兄弟在根本上不同的地方。后者浸淫在自我

---

① 《马克思恩格斯全集》第 2 卷，人民出版社，1957，第 52 页。
② 《列宁全集》第 21 卷，人民出版社，1959，第 59 页。

意识当中无法自拔，是因为他们从未正视过现实生活；而马克思、恩格斯直面生活，不仅超越了布鲁诺·鲍威尔和埃德加·鲍威尔等人，而且在批判思辨唯心主义和对国民经济学的研究中，使自己的思想接近于历史唯物主义。所以列宁对马克思评价蒲鲁东的"平等占有"进行了这样的评价："这一段话极富有代表性，因为它表明马克思是如何接近自己的整个'体系'（如果可以用这个名词的话）的基本思想的——即如何接近生产的社会关系这个思想的。"①

最后，列宁"生产的社会关系"正是历史唯物主义的核心思想，表明《神圣家族》对思辨唯心主义的批判正是历史唯物主义诞生的前夜。不仅如此，马克思、恩格斯对物质生活的实证分析还使历史唯物主义最终在《德意志意识形态》中创立。马克思在《德意志意识形态》中直接从生产力和社会关系的矛盾运动出发批判《神圣家族》中唯心的意识形态，"如果这种理论、神学、哲学、道德等等同现存的关系发生矛盾，那么，这仅仅是因为现存的社会关系同现存的生产力发生了矛盾"②。这句话很明确地指出，生产力是构成人类历史的根本力量，这一社会力量决定了与其相适应的社会关系的发展，社会关系又决定了"理论、神学、哲学、道德等等"的发展。虽然马克思在《政治经济学批判》（1861—1863年手稿）、《资本论》等后期著作中通过生产力、生产方式、生产关系等术语③来研究历史运动规律，但除了使用语言上的形式差异以外，《德意志意识形态》中的历史唯物主义与后期著作中的基本思想并无二致。如果把后期著作中的基本思想用一个公式表示："生产力—生产方式—生产关系—社会关系

---

① 《列宁全集》第38卷，人民出版社，1959，第13页。
② 《马克思恩格斯选集》第1卷，人民出版社，2012，第162页。
③ 例如，在《政治经济学批判》（1861—1863年手稿）中，"'机械发明'。它引起'生产方式上的改变'，并且由此引起生产关系上的改变，因而引起社会关系上的改变，'并且归根到底'引起工人的生活方式上的改变"。《马克思恩格斯文集》第8卷，人民出版社，2009，第343页。又如，《资本论》"以生产方式作为研究对象的内容，主要的就是研究一定的生产力的性质和发展水平，以及它所要求与之相适应的是什么样的生产关系？同它相结合的形式和方法应当如何？现存的生产关系是否与它相适应？以及二者存在什么矛盾和如何解决等等。"漆琪生：《〈资本论〉大纲（第1卷）》，人民出版社，1985，第42页。

—生活方式"①，把《德意志意识形态》中的核心思想表述为"生产力—社会关系—意识形态"，把《神圣家族》中对"无产阶级消灭生活条件"的论证表述为"自然科学和工业—物质生产—为别人生产财富、为自己生产贫困—消灭生活条件"，那么就可以清晰地看出从青年马克思到晚年马克思对历史唯物主义的深入论证和不断推进。

## 三 对历史唯物主义方法的具体运用

拥有自我意识确实能在一定程度上激发人的主观能动性，体现出人作为主体的有目的、有意识的方面，但是青年黑格尔派却将自我意识绝对化为实体，将自我意识视为人的唯一存在方式，人只能沦为自我意识的一个派生部分；而不是将自我意识看作人的自我意识、看作人的一个组成部分。他们自然就"看不见"现实的、活生生的人，更不会关注人在现实生活中的存在状况、生活条件和具体需要。只有重新把视角从意识层面转回到现实层面，从自我意识转回到现实的人及其生活上面，才能发现贫困贫穷问题，才会探究人的异化背后的唯物基础，才会提出"无产阶级消灭生活条件"的历史使命。这无疑是《神圣家族》尝试运用历史唯物主义方法批判思辨唯心主义的一次重要体现。

其一，《神圣家族》通过批判思辨唯心主义实现了从意识到生活的视角转换。后一种正是历史唯物主义的视角，是从现实生活出发，将思辨唯心主义颠倒了的自我意识与现实生活的关系重新倒置过来。马克思提出"无产阶级消灭生活条件"的意义就在于，决定人类历史发展的根本动因不是自我意识而是现实生活中的物质生产。只有"发展着自己的物质生产和物质交往的人们，在改变自己的这个现实的同时也改变着自己的思维和思维的产物"②。在现实生活中，物质生产处于主导性地位，自我意识、宗教、道德等意识形态属于非物质要素，是被派生出来的观念产物。马克思之所以强调物质生产与意识形态之间的关系，实际上就是在论证历史唯物

---

① 郭冠清：《回到马克思：对生产力—生产方式—生产关系原理再解读》，《当代经济研究》2020 年第 3 期。
② 《马克思恩格斯选集》第 1 卷，人民出版社，2012，第 152 页。

主义的出发点:"我们的出发点是从事实际活动的人,而且从他们的现实生活过程中还可以描绘出这一生活过程在意识形态上的反射和反响的发展。甚至人们头脑中的模糊幻象也是他们的可以通过经验来确认的、与物质前提相联系的物质生活过程的必然升华物。"[1] 这样,马克思就从《神圣家族》中生活对意识的决定作用进展到《德意志意识形态》中论述物质生产和物质交往是意识形态的根源,从而揭示出意识形态对其由以产生的物质力量进行辩护的原因。

其二,历史唯物主义是《神圣家族》批判思辨唯心主义不久之后的划时代产物。物质生产不仅直接决定着人们的生活水平,还决定着人们的思维和思维的产物。不管是《神圣家族》中的自我意识,还是《德意志意识形态》中的意识形态,都不过是物质生产的历史产物。一切观念、思维和精神的生产过程都可以到它们存在的现实生活当中寻找其产生的物质动因。马克思并没有止步于探究意识的物质基础,还从社会辩护功能对资产阶级意识形态进行了分析,指出意识形态不仅是对现实生活颠倒的观念映现,还是统治阶级维护统治地位的思想力量。资产阶级意识形态作为"占统治地位的思想不过是占统治地位的物质关系在观念上的表现,不过是以思想的形式表现出来的占统治地位的物质关系"[2]。这就告诉我们:第一,资产阶级意识形态是反映和维护私有财产的观念表达,根本不会体现无产阶级的物质利益;第二,资产阶级意识形态充当资产阶级统治无产阶级的思想工具就决定了,无产阶级消灭生活条件当然要一并消灭资产阶级意识形态;第三,批判资产阶级意识形态的当务之急是要确立无产阶级的科学指导思想,即历史唯物主义。"在思辨终止的地方,在现实生活面前,正是描述人们实践活动和实际发展过程的真正的实证科学开始的地方。"[3] 可见对马克思、恩格斯而言,不管是在《神圣家族》中的自我意识,还是各种在《德意志意识形态》中唯心的意识形态,都是资产阶级意识形态的表现,都是被批判的对象,历史唯物主义正是这一批判过程的理论产物。

---

[1] 《马克思恩格斯选集》第 1 卷,人民出版社,2012,第 152 页。
[2] 《马克思恩格斯选集》第 1 卷,人民出版社,2012,第 178 页。
[3] 《马克思恩格斯选集》第 1 卷,人民出版社,2012,第 153 页。

其三，《神圣家族》将无产阶级的目标和历史使命置于消灭生活条件的具体场域，揭示了无产阶级解放自身的具体历史情境，从历史唯物主义的高度对无产阶级的必然使命作了回答。与此相反，"唯心主义历史观不知道任何基于物质利益的阶级斗争，而且根本不知道任何物质利益"①。这是因为在布鲁诺·鲍威尔等人看来，观念、精神、意识和思想才是历史上最为重要的东西，真正推动历史发展的物质利益却被他们无视了。因此马克思才一再强调利益对思想的决定作用，"'思想'一旦离开'利益'，就一定会使自己出丑"②。马克思进而指出，为了实现无产阶级的利益，就一定要消灭私有财产和一切非人性的生活条件，这正是通往社会主义的物质前提。可见在实现无产阶级解放的问题上，马克思从来不抱任何幻想，而是把实现美好生活建立在消灭非人性生活条件的物质基础之上。所以他才深入资产阶级社会当中揭示物质生产和物质交往背后的特殊运动规律。这就表明，马克思已经认识到制约人类生存方式的生活条件是由一定社会的物质生产和物质交往决定的。无产阶级要想过上符合人性的美好生活就要彻底消灭资产阶级社会的物质生产方式及其制度架构。

其四，"无产阶级消灭生活条件"的思想对于当下中国正在迈进美好生活的全新阶段具有现实的指导意义。党的十九大报告指出："中国特色社会主义进入新时代，我国社会主要矛盾已经转化为人民日益增长的美好生活需要和不平衡不充分的发展之间的矛盾。"③ 这里的"美好生活需要"不仅指物质生产方面的需要，而且包括政治、文化、社会和生态等方面的全方位需要。这就决定了"不平衡不充分的发展"不是单纯地解决了物质方面的生产和发展问题就可以了，而是指要建立能够满足人的全面、自由而又能实现个性需要的全方位发展。物质生产当然为其他生产准备了物质基础，但是仅仅停留在物质生活层面很难说是美好生活。因为"'美好生活需要'并不是某种单一的'需要'，而是一个由不同层次构成的、具有

---

① 《马克思恩格斯选集》第3卷，人民出版社，2012，第796页。
② 《马克思恩格斯文集》第1卷，人民出版社，2009，第286页。
③ 《习近平谈治国理政》第3卷，外文出版社，2020，第9页。

内在结构的动态体系"①，一切不能满足绝大多数人的生存和发展需要，即不符合人性需要的生活条件都不是美好生活的组成部分。因此可以说，美好生活要求消灭一切非人性的生活条件。这就决定了中国共产党永远"把人民对美好生活的向往作为奋斗目标"②，本质上就是通过消灭非人性生活条件让人民过上好日子。

## 第二节　建设美好生活的理论渊源、历史演进与实践方略

坚持以人民为中心，就要不断实现人民对美好生活的向往。习近平指出到2035年基本实现社会主义现代化时，"人民生活更加美好，人的全面发展、全体人民共同富裕取得更为明显的实质性进展"③，这是他第一次对建设美好生活提出要求。美好生活作为内含多重现实关系、价值追求和具体目标的总括概念，既要放到马克思、恩格斯的相关论述中进行考察，并结合中华优秀传统文化和西方可资借鉴的理论资源进行分析；又要追溯到从中国共产党成立一直到新时代的历史发展进程中准确解读它的内涵；还要立足实践用美好生活检验中国共产党治国理政的实效。在新时代，党中央通过新发展格局的顶层设计，将以人民为中心的发展理念落实于对共同富裕的不懈追求当中，开启建设美好生活的新篇章。

### 一　建设美好生活的理论渊源

建设美好生活是中国共产党"两个"纲领的要求。从最高纲领来看，实现共产主义的远大奋斗目标就是让人在美好生活建设中能够过上自由、全面发展的生活。这是马克思、恩格斯批判资本主义对剩余价值的追逐，创立历史唯物主义和剩余价值学说，对社会主义进行科学论证的理论旨归。

---

① 马拥军、陈瑞丰：《如何看待新时代的社会主要矛盾》，《江苏行政学院学报》2018年第2期。
② 《习近平谈治国理政》第3卷，外文出版社，2020，第135页。
③ 《十九大以来重要文献选编》中卷，中央文献出版社，2021，第790页。

从最低纲领来看,共产主义在中国的实现深深根植于旧中国受"三座大山"压迫的特定历史语境之中,需要深入中国传统文化的影响和西方民主社会主义的建设成败当中,考察党提出先完成新民主主义革命的伟大决策。

### (一) 建设美好生活一直是马克思、恩格斯关注的理论重心

在《神圣家族》中,他们通过批判思辨唯心主义只关注"意识"和"精神"而不关心工人的贫困和抗争时,指出"如果无产阶级不消灭它本身的生活条件,它就不能解放自己。如果它不消灭集中表现在它本身处境中的现代社会的一切非人性的生活条件,它就不能消灭它本身的生活条件"①。他们从消灭非人性生活条件入手,指出建设美好生活首先要让人过上合乎人性的生活。在《关于费尔巴哈的提纲》中,马克思通过对"人的本质不是单个人所固有的抽象物,在其现实性上,它是一切社会关系的总和"②的论述,指出人是社会关系的本质,必须从人出发理解社会生活的特殊性。在《德意志意识形态》中,马克思、恩格斯从"生产物质生活本身"考察人的生活的目的性。"应当确定一切人类生存的第一个前提,也就是一切历史的第一个前提,这个前提是:人们为了能够'创造历史',必须能够生活。但是为了生活,首先就需要吃喝住穿以及其他一些东西。因此第一个历史活动就是生产满足这些需要的资料,即生产物质生活本身。"③承担了物质生产实践的工人阶级却无法在资产阶级社会中实现这一目的。马克思在《资本论》中通过揭示工人贫困的经济根源及其演化规律,对资本主义进行了彻底批判,从而回应了他和恩格斯在《共产党宣言》中对美好生活的勾勒:"在那里,每个人的自由发展是一切人的自由发展的条件。"④

### (二) 美好生活理念是中华优秀传统文化的重要内容

"小康"是中国古人描述美好生活时运用的重要概念。早在《诗经·大雅·民劳》中就通过"民亦劳止,汔可小康"提出让人民在减免赋税徭

---

① 《马克思恩格斯文集》第 1 卷,人民出版社,2009,第 262 页。
② 《马克思恩格斯选集》第 1 卷,人民出版社,2012,第 139 页。
③ 《马克思恩格斯选集》第 1 卷,人民出版社,2012,第 158 页。
④ 《马克思恩格斯选集》第 1 卷,人民出版社,2012,第 422 页。

役中能够休养生息。在《礼记·礼运》中从建立美好社会的角度对小康进行了描述："以著其义，以考其信，著有过，刑仁讲让，示民有常。如有不由此者，在埶者去，众以为殃。是谓小康。""小康"在唐朝已发展为重要政治概念。唐文宗曾问群臣"天下何由太平？"宰相牛僧孺答曰："今四夷不至交侵，百姓不至流散；上无淫虐，下无怨讟；私室无强家，公议无壅滞。虽未及至理，亦谓小康。"（《旧唐书·牛僧孺传》）康有为在《大同书》中将中国古代的盛世称为"总总皆小康之世也"。到了现代，"小康"已成为表述中国现代化成就的重要概念。邓小平在 1979 年和 1984 年分别会见日本领导人时就指出："我们的四个现代化的概念，不是像你们那样的现代化的概念，而是'小康之家'"[1]，"翻两番，国民生产总值人均达到八百美元，就是到本世纪末在中国建立一个小康社会。这个小康社会，叫做中国式的现代化"[2]。

**（三）国外建设美好生活的理论主张与历史教训**

人们对美好生活的向往是共同的，可在不同的制度、文明和国度中却有不同的表达。

在西方传统思想中，美好生活是指一种值得向往的德性生活。柏拉图就认为，这是一种"善的生活"，"能为我们分辨什么东西对社会和个人是正义的"[3]。然而随着资本在近代社会的强势统治，人们逐渐将美好生活看成享乐生活，功利化的享乐主义大行其道。19 世纪的边沁就提出了最大快乐原则。毫无疑问，这种以资本为前提的理论是为资产阶级服务的。无产阶级并不掌握作为社会财富的资本，只能被排斥在美好生活之外。马克思、恩格斯正是从批判资本的逻辑出发来论证未来的美好生活。可西方的民主社会主义抛弃最高纲领，用眼前的福利社会建设取代共产主义，用片面的民主和物质追求取代人的自由和全面发展，最终放弃了社会主义，沦落为资本主义阵营的左翼力量。中国共产党始终将最低纲领和最高纲领相结合，将推翻"三座大山"的新民主主义革命作为最低纲领，并在革命胜

---

[1] 《邓小平文选》第 2 卷，人民出版社，1994，第 237 页。
[2] 《邓小平文选》第 3 卷，人民出版社，1993，第 54 页。
[3] 〔古希腊〕柏拉图：《柏拉图全集》第 2 卷，王晓朝译，人民出版社，2003，第 80 页。

利后将实现共产主义作为社会主义建设的最高纲领,使建设美好生活成为党的一切工作的出发点和落脚点。

## 二 建设美好生活的历史演进

把中国共产党百年奋斗历程作为实现共产主义的重要环节并上升到建设美好生活的高度,才能对社会主义现代化建设有一个全面认识。这就需要把视野放到中国共产党成立以来建设美好生活的历史进程中进行把握。

### (一) 中国共产党消灭"非人性的生活条件"的新探索(1921~1949年)

中国共产党自成立就肩负起消灭旧中国一切非人性生活条件的历史使命。党在上海召开一大会议时,明确将实现共产主义奋斗目标写进《党纲》。党又在二大的《党章》中通过最低纲领与最高纲领的"两步走"思想,肩负起了实现新民主主义革命的历史任务。在"大革命时期"(1921~1927年),党发动工人起义反抗北洋军阀,使新民主主义革命有了强有力的领导力量;在"土地革命战争时期"(1927~1937年),党领导人民开辟农村革命根据地,武装反抗国民党的反人性统治;在"抗日战争时期"(1931~1945年),通过形成抗日民族统一战线反抗日本军国主义侵略,消灭了非人性的侵略力量;在"解放战争时期"(1945~1949年),在赢得内战胜利后用"新民主主义的建国纲领"团结社会各阶层,实现了新民主主义革命的基本胜利。

### (二) 中国共产党创建实现美好生活的新纪元(1949~1978年)

消灭非人性的生活条件是中国共产党领导社会主义革命的前提。社会主义建立的制度前提就是消灭一切非人性的生活条件。在"社会主义革命时期"(1949~1956年),通过对农业、手工业和资本主义工商业进行社会主义改造,党带领人民消灭了资本主义制度,完成了社会主义革命的任务,建立起社会主义的基本制度,从制度层面开创了实现美好生活的新历程。体现在经济上,通过社会主义三大改造扭转了国内物质基础薄弱局面,开始农业国向工业国的转型;体现在政治上,在推翻"三座大山"的基础上通过1954年第一届全国人民代表大会的召开建立了社会主义根本制度,实现人民当家作主的民主权利;体现在文化上,以马克思主义为指导思想对错误文化思想进行批判，并实行"百花齐放、百家争鸣"的文化繁荣方针。在"社会主义建设时期"（1956~1966 年），党领导人民建立起了独立的、较为完整的工业体系和国民经济体系，为实现美好生活准备了物质基础，又进一步激发了人民对未来生活的美好憧憬。总体而言，这 30 年为改革开放搭建了社会主义现代化的基本框架和平台。

**（三）中国共产党展开"贫穷不是社会主义"的新实践（1979~2011 年）**

改革开放之前的经验和教训表明，若不遵循经济发展规律着力弥补物质建设方面的短板，就必然认识不清中国所处的历史发展阶段，使美好生活探索受挫。对此，邓小平回顾之前历史正反两方面的情况时指出："从一九五八年到一九七八年这二十年的经验告诉我们：贫穷不是社会主义，社会主义要消灭贫穷。不发展生产力，不提高人民的生活水平，不能说是符合社会主义要求的。"[1] 社会主义初级阶段论科学把握了 20 世纪末中国探索美好生活的历史方位，开启通过奔向小康建设美好生活的新实践。小康社会是"橄榄型"[2] 的社会生活状态，要求通过中间环节即法律的和政治的社会生活打通物质生活与精神生活的阻隔。在生产力不发达的生活状态中，没有满足基本物质需求的人往往只看重物质生活条件的改善，当这一需要得到满足之后又会要求精神世界的充盈，就容易忽视从生活最为基础的层次向最上面层次过渡的中间环节。小康社会通过强调政治、法治、社会、生态与物质、文化的齐头并进建设，使人民对美好生活追求在生活形态多样化中持续推进。这就是江泽民在党的十六大提出的"共同创造我们的幸福生活和美好未来"[3]，胡锦涛在 2006 年提出"关注人的生活质量、发展潜能、幸福指数"[4] 的奋斗目标。

**（四）中国共产党提出"美好生活需要"的新发展（2012 年至今）**

从党中央提出建设小康社会到"人民对美好生活的向往就是我们的奋

---

[1] 《邓小平文选》第 3 卷，人民出版社，1993，第 116 页。
[2] 参见刘荣军《马克思对"社会生活"的论述与新时代美好生活需要》，《马克思主义研究》2020 年第 6 期。
[3] 《江泽民文选》第 3 卷，人民出版社，2006，第 575 页。
[4] 《胡锦涛文选》第 2 卷，人民出版社，2016，第 438 页。

斗目标"①，在迈向全面小康的征程中过上美好生活成为人民的新期待，集中体现在习近平总书记对新时代社会主要矛盾变化的新表述上。"中国特色社会主义进入新时代，我国社会主要矛盾已经转化为人民日益增长的美好生活需要和不平衡不充分的发展之间的矛盾。"② 矛盾的一极是人民的新追求即从之前的"物质文化需要"上升为"美好生活需要"，另一极是社会的新情况即"落后的社会生产"转变为"不平衡不充分的发展"，由此决定解决新时代社会发展的主要矛盾成为让人民过上美好生活的奋斗内容。从2012年习近平总书记指出"我们的人民热爱生活，期盼有更好的教育、更稳定的工作、更满意的收入、更可靠的社会保障、更高水平的医疗卫生服务、更舒适的居住条件、更优美的环境，期盼孩子们能成长得更好、工作得更好、生活得更好"③，到党的十九大提出"在幼有所育、学有所教、劳有所得、病有所医、老有所养、住有所居、弱有所扶上不断取得新进展"④，再到他在2019年考察重庆时提出不断增强人民群众的"三感"，人民对美好生活的需要在范围上更加延展，在质量上逐步升级，在实现上更加多样，在体验上更加深化，通过解决发展中的矛盾倒"逼"实现人民日益增长的美好生活需要。

### 三 新时代建设美好生活的实践方略

在我国全面开启建设社会主义现代化国家新征程之际，要想继续在理论上做出新贡献，在历史上取得新发展，在实践上做出新总结，在前进中把握新方向，就要让人民过上美好生活。这既是在人民层面建设美好生活的现实要求，又是在国家层面为人民谋幸福、为民族谋复兴的时代要求。

第一，理论逻辑：理论上做出新贡献，坚持用中国共产党的领导指导中国实践，不断让人民过上更加美好的生活。中国共产党作为实践共产主义的马克思主义执政党，既从全人类向往美好生活的一般性追求中探究建

---

① 《习近平谈治国理政》，外文出版社，2014，第101页。
② 《习近平谈治国理政》第3卷，外文出版社，2020，第9页。
③ 《习近平谈治国理政》，外文出版社，2014，第4页。
④ 《习近平谈治国理政》第3卷，外文出版社，2020，第18页。

设美好生活的规律，又从社会主义现代化建设中总结如何才能让人民过上美好生活。中国共产党并没有照搬西方民主社会主义学说，而是自成立伊始就将建设美好生活作为一条主线实现于新民主主义革命、社会主义的革命、建设和发展的各个历史时期。这种"实事求是"的态度和具体问题具体分析的做法在建设美好生活中取得一个又一个胜利。新中国成立以后，中国共产党通过领导社会主义三大改造运动消灭了私有制的经济基础，通过人民代表大会制度消灭了以私有制为中心的制度安排。以消灭私有制为出发点来建设社会主义新中国，开启了人民建设美好生活的新篇章。自改革开放以来，通过实现共同富裕来消除不同利益主体之间的分裂和对立，成为建设小康社会要着力解决的内容。步入新时代，人民更加向往美好生活，更想实现个性解放和自由全面的发展，从而赋予美好生活更加丰富的内涵。因此实事求是地说，中国共产党对中国实践指导的成功与否就体现在是否能让人民过上更加美好的生活。

第二，历史逻辑：在历史上取得新发展，用新时代建设美好生活战略布局实现共同富裕，为全世界提供可资借鉴的中国经验。党的十九届五中全会充分肯定"十三五"期间打赢脱贫攻坚战、将要取得消灭五千年来绝对贫困问题的历史性成就，在此基础上提出"十四五"时期要"以满足人民日益增长的美好生活需要为根本目的"[1]。为了实现这一根本目的，党中央制定新时代建设美好生活"三步走"的大战略：第一步，到2021年上半年通过系统评估总结，宣布全面建成小康社会；第二步，把"十四五"规划与2035远景目标一体化实施，在第一个5年实现"人民生活水平显著提高"[2]，再奋斗10年到2035年基本实现社会主义现代化；第三步，到本世纪中叶即"第二个一百年"到来时，全面建成富强民主文明和谐美丽的社会主义现代化强国，实现中华民族伟大复兴。这"三步走"大战略都是为了继续提高社会的建设水平，不断改善人民的生活品质，通过高质量发展使"民生福祉达到新水平"[3]。

---

[1] 《十九大以来重要文献选编》中卷，中央文献出版社，2021，第790页。
[2] 《十九大以来重要文献选编》中卷，中央文献出版社，2021，第786页。
[3] 《十九大以来重要文献选编》中卷，中央文献出版社，2021，第792页。

第三，实践逻辑：实践上做出新总结，在建成小康社会之后继续实现中国梦，夺取全面建设社会主义现代化国家新胜利。建设美好生活既需要科学的理论指导，又需要现实的生活实践。美好生活是实践出来的，不是"老天爷"恩赐的，也不是思辨凭空产生的，因此要善于在实践中把握美好生活。在新时代，人民更加重视对美好生活的实践追求。根据我国"社会主要矛盾发展变化带来的新特征新要求"①，善于从人民群众对美好生活的新需求中寻找发展的新动力，成为2021年全面建成小康社会之后继续实现中国梦的基本出发点。中国梦是人民过美好生活的梦想与国家实现富强、中华民族实现伟大复兴的梦想的统一，使人民、国家和民族为了共同的梦想形成"共同体"纽带，成为全面建设社会主义现代化国家的强大精神力量。这就需要在实践中以"十四五"规划为阶段性纲领推进经济社会全面、高质量发展，不断满足人民对美好生活的需要，把中国特色社会主义继续向前推进。

第四，未来逻辑：前进中把握新方向，通过构建人类命运共同体实现无产阶级历史使命，进而实现全人类对美好生活的共同追求。马克思在《神圣家族》中已经揭示了无产阶级的历史使命。"它的目标和它的历史使命已经在它自己的生活状况和现代资产阶级社会的整个组织中明显地、无可更改地预示出来了。"② 他是通过无产阶级历史使命来把握人类社会未来和世界发展大势的。这一历史使命就是通过让人过上美好生活，在解放全人类的同时解放自己。全人类对美好生活的向往具有超越阶级、地域、文化、信仰等限制的趋向，与无产阶级历史使命有着一致追求。人民对美好生活的向往是通过在幸福的生活中感到自己被确证，这正是实现人的个性解放和自由全面发展的生活写照。把无产阶级历史使命与建设美好生活的实践统一起来就会发现，在新时代全面建设社会主义现代化国家是二者相统一的结果。实现美好生活是中国共产党作为世界上最大的无产阶级政党在当下中国对人民承诺的具体化和阶段性表达。建设美好生活就是坚信共同富裕必将实现，社会主义必定会取得胜利的自信表达。

---

① 《十九大以来重要文献选编》中卷，中央文献出版社，2021，第663~664页。
② 《马克思恩格斯文集》第1卷，人民出版社，2009，第262页。

与此同时,中国人的美好生活已经成为全人类美好生活的重要一环。从世界范围来看,各国人民都能过上美好生活是让世界更加美好的重要组成部分。中国美好、各国美好与世界美好都体现了美好生活的世界属性[1],成为构建人类命运共同体的生活基础,为解决世界矛盾和纠纷提供了中国智慧。当今世界正在经历百年未有之大变局,国际环境不确定性因素增加,更加需要构建人类命运共同体,对各国之间的民族矛盾、信仰冲突、制度对立和利益博弈进行纠偏,消除实现美好生活的异化因素和条件,用人类共命运的"诺亚方舟"实现这个地球上每一个人的美好生活。

## 第三节　从群众史观到建设美好生活

马克思主义群众史观能够成为唯物史观最为主要的一项革新内容,就在于它主张人民群众创造了历史,这也是马克思主义区别于非马克思主义的一个重要标志。马克思、恩格斯在他们首次合作完成的《神圣家族》中通过批判思辨唯心主义,首次系统地阐发了群众史观的基本内容。党的十九届六中全会审议通过的《中共中央关于党的百年奋斗重大成就和历史经验的决议》中群众史观再次被明确提及:"党的根基在人民、血脉在人民、力量在人民,人民是党执政兴国的最大底气。民心是最大的政治,正义是最强的力量。"[2] 党的二十大报告将"增进民生福祉,提高人民生活品质"[3] 作为不断实现人民对美好生活向往的主要内容。党的十八大以来,习近平总书记对建设美好生活的重要论述构成习近平新时代中国特色社会主义思想的重要组成部分,是对马克思主义群众史观的原创性贡献,成为开启建设美好生活新征程的强大思想武器,需要我们系统学习和认真贯彻落实。

---

[1] 马纯红:《"美好生活"的内在属性及其实践方略论析》,《思想理论教育导刊》2020年第3期。
[2] 《中共中央关于党的百年奋斗重大成就和历史经验的决议》,人民出版社,2021,第66页。
[3] 习近平:《高举中国特色社会主义伟大旗帜　为全面建设社会主义现代化国家而团结奋斗——在中国共产党第二十次全国代表大会上的报告》,人民出版社,2022,第46页。

## 一 建设美好生活坚持以人民为中心的发展思想

马克思曾说:"问题是时代的格言,是表现时代自己内心状态的最实际的呼声。"[①] 习近平总书记始终把解决人民群众最关心、最直接、最现实的利益问题放在心中的最高位置。他在党的十八届五中全会上首次提出要坚持"以人民为中心的发展思想"[②],就明确把建设美好生活建立在马克思主义群众史观的基础之上,赋予其新的时代内涵。

习近平总书记通过指出人民群众是建设美好生活的实践主体、历史主体、社会主体,从新时代新征程的高度再次明确马克思主义群众史观的主体性。第一,习近平总书记通过回答"依靠谁来建设"的问题,捍卫了人民群众的实践主体地位。人民群众既是实现"两个一百年"奋斗目标、实现中华民族伟大复兴中国梦的主体力量,又是社会主义现代化建设事业的参与者和见证者,是建设美好生活的现实主体。只有依靠人民群众,伟大事业才能经受住历史的考验。第二,习近平总书记通过回答"为谁建设"的问题,捍卫了人民群众的历史主体地位。人民群众是从事物质生产实践活动的人。"以人民为中心"要以实现人民群众的物质利益为中心,在现实生活中尊重人民群众的实践主体地位,切实维护人民群众的现实利益,在教育、医疗、住房、社会保障等方面改善民生,使人民群众能受得起教育、看得起病、住得起房、生活有保障。第三,习近平总书记通过回答"建设成果由谁共享"的问题,捍卫了人民群众的社会主体地位。让人民群众共享建设成果,是捍卫人民群众社会主体地位的体现。这就要求在做大"蛋糕"的同时分好"蛋糕",使人民群众都能享受到经济社会不断发展的成果。

习近平总书记通过明确人民群众是应对百年未有之大变局的生力军,指出了建设美好生活的评价标准。有两个判断标准与人民群众是建设美好生活的主体联系在一起,一个是人民群众对应对百年未有之大变局的评价问题,另一个是人民群众在百年未有之大变局中如何发展的问题。若不能

---

① 《马克思恩格斯全集》第 1 卷,人民出版社,1995,第 203 页。
② 《习近平谈治国理政》第 2 卷,外文出版社,2017,第 213 页。

回答好这两个问题，在这个大变局中就只能认为人民群众没有成为应对大变局的主体，就体现不出主体力量得到的实现，从而背离了马克思主义群众史观。就第一个问题来说，发挥人民群众的评价标准，就要依靠人民群众、相信人民群众，虚心向人民群众学习，对人民群众负责，使人民群众真正成为建设美好生活的生力军。就第二个问题而言，人民群众的发展不仅仅指某一方面得到了发展，而是包括经济、政治、文化、社会、生态等全方位的发展；不是少数人的发展，而是广大人民群众的共同发展；也不是整齐划一、平均主义式的发展，而是能够促进社会公平正义的发展。只有实现这两个方面才能说明人民群众是在大变局中美好生活的创造者和评判者。

习近平总书记坚持以人民为中心的发展思想是对毛泽东、邓小平、江泽民、胡锦涛阐释人民群众主体地位思想的创新性发展。毛泽东把群众史观与中国革命和建设的实际相结合，提出依靠人民群众是开展党政工作的原则。他指出，"共产党基本的一条，就是直接依靠广大革命人民群众"[1]，明确了人民群众是评价中国革命和建设的真正主体。邓小平尤其重视在实际工作中开展群众路线，他认为"党的组织、党员和党的干部，必须同群众打成一片，绝对不能同群众相对立"[2]。江泽民通过"三个代表"重要思想，发展了开展工作要以人民群众为中心的观点。他说，"我们党要始终代表中国最广大人民的根本利益"[3]，不仅发展了党的群众理论，还再次诠释了党的性质宗旨，指出了全党工作的着力点和落脚点。胡锦涛把党的工作与以人为本相联系，提出"坚持以人为本，就是要以实现人的全面发展为目标，从人民群众根本利益出发谋发展、促发展，不断满足人民群众日益增长的物质文化需要，切实保障人民群众经济、政治、文化权益，让发展成果惠及全体人民"[4]。是否站在人民群众的立场上，以人民为中心，是检验马克思主义政党的试金石。对此，习近平总书记提出"为中国人民谋

---

[1] 《毛泽东年谱》（一九四九——一九七六）第 6 卷，中央文献出版社，2013，第 208 页。
[2] 《邓小平文选》第 2 卷，人民出版社，1994，第 368 页。
[3] 江泽民：《论"三个代表"》，中央文献出版社，2001，第 160 页。
[4] 《胡锦涛文选》第 2 卷，人民出版社，2016，第 166~167 页。

幸福、为中华民族谋复兴"①的初心使命论断,展现了马克思主义群众史观与时俱进的理论特质,而建设美好生活就是马克思主义群众史观在当代的实践展开。

　　为人民谋幸福既是共产党人始终不渝的奋斗目标,又是党和国家各项事业不断向前发展的力量源泉。让人民生活幸福不仅仅是一句口号,更是日常生活中真实可感的事实。日子过得是否幸福,人民群众最有发言权。只有从人民群众反映最强烈、关注度最高的社会问题出发,将其一个一个地都解决好,人民群众的幸福感才更可持续、更有保障。人民群众始终听党话、跟党走、拥护党,就是因为共产党人用行动实践全心全意为人民服务的宗旨,从而对党的性质进行了生动诠释。只有对人民群众怀着深厚的情感,才能在工作岗位上把强烈的责任心转化为真心实意服务人民群众的动力。可见人民群众是社会物质财富和精神财富的创造者,以主人翁的身份推动社会的发展;而社会的前进又以实现人民群众自由而全面的发展为最终目的。因此,依靠人民群众推动社会发展和历史进步,利用发展成果不断造福人民群众,是尊重社会历史发展规律的必然选择。所以,习近平总书记强调建设美好生活要"坚持以人民为中心。人民是历史的创造者,是决定党和国家前途命运的根本力量"②。

　　习近平总书记坚持用以人民为中心的发展思想作为建设美好生活的指导思想,从全新的理论高度发展马克思、恩格斯在《神圣家族》中提出的人民群众是历史创造者的观点。他们在批判唯心史观否定人民群众的社会历史作用时指出,"历史活动是群众的活动,随着历史活动的深入,必将是群众队伍的扩大"③。以布鲁诺·鲍威尔为首的青年黑格尔派却在宣扬精神创造历史的唯心主义历史观,"历史所以存在,是为了使真理达到自我意识"④。马克思、恩格斯驳斥这种唯心史观不关心在物质生产中创造历史的群众,而仅仅在观念中编造历史。马克思、恩格斯对群众的社会历史作

---

① 《习近平谈治国理政》第3卷,外文出版社,2020,第530页。
② 《习近平谈治国理政》第3卷,外文出版社,2020,第16页。
③ 《马克思恩格斯文集》第1卷,人民出版社,2009,第287页。
④ 《马克思恩格斯文集》第1卷,人民出版社,2009,第284页。

用进行科学阐释之后,指出不进行阶级斗争就无法实现自身解放,不消灭绝对贫困的生活条件就无法获得"属于人的东西的外观"①。在身处社会底层的无产阶级身上,"集中表现了现代社会的一切生活条件所达到的非人性的顶点"②。这种描述也体现在生活于水深火热之中的旧中国老百姓身上。以毛泽东同志为主要代表的中国共产党人带领人民群众通过推翻"三座大山",取得了民族独立和人民解放,实现了马克思主义中国化的第一次历史性飞跃。在新的实践中通过科学回答中国特色社会主义的一系列基本问题,实现了马克思主义中国化新的飞跃。习近平总书记"对关系新时代党和国家事业发展的一系列重大理论和实践问题进行了深邃思考和科学判断"③,实现了马克思主义中国化的新的飞跃。

马克思主义群众史观指出的人民立场在习近平新时代中国特色社会主义思想中得到集中体现。习近平总书记在纪念马克思诞辰200周年大会上指出:"我们要始终把人民立场作为根本立场,把为人民谋幸福作为根本使命,坚持全心全意为人民服务的根本宗旨"④。同时必须看到,人民群众在历史发展过程中所起的决定性作用和对人民立场的坚守,仍然需要通过健全的制度给予保障。

## 二 发展全过程人民民主为建设美好生活提供制度保障

《中共中央关于党的百年奋斗重大成就和历史经验的决议》指出:"必须坚持党的领导、人民当家作主、依法治国有机统一,积极发展全过程人民民主,健全全面、广泛、有机衔接的人民当家作主制度体系。"⑤ 习近平总书记多次指出:"坚持和完善人民当家作主制度体系,发展社会主义民主政治"⑥,从制度体系建设上对马克思主义群众史观进行创新性发展,要求对建设美好生活提供制度保障。坚持人民主体地位反映在权力设置和运

---

① 《马克思恩格斯文集》第1卷,人民出版社,2009,第262页。
② 《马克思恩格斯文集》第1卷,人民出版社,2009,第262页。
③ 《中共中央关于党的百年奋斗重大成就和历史经验的决议》,人民出版社,2021,第25页。
④ 《习近平谈治国理政》第3卷,外文出版社,2020,第136页。
⑤ 《中共中央关于党的百年奋斗重大成就和历史经验的决议》,人民出版社,2021,第39页。
⑥ 《十九大以来重要文献选编》中卷,中央文献出版社,2021,第275页。

行机制上，就是国家的一切权力要属于人民，人民的意志、权利和利益能通过制度体系和国家治理得到更好的体现。习近平总书记在多个重要场合通过不同表述对完善人民当家作主制度体系，推进国家治理体系和治理能力现代化服务于人民群众进行了专门阐发。

习近平总书记提出"江山就是人民、人民就是江山"[①]的治国理政论述，成为完善人民当家作主制度体系的判断标准。维护和实现人民利益是中国共产党工作的出发点和落脚点，党的根基和血脉是人民群众。它与资产阶级政党最大的区别在于，能够摆脱追求自身特殊利益的局限性而全心全意为人民服务。党执政兴国既是在打江山的基础上守江山的过程，又是发展江山的过程。江山就是人民，人民是打江山的英雄，英雄的人民创造了英雄的历史；人民就是江山，江山事业的发展依靠人民、归功于人民，人民正是强党兴国的根本所在。人民群众是党在百年奋斗中不断发展壮大的基石，既是党的事业兴旺发达的源泉和力量，又是作为全世界人数最多的执政党能够长期执政的重要原因。这些治国理政思想为新时代实践马克思主义群众史观、为建设美好生活划出了重点、提供了强大思想武器，在制度层面需要通过人民当家作主制度体系进行落实。

在新时代发展全过程人民民主是完善人民当家作主制度体系的重要举措，在制度运行层面创新了马克思主义群众史观，使建设美好生活有了民主制度的健全保障。全过程人民民主就是通过制度安排将民主化的选举、协商、决策、管理和监督的环节彻底打通，全方位、立体式、广覆盖地实现人民当家作主的要求。全过程民主要求通过民主化的环节来实现民主的所有要素。只有通过这种全链条运作的民主程序，才能在全社会凝聚最大的政治共识，为人民群众参政议政提供制度保证。这就要求在制度运行层面，国家大政方针的实现要在社会层面经过民意征集，在政治协商上要经过民主酝酿，在决策环节要通过科学论证和民主决策，各方面意见尤其是基层声音要通过咨询、网络问政、调研、座谈等民主方式主动纳入治国理政当中。这是在新时代用马克思主义群众史观指导人民当家作主实践的重

---

① 习近平：《在庆祝中国共产党成立100周年大会上的讲话》，人民出版社，2021，第11页。

要体现,是在建设美好生活的实践中丰富和拓展社会主义全新民主样态的重要举措。

对此,毛泽东曾指出:"要在人民群众那里学得知识,制定政策,然后再去教育人民群众。"① 邓小平从规范权力行使方面强调了法制对保障人民民主的重要作用。他认为,在党领导人民管理国家事务时,要做到有法有据,使大政方针服从法律,"使这种制度和法律不因领导人的改变而改变,不因领导人的看法和注意力的改变而改变"②。江泽民将依法治国作为党领导人民治理国家的基本方略,提出要"逐步实现社会主义民主的制度化、法律化"③。这就要求深化政治体制改革,发展社会主义民主政治。胡锦涛进一步指出,"全面推进依法行政、弘扬社会主义法治精神,是坚持立党为公、执政为民的必然要求"④。这就为从制度层面发展全过程人民民主提供了突破口。习近平总书记还指出要通过依法治国完善人民当家作主的制度体系,明确了通过建设美好生活实现马克思主义群众史观的新重点。全面推进依法治国、建设社会主义法治国家是完善人民当家作主制度体系的重要抓手。通过法律途径不仅能规范民情民意的反映途径,还可以加强作风建设,增强党员干部与人民群众的血肉联系,减少以权代法、徇私枉法等不法行为,让人民群众在法治的庇护下享受到社会的公平正义。习近平总书记指出:"保持同人民群众的血肉联系,始终是我们党立于不败之地的根基。"⑤ 据有关部门统计,2012~2021年,中国共有187件次法律草案向社会公开征求意见,有110万余人次提出300多万条建议意见⑥,很多重要意见得到采纳,最真实、最广泛、最持久地反映了人民群众参政议政的实践,为保障人民群众在现实生活中的合法权益提供了有效的法制化和制度化的参与途径。

---

① 《毛泽东年谱》(一九四九——一九七六)第5卷,中央文献出版社,2013,第401页。
② 《邓小平文选》第2卷,人民出版社,1994,第146页。
③ 《江泽民文选》第2卷,人民出版社,2006,第29页。
④ 《十七大以来重要文献选编》下卷,中央文献出版社,2013,第288页。
⑤ 《习近平谈治国理政》,外文出版社,2014,第15页。
⑥ 张树华:《全过程民主——人民民主的特质与优势》,《中国社会科学报》2021年7月15日。

人民群众是全社会的创造活力和发展动力的直接来源，是在中国特色社会主义的道路上建设现代化强国的强大力量。健全人民群众在日常生活中表达利益诉求的渠道，不断实现人民当家作主的权利，是中国特色社会主义民主政治的鲜明特征。西方有些国家的民主缺乏全过程的参与和表达，只是形式上的民主。之所以会有这样的制度设计，根源于他们持有否定人民群众历史地位的唯心史观。马克思、恩格斯指出："它一直是靠批判地贬低、否定和改变一定的群众性的对象和人物来取得自己的相对荣誉。现在它却靠批判地贬低、否定和改变普遍的群众来取得自己的绝对荣誉。"[1] 这种历史观认为人民群众在历史中可有可无，英雄才是历史的创造者。它看不到英雄也是群众实践活动的产物，在特定历史条件下会受制于种种历史必然性和偶然性的制约，看不到这一点就找不到决定国家前途命运的根本力量。同时需看到，群众史观也正视英雄对历史的重要作用，但认为英雄作为重要历史人物，在历史发展的某些特定阶段才发挥着特殊作用。尤其是一些杰出历史人物之所以能把握历史发展大势，是因为他们充分运用了群众智慧，才能领导群众为实现特定历史任务而奋斗，从而对历史发展产生重要影响。所以，人民群众才是历史的创造者，才是国家的主人。只有充分保障人民群众当家作主的主人翁地位和各项权益的实现，才是对马克思主义群众史观的继承和发展，才能通过建设美好生活把马克思主义群众史观推进到一个全新的高度。

### 三 建设美好生活坚定了全体人民共同富裕道路

习近平总书记指出："中国特色社会主义进入新时代，我国社会主要矛盾已经转化为人民日益增长的美好生活需要和不平衡不充分的发展之间的矛盾。"[2] 基于新时代中国特色社会主义主要矛盾发生变化的新判断，习近平总书记指出人民对美好生活向往的新奋斗目标，以及达成这一目标的新道路是实现全体人民共同富裕，从而开辟出通过建设美好生活实践马克思主义群众史观的新路径。

---

[1]《马克思恩格斯文集》第 1 卷，人民出版社，2009，第 282 页。
[2]《习近平谈治国理政》第 3 卷，外文出版社，2020，第 9 页。

人民对美好生活的向往是实现中国道路的主要内容，明确了新时代实践马克思主义群众史观的奋斗目标。新时代中国特色社会主义通过解决社会主要矛盾，旨在使"不平衡不充分的发展"转化为"全面发展"，使人在社会转型中摆脱片面的物质需要而向包括精神需要在内的全面需要转变，从而实现人的自由、全面的发展。习近平总书记指出："消除贫困、改善民生、逐步实现共同富裕，是社会主义的本质要求，是我们党的重要使命。"[1] 这是因为，消除贫困是全面建成小康社会的前提，也是实现第一个百年奋斗目标的前提，而全面建成小康社会是全面建设社会主义现代化强国的关键步骤。小康社会既通过经济发展实现人民群众的生活富裕，又通过经济、政治、文化、社会和生态的全面发展让人民群众的生活幸福起来，彻底解决全面发展中不平衡、不协调、不可持续的问题，促进社会主义现代化建设各方面、各环节、各阶段的均衡发展。

通过坚定全体人民共同富裕的中国发展道路来夯实这个奋斗目标，确定了实现马克思主义群众史观的新途径。全体人民共同富裕是以人民群众根本利益为最高标准的现实要求。只有不断推动全体人民共同富裕取得实质性进展，才是对人民群众根本利益的切实维护。这也是社会主义经济高质量发展的现实要求。影响经济高质量发展的因素有很多，社会治安、住房、就业、医疗、养老、教育、食品安全、生态环境等社会问题都与经济发展有关。只有重视社会问题的经济解决，把"蛋糕"做好、做大，在经济的高质量发展中解决社会问题，才能富有成效地推动共同富裕取得更为明显的实质性进展。这既是实现人民美好生活的现实性课题，更是中国共产党不断引领社会进步的历史性选择。

实现共同富裕不仅仅是一个经济问题，而且是关系党的执政基础和治国理政的实践效果的重大政治问题。毛泽东就提出要"一切从人民的利益出发，而不是从个人或小集团的利益出发"[2]，实际上指出了实现共同富裕的出发点。邓小平提出"三个有利于"标准，"是否有利于发展社会主义社会的生产力，是否有利于增强社会主义国家的综合国力，是否有利于提

---

[1] 《习近平谈治国理政》第2卷，外文出版社，2017，第83页。
[2] 《毛泽东选集》第3卷，人民出版社，1991，第1094～1095页。

高人民的生活水平"①，将生产力、综合国力与人民群众生活水平相结合，成为实现共同富裕的重要判断标准。江泽民提出始终代表最广大人民群众根本利益，拓展了实现共同富裕的群众基础。胡锦涛进一步提出"走共同富裕道路，促进人的全面发展，做到发展为了人民、发展依靠人民、发展成果由人民共享"②。习近平总书记再一次明确要坚定全体人民共同富裕的民富国强之路，成为通过建设美好生活实践马克思主义群众史观的必然选择。

实现民富国强是走中国道路的最大底气，是中国共产党通过建设美好生活实践马克思主义群众史观的必然结果。中国道路的第一个底气是民富，就是进一步提升人民群众的收入整体水平，在构建和谐社会中进一步促进社会公平正义的实现。能否实现人民群众的根本利益，是检验执政党是否执政为民的试金石。只有不断保障和改善民生，实现全体人民共同富裕，才是对人民群众根本利益的维护和落实。中国道路的第二个底气是国强，是从经济建设、政治建设、文化建设、社会建设和生态文明建设的"五位一体"总体布局出发，把我国建设成为全面协调可持续发展的社会主义现代化强国。国家之所以能够强大，中国特色社会主义之所以能够不断前进，正是因为依靠了人民。有了人民的支持，国家才能兴旺发达。国强与民富不能直接画等号，民富是基础，国强是保障，二者共同构成中国道路的"鸟之两翼""车之两轮"。在社会主义初级阶段，二者共同实现时仍需将民富视为重中之重的任务。

习近平总书记通过明确新时代建设美好生活的奋斗目标和实现路径，发展和丰富了马克思主义群众史观。马克思、恩格斯非常重视群众物质利益的实现问题。他们在批判唯心史观时指出历史活动是实现群众利益的活动，而"批判的历史认为，在历史活动中重要的不是行动着的群众，不是经验的活动，也不是这一活动的经验的利益，相反，'在这些活动中'，'重要的'仅仅是'一种思想'"③。他们通过批判这种用"精神"取代

---

① 《十三大以来重要文献选编》下卷，人民出版社，1993，第1991页。
② 《胡锦涛文选》第2卷，人民出版社，2016，第624页。
③ 《马克思恩格斯文集》第1卷，人民出版社，2009，第287页。

"群众"的做法，指出"'思想'一旦离开'利益'，就一定会使自己出丑"①。马克思、恩格斯在《神圣家族》中对两种群众观进行了批判，既对否定群众历史主体地位的唯心史观进行了哲学批判，又对无视群众贫困生活的国民经济学家们进行了政治经济学批判。前一种哲学"不去接触住在英国地下室深层或法国高高的屋顶阁楼里的人的粗糙的躯体，而是'完完全全'在人的唯心主义的肠道中'蠕动'"②，后一种经济学仅限于"指责私有财产的某种个别形式"③而看不到它作为总体对人性的扭曲。马克思、恩格斯在批判中指出历史活动是实现群众利益的活动，实际上就指出了通过改变人的物质生活条件来解放人的问题，这是马克思主义群众史观最为关注的问题之一。

马克思主义群众史观不仅立足社会历史发展的必然性考察人民群众的地位和作用，还从整体的社会历史发展过程揭示人民群众创造历史的自觉意识。马克思、恩格斯认为，无产阶级解放自己要经历革命意识的觉醒过程。这种觉醒就是认识到私有财产对人的异化并自觉进行反抗。"无产阶级作为无产阶级，不得不消灭自身，因而也不得不消灭制约着它而使它成为无产阶级的那个对立面——私有财产。"④这就指出了无产阶级的历史使命，而且指出了无产阶级创造历史的自觉性。人民群众在社会主义中国创造历史的最大优势是人民不仅具有当家作主的意识，而且通过坚定走全体人民共同富裕道路，真正实现了人民当家作主。尤其是在新时代，习近平继承和发展了马克思主义群众史观的立场、原理、观点、方法，通过消灭贫困、打赢脱贫攻坚战，再到实现共同富裕、让人民过上美好幸福生活，使马克思主义群众史观在中国特色社会主义的大道上绽放光芒。

## 四 立足人类文明新形态建设美好生活

《中共中央关于党的百年奋斗重大成就和历史经验的决议》指出："党

---

① 《马克思恩格斯文集》第1卷，人民出版社，2009，第286页。
② 《马克思恩格斯文集》第1卷，人民出版社，2009，第285~286页。
③ 《马克思恩格斯文集》第1卷，人民出版社，2009，第257页。
④ 《马克思恩格斯文集》第1卷，人民出版社，2009，第260页。

领导人民成功走出中国式现代化道路，创造了人类文明新形态，拓展了发展中国家走向现代化的途径，给世界上那些既希望加快发展又希望保持自身独立性的国家和民族提供了全新选择。"① 人类文明新形态把以马克思主义群众史观作为重要指导思想的中国式现代化道路与人类文明发展相联系，把建设美好生活与人类文明发展相联系，是在中国式现代化的理论、制度、道路、文化的发展中形成的，是在社会主义现代化各个领域的全方位建设中实现的，为全世界做出了中国贡献。

坚持人民至上是人类文明新形态的基本价值立场，提升了通过建设美好生活发展马克思主义群众史观的精神境界。首先，尊重人民群众的主体地位和首创精神是坚持人民至上的核心要义。只有每一个作为个体的普通人都最大限度地激发出创新活力，作为有机组成的人民群众才能真正成为历史的创造者。其次，把人民生命安全和身体健康放在第一位是坚持人民至上的现实要求。习近平总书记指出："各级党委和政府及有关部门把人民群众生命安全和身体健康放在第一位"②，体现出他对人的生命的尊重和人民至上的崇高价值追求。最后，党能够带领人民群众成功开辟出中国式现代化道路，根本原因就在于党始终保持同人民群众的血肉联系，不断实现、维护和发展人民群众的根本利益。

习近平总书记强调人类文明新形态是主张中华文明在与其他文明的交流借鉴中相互促进的。"古为今用，洋为中用"③ 是毛泽东对社会主义文化发展方向的定位。邓小平也认为中国需要认真借鉴资本主义的文明成果。"任何一个民族、一个国家，都需要学习别的民族、别的国家的长处，学习人家的先进科学技术。我们不仅因为今天科学技术落后，需要努力向外国学习，即使我们的科学技术赶上了世界先进水平，也还要学习人家的长处。"④ 正是在与全世界文明的交流中，江泽民明确提出，只有"面向现代化、面向世界、面向未来的，民族的科学的大众的社会主义文化"⑤，才能

---

① 《中共中央关于党的百年奋斗重大成就和历史经验的决议》，人民出版社，2021，第64页。
② 《习近平谈治国理政》第4卷，外文出版社，2022，第91页。
③ 《毛泽东年谱》（一九四九——一九七六）第6卷，中央文献出版社，2013，第612页。
④ 《邓小平文选》第2卷，人民出版社，1994，第91页。
⑤ 《江泽民文选》第3卷，人民出版社，2006，第559页。

始终代表中国先进文化的前进方向。胡锦涛更是明确强调"积极维护世界多样性，推动不同文明对话和交融"①，通过对文明多样性的尊重，促使世界更加和谐。习近平总书记在此基础上提出创造人类文明新形态，诠释了中国对文明多样性的一种贡献，为全人类的共同进步提供了一种全新的选择。

习近平总书记强调人类文明新形态要与中华优秀传统文化相结合，为通过建设美好生活发展马克思主义群众史观注入了中国智慧和中国力量。重视本土资源的发掘是形成人类文明新形态的重要生长点。文明发展与民族文化联系在一起，也与时代精神密不可分。人类文明新形态是在弘扬中华优秀传统文化的基础上，以走中国式现代化道路的方式提出来的。这就意味着，实现人类文明新形态主要是依靠中国自己的力量，在不断发展自身的同时推动全人类朝着和平与发展的方向前进。中华优秀传统文化强调以人为本、协和万邦、求同存异的价值追求，不仅关心社会上大多数人的利益，而且主张与其他文明积极交流对话，在人类文明新形态的构建过程中，为全人类的共同进步提供了一种全新的选择。

观照人类的前途命运，构建人类命运共同体，创造出不同于西方资本主义文明的全新文明形态，使马克思主义群众史观在新的现代化文明发展道路上得到了升华，使建设美好生活在现代化文明发展道路上走得更加稳健。人类文明新形态在尊重文明独特性和促进不同文明之间的沟通上具有更大的优越性，更能代表世界文明发展的方向，也更能体现出全人类的共同价值，从而站在了实现世界上绝大多数人共同利益的立场上。这正是运用马克思主义群众史观对当今世界形势进行分析后得出的全新结论。

马克思、恩格斯指出："每一个单个人的解放的程度是与历史完全转变为世界历史的程度一致的。"② 人类文明新形态正是立足马克思主义群众史观把握住了人类社会历史发展规律，从而使自身与世界历史的发展方向相一致，使建设美好生活符合人类社会历史发展规律。因此在文化层面，人类文明新形态在重视建设美好生活的实践中极大地丰富和发展了马克思

---

① 《胡锦涛文选》第 2 卷，人民出版社，2016，第 441 页。
② 《马克思恩格斯选集》第 1 卷，人民出版社，2012，第 169 页。

主义群众史观,很好地回应了世界历史发展趋势,科学回答了人类文明在人类历史转为世界历史的过程中将何去何从的问题。

综上所述,习近平总书记关于建设美好生活的重要论述,深化了对人民群众社会历史地位、作用的认识,实现了对马克思主义群众史观的理论创新、实践创新,彰显了中国共产党的性质宗旨和共产党人的初心使命,是习近平新时代中国特色社会主义思想的群众观基础,是实现国家富强、民族复兴、人民幸福和让人民过上美好生活的重要理论依据。

# 参考文献

## 一 著作类

### （一）经典著作

《马克思恩格斯选集》第 1～4 卷，人民出版社，2012。

《马克思恩格斯文集》第 1～10 卷，人民出版社，2009。

《马克思恩格斯全集》第 2 卷，人民出版社，1957。

《列宁全集》第 1～60 卷，人民出版社，2017。

《列宁选集》第 1 卷，人民出版社，2012。

《列宁专题文集·论马克思主义》，人民出版社，2009。

《毛泽东年谱》（一九四九——一九七六）第 6 卷，中央文献出版社，2013。

《毛泽东选集》第 3 卷，人民出版社，1991。

《邓小平文选》第 2 卷，人民出版社，1994。

《江泽民文选》第 3 卷，人民出版社，2006。

《胡锦涛文选》第 2 卷，人民出版社，2016。

《习近平谈治国理政》，外文出版社，2014。

《习近平谈治国理政》第 2 卷，外文出版社，2017。

《习近平谈治国理政》第 3 卷，外文出版社，2020。

江泽民：《论"三个代表"》，中央文献出版社，2001。

《中国共产党中央委员会关于建国以来党的若干历史问题的决议》，人民出版社，1981。

《十三大以来重要文献选编》下卷，人民出版社，1993。
《十七大以来重要文献选编》下卷，中央文献出版社，2013。
《十九大以来重要文献选编》上卷，中央文献出版社，2019。
《十九大以来重要文献选编》中卷，中央文献出版社，2021。
《马克思、恩格斯列宁斯大林论巴黎公社》，人民出版社，1961。
《中共中央关于党的百年奋斗重大成就和历史经验的决议》，人民出版社，2021。
习近平：《决胜全面建成小康社会 夺取新时代中国特色社会主义伟大胜利——在中国共产党第十九次全国代表大会上的报告》，人民出版社，2017。
习近平：《在经济社会领域专家座谈会上的讲话》，人民出版社，2020。
习近平：《在庆祝中国共产党成立100周年大会上的讲话》，人民出版社，2021。
习近平：《高举中国特色社会主义伟大旗帜 为全面建设社会主义现代化国家而团结奋斗——在中国共产党第二十次全国代表大会上的报告》，人民出版社，2022。

## （二）著作

本书编写组：《国际共产主义运动史——从马克思主义诞生到十月社会主义革命胜利》上册，吉林人民出版社，1978。
陈新汉：《社会自我批判论》，中国社会科学出版社，2021。
陈锡喜：《马克思主义：意识形态和话语体系》，华东师范大学出版社，2011。
漆琪生：《〈资本论〉大纲（第1卷）》，人民出版社，1985。
姜海波：《马克思、恩格斯〈神圣家族〉研究读本》，中央编译出版社，2017。
刘秀萍：《思想的剥离与锻造〈神圣家族〉文本释读》，中国人民大学出版社，2018。
刘小枫：《现代性社会理论绪论——现代性与现代中国》，上海三联书店，1998。
马拥军：《世界历史性存在：马克思主义方法论及其当代意义》，人民出版社，2022。

吴晓明：《马克思早期思想的发展逻辑》，上海人民出版社，2016。

赵汀阳：《论可能生活——一种关于幸福和公正的理论》，中国人民大学出版社，2004。

肖巍：《发展的权利：马克思主义发展观及其当代意义》，人民出版社，2022。

任帅军：《在生活中成为人——"生活"语境中的〈神圣家族〉研究》，人民出版社，2023。

任帅军：《人权问题、理论与实践》，天津人民出版社，2023。

任帅军：《新时代社会主义核心价值观多维度研究》，中国社会科学出版社，2022。

任帅军：《法律评价论》，上海人民出版社，2018。

### （三）译著

〔德〕费尔巴哈：《费尔巴哈哲学著作选集》下卷，荣震华等译，商务印书馆，1984。

〔德〕黑格尔：《黑格尔历史哲学》，潘高峰译，九州出版社，2011。

〔德〕黑格尔：《逻辑学》上卷，杨一之译，商务印书馆，1966。

〔德〕康德：《纯粹理性批判》，邓晓芒译，人民出版社，2004。

〔德〕弗兰茨·梅林：《马克思传》，樊集译，人民出版社，1965。

〔法〕古斯塔夫·勒庞：《乌合之众》，冯克利译，中央编译出版社，2004。

〔法〕罗伯尔-让·龙格：《我的外曾祖父——卡尔·马克思》，李渚青译，新华出版社，1982。

〔法〕蒲鲁东：《什么是所有权》，孙署冰译，商务印书馆，1963。

〔法〕亨利·列斐伏尔：《日常生活批判》，叶齐茂、倪晓晖译，社会科学文献出版社，2018。

〔法〕科尔纽：《马克思、恩格斯传》第Ⅱ卷，王以铸等译，生活·读书·新知三联书店，1965。

〔法〕托马斯·莫尔：《乌托邦》，戴镏龄译，商务印书馆，1960。

〔古希腊〕柏拉图：《柏拉图全集》第2卷，王晓朝译，人民出版社，

2003。

〔美〕托马斯·库恩:《科学革命的结构》,金吾伦、胡新和译,北京大学出版社,2012。

〔苏〕纳尔斯基等主编《十九世纪的马克思主义哲学》上卷,金顺福等译,中国社会科学出版社,1984。

〔英〕罗素:《人类的知识》,张金言译,商务印书馆,1983。

**(四) 外文著作**

Niccolò Machiavelli, *The Prince*, Chicago: University of Chicago Press, 1998.

August v. Cieszkowski, *Prolegomena zur Historiosophie*, Berlin: Veit and Comp, 1838.

## 二 论文类

**(一) 中文论文**

陈新汉:《论信仰中的理性、非理性及其相互转化》,《哲学研究》1996年第7期。

陈永盛:《理解〈德意志意识形态〉中生产思想的历史唯物主义意蕴》,《江汉论坛》2018年第8期。

陈新、刘明基:《英雄、群众与文化》,《探索》1995年第5期。

陈培永:《对马克思关于人的本质问题论断的再理解》,《思想理论教育导刊》2021年第9期。

谌中和:《马克思晚年学术转向的思想史意义》,《中国社会科学》2016年第5期。

杜鸿林、王其辉:《马克思、恩格斯人民群众观述论》,《天津社会科学》2013年第3期。

董四代、杨静娴:《现代性·乌托邦·中国社会主义发展历程》,《河南大学学报》(社会科学版)2007年第6期。

董振华:《〈德意志意识形态〉与共产主义的历史命运》,《中共中央党校(国家行政学院)学报》2019年第6期。

邓婕林:《恩格斯〈英国工人阶级状况〉的理论贡献》,《马克思主义理论学科研究》2020年第5期。

傅敏智、曾鸣：《马克思主义诞生的标志是〈神圣家族〉》，《湖南师范大学社会科学学报》1991年第7期。

郭冠清：《回到马克思：对生产力—生产方式—生产关系原理再解读》，《当代经济研究》2020年第3期。

龚群：《乌托邦精神与乌托邦方案》，《探索与争鸣》2016年第10期。

关勋夏：《试析十九世纪末期英国工人运动衰落的原因》，《史学月刊》1992年第6期。

韩蒙：《什么是"群众的社会主义"——论马克思与恩格斯初次合作的思想契机》，《哲学研究》2021年第4期。

郝永平：《从异化劳动理论向唯物史观的过渡——读〈神圣家族〉》，《内蒙古大学学报》（哲学社会科学版）1987年第2期。

何中华：《解释世界和改变世界：是补充还是超越？——再读马克思〈关于费尔巴哈的提纲〉第11条》，《天津社会科学》2019年第3期。

李恩来、靳书君：《马克思主义"实践"概念中国化的演变与影响——以〈共产党宣言〉的汉译本为线索》，《思想理论教育》2019年第2期。

李淑梅：《探求社会平等及其实现途径——〈神圣家族〉对蒲鲁东平等思想和埃德加的思辨歪曲的评判》，《南开学报》（哲学社会科学版）2013年第5期。

林钊：《马克思对蒲鲁东无政府主义思想的批判》，《山东社会科学》2018年第3期。

林建刚：《勒庞思想在中国的传播及其影响》，《开放时代》2009年第11期。

贺来：《乌托邦精神与哲学合法性辩护》，《中国社会科学》2013年第7期。

李艳艳：《马克思、恩格斯历史发展动力观的理论超越及其当代启示》，《马克思主义研究》2019年第1期。

郝贵生、李俊赴：《论群众史观的理论地位及其基本内容》，《马克思主义研究》2006年第6期。

刘秀萍：《作为"阶级"存在的工人：命运及其解放——重读〈英国工人阶级状况〉》，《马克思主义理论学科研究》2020年第4期。

刘秀萍：《财产关系为什么会成为理解现代社会的"斯芬克斯之谜"？——重温〈神圣家族〉对〈蒲鲁东〉的分析和评判》，《天津社会科学》2015年第6期。

刘秀萍：《重新辨析马克思对"犹太人问题"的解答——从〈论犹太人问题〉到〈神圣家族〉》，《哲学动态》2019年第7期。

刘雅：《马克思对蒲鲁东所有权理论的批判》，《马克思主义哲学研究》2015年第2期。

刘荣军：《马克思对"社会生活"的论述与新时代美好生活需要》，《马克思主义研究》2020年第6期。

刘志洪：《资本逻辑的内涵——基于马克思思想的再理解》，《哲学研究》2019年第12期。

刘怀玉：《青年恩格斯：从历史唯物主义创立者到都市马克思主义开拓者——以〈英国工人阶级状况〉一书的理论旅行史为线索》，《学习与探索》2020年第8期。

刘绍唐、李雅君：《试论亚当·斯密的社会商品经济理论》，《贵州师范大学学报》（社会科学版）1987年第1期。

刘福森：《新世界观的"纲领"还是"萌芽"？——对马克思〈关于费尔巴哈的提纲〉的重新理解》，《西南大学学报》（社会科学版）2016年第3期。

鲁克俭：《〈关于费尔巴哈的提纲〉的写作原因及其再评价》，《马克思主义与现实》2008年第5期。

鲁品越：《马克思主义哲学原生态基本纲领——〈关于费尔巴哈的提纲〉系统化新解》，《河北学刊》2018年第1期。

马拥军：《作为"非哲学"的新唯物主义世界观的基本纲领——与鲁品越教授商榷》，《河北学刊》2018年第4期。

马拥军：《必须坚持最低纲领与最高纲领的统一——兼论修正主义的历史教训与现实危害》，《毛泽东邓小平理论研究》2018年第9期。

马拥军：《唯物辩证法：现象学与诠释学的统一与超越》，《南京大学学报》（哲学·人文科学·社会科学）2019年第3期。

马拥军：《论马克思的共产主义信念》，《毛泽东邓小平理论研究》2019年第1期。

马拥军、陈瑞丰：《如何看待新时代的社会主要矛盾》，《江苏行政学院学报》2018年第2期。

马纯红：《"美好生活"的内在属性及其实践方略论析》，《思想理论教育导刊》2020年第3期。

苗启明：《从人类学哲学视域对马克思〈关于费尔巴哈的提纲〉的新理解》，《思想战线》2018年第6期。

彭晓涛：《马克思异化劳动理论的逻辑学基础——兼论私有财产和异化劳动的"循环论证"问题》，《天津大学学报》（社会科学版），2020年第1期。

蒲国良：《乌托邦与社会主义》，《史学理论研究》2016年第4期。

孙正聿：《当代人类的生存困境与新世纪哲学的理论自觉》，《社会科学辑刊》2003年第5期。

孙宜芳：《群众与人民概念的逻辑界限——基于马克思、恩格斯人的解放学说的考察》，《思想教育研究》2017年第9期。

孙咏梅：《马克思反贫困思想及其对中国减贫脱贫的启示》，《马克思主义研究》2020年第7期。

孙伯鍨：《马克思的实践概念——纪念〈关于费尔巴哈的提纲〉写作150周年》，《哲学研究》1995年第12期。

舒小昀：《材料与社会调查分析——从材料角度分析〈英国工人阶级状况〉》，《马克思主义研究》2009年第7期。

汤剑波、谢坚：《历史唯物主义视阈中的现代性体验——〈共产党宣言〉现代性维度之解读》，《社会科学辑刊》2007年第6期。

田心铭：《论坚持人民立场》，《马克思主义研究》2022年第1期。

王南湜：《〈德意志意识形态〉中的"异化"概念：马克思社会科学理论建构的原点》，《马克思主义与现实》2019年第6期。

王长里:《〈神圣家族〉和历史唯物主义的形成》,《江西社会科学》1983年第5期。

王贵贤、孙碧云:《历史唯物主义与"真正的社会主义"的批判——基于MEGA² I /5〈德意志意识形态〉第二卷的考察》,《山东社会科学》2018年第12期。

王天民、巩瑞贤:《论历史唯物主义的三重论域——基于〈德意志意识形态〉文本解读》,《湖北社会科学》2018年第1期。

王兆星:《青年黑格尔派的形成及其宗教批判》,《武汉大学学报》(社会科学版)1988年第2期。

王峰明:《异化劳动与私有财产——试解〈1844年经济学哲学手稿〉的一个理论难点》,《马克思主义与现实》2013年第1期。

轩传树:《世界社会主义运动主体力量新变化》,《马克思主义研究》2021年第2期。

夏春涛:《2019年历史理论研究综述》,《史学理论研究》2020年第2期。

夏林:《黑格尔的主-奴辩证法与商品拜物教的呈现》,《华中科技大学学报》(社会科学版)2005年第2期。

肖巍:《推动共同富裕的实质性进展》,《思想理论教育》2021年第11期。

徐伟轩、吴海江:《恩格斯晚年对资本主义变化的认识及其时代意义》,《马克思主义研究》2020年第4期。

杨耕:《重新审视唯物主义的历史形态和历史唯物主义的理论空间——重读〈神圣家族〉》,《学术研究》2001年第1期。

杨洪源:《共产主义和社会革命的不同审视——重新探究马克思与蒲鲁东主义的思想交锋》,《教学与研究》2021年第2期。

杨谦、张婷婷:《对"人民群众是历史的创造者"原理的再理解》,《思想理论教育导刊》2020年第1期。

俞吾金:《从"道德评价优先"到"历史评价优先"——马克思异化理论发展中的视角转换》,《中国社会科学》2003年第2期。

衣俊卿:《历史唯物主义与当代社会历史现实》,《中国社会科学》2011年第3期。

宗玛丽：《〈德意志意识形态〉应为马克思主义形成的标志》，《社会科学辑刊》1981年第6期。

邹诗鹏：《实践唯物主义与唯物史观的相通性——基于〈关于费尔巴哈的提纲〉与〈德意志意识形态〉的探讨》，《马克思主义与现实》2015年第4期。

张雷声：《从世界观、方法论相统一角度研究马克思主义基本原理整体性》，《马克思主义研究》2012年第4期。

张双利：《论〈共产党宣言〉对资本主义的批判》，《探索与争鸣》2018年第5期。

张双利：《再论〈共产党宣言〉的当代意义——纪念中文版发表100周年》，《探索与争鸣》2020年第8期。

张敏、高琼：《"以人民为中心"与西方民粹主义"找回人民"之辨》，《高校马克思主义理论教育研究》2022年第1期。

张奎良：《作为"历史之谜"的异化及其评价尺度——与俞吾金先生切磋》，《中国社会科学》2003年第4期。

张一兵：《政治经济学逻辑中的政治哲学颠覆——青年恩格斯的〈政治经济学批判大纲〉解读》，《求实》1998年第6期。

张一兵，姚顺良，唐正东：《实践与物质生产——析马克思主义新世界观的本质》，《学术月刊》2006年第7期。

张智、刘建军：《〈神圣家族〉对思想政治教育理论的启示》，《中国人民大学学报》2016年第5期。

张迪、刘建军：《批判与建构：异化理论批判和唯物史观形成的逻辑理路》，《学术界》2017年第6期。

赵阵：《中国特色社会主义道路自信的唯物史观阐释——基于跨越"卡夫丁峡谷"理论的研究》，《马克思主义研究》2019年第9期。

周露平：《〈资本论〉的反贫困哲学及其新时代价值》，《马克思主义研究》2019年第12期。

## （二）译文

埃德加·鲍威尔：《蒲鲁东》，李彬彬译，《现代哲学》2016年第1期。

C. 白蒂尔海姆：《无产阶级专政社会各阶级和无产阶级意识形态》，《每月评论》1971 年 11 月。

H. 韦伯尔：《工业社会中无产阶级的革命性在衰退吗？——评 A. 埃马奴尔、F. 鲍恩、M. A. 布尔涅、H. 马尔库塞的"工人阶级蜕化论"》，张伯霖译，《哲学译丛》1979 年第 4 期。

K. 普朗迪、R. M. 布莱克伯恩等：《概念与尺度团结的范例》，《社会学杂志》1974 年第 8 期。

S. M. 莱什：《生产劳动、阶级划分与阶级立场》，孟庆时译，《哲学译丛》1979 年第 4 期。

## 三　报刊类

《中共中央关于制定国民经济和社会发展第十四个五年规划和二〇三五年远景目标的建议》，《人民日报》2020 年 11 月 4 日。

《关于〈中共中央关于坚持和完善中国特色社会主义制度　推进国家治理体系和治理能力现代化若干重大问题的决定〉的说明》，《人民日报》2019 年 11 月 6 日。

《习近平给复旦大学青年师生党员回信勉励广大党员　在学思践悟中坚定理想信念　在奋发有为中践行初心使命》，《人民日报》2020 年 7 月 1 日。

姚远：《卢格与马克思——黑格尔法哲学批判的两种书写》，《中国社会科学报》2018 年 11 月 21 日。

# 后　记

《〈神圣家族〉与历史唯物主义的形成》是我在2020年获批的教育部人文社会科学研究青年基金项目"基于美好生活视角下的《神圣家族》研究"（项目结项号：2023JXZ0801）的最终理论成果。这项研究是我的专著《在生活中成为人——"生活"语境中的〈神圣家族〉研究》的继续。上海大学马克思主义学院拥有马克思主义理论一级博士学位授权点和马克思主义理论博士后流动站，为增强马克思主义发展史的学术影响力，学院资助出版我的这本理论著作，转眼就到了出版的环节，内心百感交集。

虽然这两项课题都聚焦《神圣家族》文本研究，形成了数篇核心期刊的论文，数篇文章被人大复印报刊资料、《马克思列宁主义研究》、《中国社会科学文摘》、《新华文摘》转载和摘录，取得了一定程度的突破，并最终都形成了专著，但是两者在研究的视角和内容方面具有明显的区别。其一，本课题是基于《神圣家族》与马克思、恩格斯早期其他文本，与同时代思想家文本的比较研究，探究《神圣家族》在历史唯物主义形成中的地位和意义的，而《在生活中成为人——"生活"语境中的〈神圣家族〉研究》是基于"生活"视角的《神圣家族》研究，探究马克思、恩格斯从生活视角对思辨唯心主义的批判，其立意、研究对象和研究框架完全不同。其二，本课题不只从《神圣家族》出发思考历史唯物主义的形成过程，更从《神圣家族》与青年马克思、恩格斯的相关文本比较出发考察这个问题，重点讨论马克思、恩格斯在《神圣家族》中如何通过历史唯物主义的重要原理群众史观、无产阶级的历史作用、历史唯物主义的一些重要思想、对社会主义和共产主义的一些重要论述，以及对无产阶级贫困问题的关注，等等，与黑格尔哲学、自我意识哲学、费尔巴哈哲学划清界限，从而实现对历史唯物主义"新世界观"从理论和观点到体系和完备的发展。因此，本课题研究的内容在对历史唯物主义形成的把握上更为系统、深刻、完整。其三，本课题更加重视历史唯物主义方法的具体运用。对历史唯物主义的宏观理论在不同文本中的具体运用，以及对当下实践中的具体问题做深入研究，包括在马克思主义中国化实践中对建设社会主义现代化国家、在共同富裕中实现美好生活、在实现第二个百年奋斗目标中对发展21世纪社会主义的意义等进行研究，既超越了从理论到理论的简单分析，又基于文本的"基础研究"观照现实生活。其四，从以生活为视角的研究转向《神圣家族》对建设美好生活的启示的研究，使侧重于世界观方面的研究转向侧重于方法论方面的研究，最终在理论联系实际中达到作为认识世界的世界观与作为改造世界的方法论的统一。这是全新的工作。

只有通过长时间的深入研究才会发现，马克思主义发展史学科亟须通过经典文本与思想史研究，充实研究队伍，培养后备骨干教师。马克思主义发展史学科不仅要做文本研究，还要做文本的思想史研究，尤其是通过文本之间的比较展开思想史研究，这是马克思主义发展史学科可以发力的地方。近些年来，我就是秉持这样的认识，围绕《神圣家族》开展研究工作，不仅以《神圣家族》为文本单元进行研究，而且对它和马克思、恩格斯早期其他著作的思想关系进行梳理和再评价，形成了自己的研究领域。该课题研究关注到马克思主义发展史中马克思、恩格斯思想革新的重要性，即《神圣家族》不仅是他们首次合作的理论产物，在马克思主义思想史中具有独特的理论地位，而且是他们与青年黑格尔派进行思想剥离、对历史唯物主义进行观点阐发的重要著作，为一年后他们再次合作撰写《德意志意识形态》提供了直接的思想和方法论支撑。《神圣家族》还通过扬弃思辨哲学为走向共产主义和社会主义的无产阶级理论家、革命家打下了基础，促使马克思、恩格斯投身于解放工人的共同事业中。它所开启的不仅仅是一个"新世界观"，还是一段历经40年风雨的伟大友谊，以及在为实现人类解放而不懈奋斗中彰显的马克思、恩格斯的光辉人格。

作为从事马克思主义理论研究工作的青年学人，从事《神圣家族》文本研究，就是要学习马克思、恩格斯甘于坐冷板凳的学术钻研精神，敢于为解放广大人民群众而投身革命实践的自我牺牲精神，勇于批判一切不合理现实、批判为不合理现实进行辩护的资产阶级理论家的革命斗争精神。在这个过程中，我的世界观、人生观、价值观也得到塑造。《神圣家族》的重要性并不全在于它提出了某些观点，还在于各种必要的思想材料在批判中开始综合成为新的世界观，尽管还没有得到完备的表达。我也在感受马克思、恩格斯思想的锻造的过程中得到"浴火重生"。我的"三观"从此紧跟真理的"脚步"。每当看到"三观"跟着五官跑的现象，我就庆幸自己受到了马克思、恩格斯的点拨，摆脱了轻浮、远离了浮夸，不断把自己的认识层次和精神境界往更高的层次推进。从这一点来看，马克思、恩格斯就是我的人生导师。

在形成这部理论专著的过程中，我的博士后合作导师肖巍教授、博士生导师陈新汉教授、爱人宋敏思女士、岳父宋贤杰教授、岳母罗君逸女士，社会科学文献出版社马克思主义分社曹义恒社长、茹佳宁老师，以及上海大学、复旦大学和国内外的学术界同仁，给予了我很多帮助，在此一并感谢，谢谢大家。我的儿子任薪泽也在茁壮成长，给我带来源源不断的精神动力。千言万语也难以言尽我的感激之情，我只有更加努力才能不辜负大家的殷切期望。

任帅军

2024年春写于上海市杨浦区兰花教师公寓南区

图书在版编目(CIP)数据

《神圣家族》与历史唯物主义的形成/任帅军著
. -- 北京：社会科学文献出版社，2024.3
 ISBN 978-7-5228-3441-2

Ⅰ.①神… Ⅱ.①任… Ⅲ.①马恩著作研究②马克思主义哲学-历史唯物主义-研究 Ⅳ.①A811.21②B03

中国国家版本馆CIP数据核字(2024)第066096号

《神圣家族》与历史唯物主义的形成

著　者／任帅军
出版人／冀祥德
组稿编辑／曹义恒
责任编辑／吕霞云
文稿编辑／茹佳宁
责任印制／王京美

出　版／社会科学文献出版社（010）59367126
　　　　地址：北京市北三环中路甲29号院华龙大厦　邮编：100029
　　　　网址：www.ssap.com.cn
发　行／社会科学文献出版社（010）59367028
印　装／三河市尚艺印装有限公司
规　格／开本：787mm×1092mm　1/16
　　　　印张：19.25　字数：297千字
版　次／2024年3月第1版　2024年3月第1次印刷
书　号／ISBN 978-7-5228-3441-2
定　价／128.00元

读者服务电话：4008918866

版权所有 翻印必究